时 习 文 库

晏子春秋

〔周〕晏 婴 著

王承略 段圣玉 译注

齐鲁书社
·济南·

图书在版编目（CIP）数据

晏子春秋 /(周) 晏婴著；王承略，段圣玉译注.
济南 : 齐鲁书社, 2025.5. -- ISBN 978-7-5333-5155
-7

Ⅰ. B229.9
中国国家版本馆CIP数据核字第2025SA3911号

出品人：王　路
项目统筹：张　丽
责任编辑：刘　强
　　　　　刘　晨
装帧设计：亓旭欣

晏子春秋

YANZI CHUNQIU

〔周〕晏婴　著　王承略　段圣玉　译注

主管单位　山东出版传媒股份有限公司
出版发行　齐鲁书社
社　　址　济南市市中区舜耕路517号
邮　　编　250003
网　　址　www.qlss.cn
电子邮箱　qilupress@126.com
营销中心　（0531）82098521　82098519　82098517
印　　刷　山东临沂新华印刷物流集团有限责任公司
开　　本　710mm×1000mm　1/16
印　　张　25
插　　页　2
字　　数　280千
版　　次　2025年5月第1版
印　　次　2025年5月第1次印刷
标准书号　ISBN 978-7-5333-5155-7
定　　价　99.00元

《时习文库》
专家委员会

出版说明

　　文化乃国本所系，国运所依；文化兴盛则国家昌盛，民族强大。在源远流长的中华文化长河中，经典古籍宛如熠熠星辰，承载着先辈们的智慧、思想与情感，是中华民族精神内核的深厚积淀。

　　2017 年以来，中共中央办公厅、国务院办公厅相继出台《关于实施中华优秀传统文化传承发展工程的意见》及《关于推进新时代古籍工作的意见》等重要文件，有力推动了大众对中华优秀传统文化的关注与重视，古籍事业亦借此良好契机，迎来了前所未有的跨越发展，步入了一个崭新的黄金时代。齐鲁书社作为文化传承的重要阵地，始终秉持对中华优秀传统文化的敬畏之心，肩负守正创新之使命，积建社四十余年之精华，汇国内学界群贤之伟力，隆重推出中华经典名著普及丛书——《时习文库》。

　　"学而时习之，不亦说乎？"文库之名，正是源自《论语》的这句经典语录。"时习"不仅是对知识的反复学习与实践，更是一种对中华优秀传统文化持续探索、深入理解的态度。文库共分为文化类和文学类两大辑，囊括了经史子集、诗词歌赋、戏曲小说等诸多经典，旨在为读者搭建一座通往中国古代文化瑰宝的坚实桥梁。文库的编纂宗旨在于，引导读者在阅读经典著作的过程中，将学习与思考深度融合，不断从古人的智慧海洋中汲取营养，从而得到心灵的润泽与智慧的启迪。通过对经史子集、诗词歌赋、戏曲小说等多元内容的系统整理与精良审校，让中华古籍真正成为可亲、可读、可传的"活的文化"。

为了确保文库的品质，我们除升级广受好评的原有经典版本作为开发基础外，亦精选其他优质底本，以确保版本选择的卓越性；文库会聚文史学界权威，如高亨、陆侃如、王仲荦、来新夏等学界大家，群贤毕至，各方咸集；文库延聘名家成立专家委员会，严格把控丛书质量，确保学术水准；文库针对不同层次读者，精心设计文化类与文学类品种：前者左原文右译文下注释，后者文中加简注评析，实用性强；文库采用纸面布脊精装，正文小四号字，双色印刷，装帧精美，版面舒朗，典雅大方，方便易读。

在习近平文化思想指导下，《时习文库》的出版是对中华优秀传统文化"两创""两个结合"的一次重要尝试。我们希望通过这套文库，让更多的人了解和喜爱中国古代典籍，让中华优秀传统文化在新时代焕发出新的生机与活力。同时，我们也期待广大读者在阅读文库的过程中，能够与古圣先贤进行跨越时空的对话，汲取智慧，启迪心灵，不断提升自我的文化素养和精神境界。让我们一起在经典的海洋中遨游，感受中华文化的博大精深，共同书写中华优秀传统文化传承与发展的新篇章。

齐鲁书社

2025 年 3 月

前　言

晏子是春秋后期齐国名相，著名的政治家、思想家。他的主要思想有爱民、重礼、德治、节俭、薄敛、省刑、上下和合等，深受孔子赞许，对儒家思想的形成有直接影响。他的简朴、远见、睿智、善辩，深得齐文化的精髓。记载其言行事迹的《晏子春秋》，是由战国时期齐人编纂整理的，内容广泛，涉及春秋后期齐国政治、经济、社会、思想、文化等史实，是齐文化的标识性经典文献。

一、晏子其人其书

晏子（？—公元前500年），名婴，字平仲，谥平，春秋时期齐国夷维（今山东高密）人。晏子之父晏弱是齐国上大夫，晏子在其父病逝后继任上大夫，先后辅佐齐灵公、齐庄公、齐景公三君，长达50余年。晏子生逢春秋后期，是时，周王室衰落，诸侯割据纷争。齐国原是周代的大国、太公吕尚的封国，齐桓公时曾称霸一方。而晏子生活的时代，齐国已是危患重重、国势衰微，且齐灵公、齐庄公、齐景公三君并非明君圣主。在此形势之下，晏子忠君爱国、洁身自律，凭一颗忠心事奉三位君主，他以"危言""危行"（正直的言行）谏言君主要修德治国、举贤任能，他力倡礼治、反对勇力，省刑薄赋、节俭爱民，和睦友邦、力阻征伐，确乎殚精竭虑而恪尽职守，为国、为君、为臣、为民，乃至为一介草民野夫，常常犯颜直谏，甚至不惜辞官归隐。正是在他的辅佐之下，齐国得以保持了一段时间的稳定与繁荣，及"晏子没而后衰"（《晏子春秋·内篇第三》），以至于孔子都十分尊崇，谓晏子"于君为忠臣，而行为恭敏"，故"以兄事之，而加爱敬"（《孔子家语·辨政》），谓晏子"救民之姓而不夸，行补三君而不有""果君子也"（《晏子春秋·外篇第七》）。春秋末年，风云变幻，晏子砥柱中流、卓然于世，以其高超的政治智慧和高洁的人格魅力，成为中国古代贤相的楷模。

《晏子春秋》作为先秦时代的一部著作，其成书经历了撰录及补缀的过程，具有合成性和流动性。司马迁曾最早论及《晏子春秋》，称其书"世多有之"（《史记·管晏列传》），司马贞《史记索隐》认为《晏子春秋》的作者为晏子。西汉至隋唐，虽其书或名《晏子》，篇章也有不同，但一般都认为作者是晏子。唐柳宗元认为《晏子春秋》是"墨子之徒有齐人者为之"。后世学者研究认为其书当非晏子亲撰，文中称"晏子"或君主谥号，亦有晏子将死与死后事迹，当为稍晚于晏子的齐人或久居齐地之人采缀晏子言行所作。其时，晏子贵为齐相，无论与君主"谏""问"相处还是出行出访，均当有史官或从吏、家臣记录。盖其书或由晏子自录、史官记述及门客与所养士人补缀而成。

为禁锢思想、强化统治，秦始皇"焚书"之后，还颁布了"挟（藏）书者族"的法令，导致其后很多书籍如《晏子春秋》等先秦典籍在民间私藏传抄日久，难免版本杂乱、讹误颇多。到了汉初，则"改秦之败，大收篇籍，广开献书之路"，并"建藏书之策，置写书之官，下及诸子传说，皆充秘府"（《汉书·艺文志》）。汉成帝时，护左都水使者、光禄大夫刘向曾奉敕典校群书，其中就包括《晏子春秋》（时称《晏子》）。他广泛搜罗各家传书，"谨颇略榆"，将编定后的《叙录》上呈成帝御览。《叙录》言及《晏子春秋》目录、搜罗校勘过程，并对晏子的生平品行及《晏子春秋》八篇予以品评。他在《叙录》中说："所校中书《晏子》十一篇……太史书五篇，臣向书一篇，参书十三篇，凡中外书三十篇，为八百三十八章"，经校订文字、整合篇章，最终"定著八篇二百一十五章"。他将《晏子春秋》分为内篇和外篇，内篇即《谏上》《谏下》《问上》《问下》《杂上》《杂下》六篇，"皆忠谏其君，文章可观，义理可法，皆合'六经'之义……可常置旁御观"。而外篇即"又有复重，文辞颇异"的《重而异者》和"颇不合经术，似非晏子言，疑后世辩士所为者"的《不合经术者》二篇。

汉代以后，《晏子春秋》的各种传世文本，基本遵循刘向的编定本。1972 年山东临沂银雀山一号汉墓出土的 4900 余枚竹简中有数百枚《晏子春秋》残简，后被整理连缀成 102 片共 16 章，文句大同小异地散见于今本 8 篇的 18 章之中。可以想见，在西汉初年，在当时可谓僻远的临沂亦有《晏子春秋》一书的流传，这也佐证了司马迁所云《晏子春秋》"世多有之"的重要观点，也使该书为六朝伪书之说不攻自破。

二、《晏子春秋》的学术价值与影响

《晏子春秋》记述了晏子的言行，其中蕴含着丰富而独特的思想，具有重要的学术价值，对后世影响深远。

　　《晏子春秋》具有重要的思想价值。它生动诠释了晏子的治国理念、处世哲学及修身之道，其思想内涵包括政治、经济、伦理等多方面，极为丰富。《晏子春秋》于《汉书·艺文志》中就有著录，并被列于"诸子略"之"儒家者流"的首篇，足见其重要性及影响力。《晏子春秋》备受历代学人的关注，研究成果众多。历代丰富的训诂校注和别具一格的研究解读之作，充分探究、阐释了《晏子春秋》的思想内涵和历史价值，成为中国古代学术研究的重要成果。其实，关于晏子所属学派，既有《七略》《汉书·艺文志》等的"儒家说"，也有柳宗元、《校雠通义》等的"墨家说"，还有《四库全书简明目录》等的"非儒非墨说"，以及洪亮吉的"自成一家说"等。这些关于晏子学派归属的纷争，恰恰显示了晏子思想的重要价值与广泛影响。晏子主张"意（道德）莫高于爱民，行（行为）莫厚于乐民"（《晏子春秋·内篇第四》），强调统治者要修德治国、以民为本，主张应省刑轻赋、关切民生，这与儒家"仁者爱人""民贵君轻"等民本思想息息相通。晏子有着朴素的唯物论和辩证法思想，他不重鬼神、不重祝祷，多次揭穿迷信骗局，强调"古者不慢行而繁祭"（《晏子春秋·内篇第一》），认为"物有必至，事有常然，古之道也"（《晏子春秋·外篇第七》），天道即自然，有其运行规律。晏子的"和""同"之辩也让君主醍醐灌顶、豁然醒悟，受益良多。《晏子春秋》中的民本思想、法治思想、廉政思想等，时至今日依然熠熠生辉，为社会治理、法治建设及个人修养提供了良好的智慧取资。《晏子春秋》以其独特的思想内涵，成为中国古代思想文化研究的重要内容，不仅助益先秦时期诸子思想学术的渊源流变研究，也有助于中国古代政治思想和哲学思想的研究，更为当下齐鲁文化的创造性转化与创新性发展提供了重要的思想资源与独特的建构理念。

　　《晏子春秋》具有重要的史学价值。史官传统在我国由来已久，先秦时期"左史记言，右史记事"。晏子作为齐相，谏言君主、辅政治国、勤廉爱民、出访他邦乃至修身齐家，当有史官或家臣及门客士人实录其言其行，其言谈行迹在民间也广为流传。《晏子春秋》通过记录政治家晏子的言行事迹，也较为翔实地展现了春秋时期齐国的政治、经济、文化、思想、民生和社会风貌，是研究晏子及其时代极为重要的文献资料。诚如董治安先生在《说〈晏子春秋〉》［载《山东大学学报》（中国语言文学版）1959 年第 4 期］一文中所言：《晏子春秋》本身许多文辞可以参订秦汉著作，汉人常引用其文辞。晏子的言行事迹及其品评还见于《左传》《论语》《墨子》《孟子》《荀子》《韩非子》《礼记》《列子》《韩诗外传》《吕氏春秋》《淮南子》《史记》等典籍之中。《晏子春秋》也记载了不少与《左传》相同的内容，如《左传》中的晏子不死君难（襄公二十五年）、晏子论踊贵屦贱（昭公三年）、晏子叔向论楚晋季世（昭公三年）。晏子论和与同（昭公二十年）、晏子论古而无死（昭公二十年）等，让我们得以窥见当时的政治斗争、政权旁落、社会动荡、刑罚苛酷、民生疾苦、君臣关系及外交活动等。它可与《左传》《史记》等史籍互相印证、互相补充，为我们保存了春秋时期的政治制度、社会风俗、外交关系等许多方面的一手史料，一定程度上填补了许多史籍没有记载或其言未详的历史事件与历史史实，有助于我们更全面、更真实地认识当时齐国乃至整个春秋时期的社会风貌。

　　《晏子春秋》具有重要的文学价值。《四库全书总目提要》将《晏子春秋》列入"史部·传记类"，称其为"传记之祖"，作为专事记载晏子言行之书，堪称传记类文学的典范之作，其高超的叙事艺术与鲜明的形象塑造、深刻的性格揭示，都为后世文学的发展提供了良好的示范与借鉴。曾以"究天人之际，通古今之变，成一家之言"的宏大史识，创作了被鲁迅誉为"史家之绝唱，无韵之离骚"的中国第一部纪传体通史《史记》（原名《太史公书》）的司马迁，是最早论及《晏子春秋》的名士。他说"详哉其言之也"，并且"既见其著书，欲观其行事，故次其传"，他不仅为这位"进思尽忠，退思补过""节俭力行重于齐""三世显名于诸侯"的晏子在《史记·管晏列传》中树碑立传，还尊崇备至地说"假令晏子而在，余虽为之执鞭，所忻慕焉"（《史记·管晏列传》）。《晏子春秋》8篇215章，以晏子为中心，记叙了他一生的活动，基本上每章都有一个较为完整的故事，而且多数伴随着生动的故事情节和鲜明的人物刻画，以及逼真的环境描写。《晏子春秋》以丰富多样的叙事手法，生动的言语、动作和神态描写，深刻的比喻、归谬、类比、反语用典等论证谏言，精彩跌宕的情节建构，简洁含蓄、典雅庄重的语言，生动刻画了诸多栩栩如生的人物形象，将晏子忠君爱国、仁爱善良、廉洁自律、睿智机敏、高瞻远瞩的政治家形象刻画得惟妙惟肖。同时也塑造了齐景公、梁丘据等性格鲜明的人物形象，以其高超的思想性与艺术性，对后世小说、散文等文体的叙事传统及人物塑造提供了良好的镜鉴。晏子也以其品德和智慧成为中华文学宝库中的经典人物。

三、《晏子春秋》的版本及本次整理的情况说明

《晏子春秋》在流传的过程中，历代的版本及注释甚多。据学界研究，元代及以前的版本已经亡失，现在存世的明清版本有20余种。其中，以南京图书馆藏明活字本为最古，是明清以来其他各版本的祖本。目前较为常见的版本有清王懿荣跋、周鉴诒题款的明

正德刻本，明活字本，明万历十三年沈启南刻本，明藏修馆刻本，明凌濛初刻朱墨套印本，清乾隆五十三年毕沅刻《经训堂丛书》本，清嘉庆二十一年吴鼒刻本，清道光二十二年钱熙祚刻《指海》本，清光绪元年浙江书局刻《二十二子》本，清光绪十八年思贤讲舍刻本，等等。据李培文先生《〈晏子春秋〉考辨》（载《图书馆杂志》2017 年第 8 期），明清各版本属于明活字本或明正德刻本为底本翻刻或重新编校的子本。《晏子春秋》主要版本具体关系详见下图：

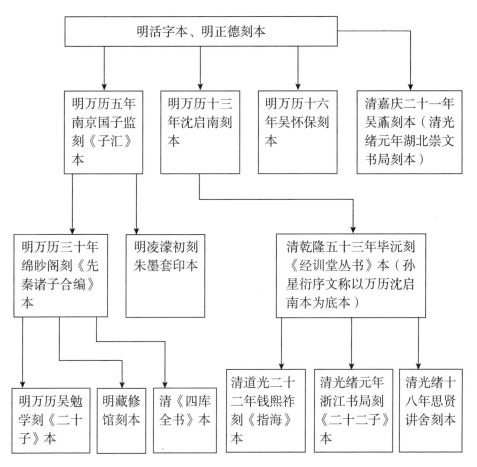

明清时期《晏子春秋》版本源流关系图

　　本次整理以清光绪元年浙江书局刻《二十二子》本（孙星衍校并音义，黄以周校）为底本，根据明活字本补入章题，目录章名与卷内章题不一致的，参照其他文献择善而从，径改不出校。以明活字本、清乾隆五十三年阳湖孙氏刻本（孙星衍校并音义）、清嘉庆二十一年吴鼒刻本（王念孙校）、清道光二十二年钱熙祚刻《指海》本、清同治三年刻《爻山笔话》本（苏时学撰）、清同治九年金陵书局刻《读书杂志》本（王念孙撰）、清光绪十八年思贤讲舍刻本（苏舆校）为参校本。在校注中，如校本文字不如底本，不出校；校本与底本义可两通，不出校；文字差别较大的，出异文校；校本好于底本者，则改字并出校。

　　本次整理，主要分为"题解""原文""译文""注释"四个部分。"题解"主要阐释《晏子春秋》每章的主要内容、思想价值，概括主旨，发掘精义。"原文"聚焦内容的定本性和文字的准确性，注重正字形、改误字、补缺字、删衍字等。"译文"则力求文义晓畅，精当通俗，简明扼要。"注释"着重疏解疑难字词、历史人物、地理风俗、典章制度，一般在首次出现时予以说明，其后则尽量简省，强调学术性与普及性相统一。本次整理亦参考前贤时彦的研究成果，在此谨致谢忱；学识所限，乖谬之处，恳请方家指教。

　　特别需要说明的是，在整理过程中得到了段洁文、盖明浩的鼎力襄助，保证了书稿的顺利完成，谨此致谢。

王承略　段圣玉

2025 年 4 月 3 日

目 录

CONTENTS

刘向叙录

叙　录

> **题解**
>
> 　　此篇叙录是刘向奉敕整理完成《晏子春秋》后写给汉成帝的报告。报告内容精要，包括整理后的《晏子春秋》的目录，刘向搜罗校勘《晏子春秋》的过程，晏子的生平及其居高位而忠直刚毅、仁爱勤俭、博闻通达、亲亲厚贤、谏言道齐、外使诸侯等品格和行迹，给予了晏子"盖次管仲"的高度评价。最后品评《晏子春秋》八篇，指出其中六篇价值尤高，可供御览。

【原　文】

晏子春秋目录

内篇谏上第一凡二十五章

内篇谏下第二凡二十五章

内篇问上第三凡三十章

内篇问下第四凡三十章

内篇杂上第五凡三十章

内篇杂下第六凡三十章

外篇重而异者第七凡二十七章

外篇不合经术者第八凡十

【译　文】

晏子春秋目录

内篇谏上第一部分共有二十五章

内篇谏下第二部分共有二十五章

内篇问上第三部分共有三十章

内篇问下第四部分共有三十章

内篇杂上第五部分共有三十章

内篇杂下第六部分共有三十章

外篇中内容重复且有所不同的第七部分共有二十七章

外篇中不符合经术的第八部分共有十八章

　　以上所提及的《晏子》，包含内篇

八章

右《晏子》凡内外八篇总二百十五章

护左都水使者光禄大夫臣向言①：

所校中书②《晏子》十一篇，臣向谨与长社尉臣参校雠③，太史书五篇，臣向书一篇，参书十三篇，凡中外书三十篇，为八百三十八章。除复重二十二篇六百三十八章，定著八篇二百一十五章。外书无有三十六章，中书无有七十一章，中外皆有以相定。中书以"天"为"芳"、"又"为"备"、"先"为"牛"、"章"为"长"④，如此类者多，谨颇略㮊⑤，皆已定以杀青⑥，书可缮写。

晏子名婴，谥平仲，莱人。莱者，今东莱地也。晏子博闻强记，通于古今。事齐灵公、庄公、景公，以节俭力行，尽忠极谏道⑦齐。国君得以正行，百姓得以附亲。不用则退耕于野，用则必不诎义⑧。

和外篇共八篇，总计二百一十五章。

护左都水使者、光禄大夫臣刘向进言：

我所校订的宫廷所藏《晏子》有十一篇，臣刘向恭谨地与长社尉臣杜参共同校对勘误，太史书有五篇，臣刘向的藏书有一篇，臣杜参的藏书有十三篇，宫廷内外的藏书共有三十篇，分为八百三十八章。去除重复的二十二篇六百三十八章，确定著录为八篇二百一十五章。宫外藏书所没有的有三十六章，宫廷藏书所没有的有七十一章，宫廷内外都有的用来相互勘定。宫廷藏书把"天"写成"芳"、"又"误为"备"、"先"写成"牛"、"章"误为"长"，像这类情况有很多，我恭谨地加以删削改订，都已经定稿完成，书可以进行誊抄了。

晏子名叫婴，谥号平仲，是莱地人。所谓莱，就是现在的东莱地区。晏子见闻广博、强于记忆，对古今的知识都很精通。他事奉齐灵公、齐庄公、齐景公，以生活节俭、身体力行为原则，竭尽忠诚，极力劝谏来引导齐国。国君因此得以端正行为，百姓因此得以亲近归附。不被任用就退隐到乡野耕种，被任用就一定不会使道义受屈而不得伸张。不能用邪恶的事情来胁迫他，即使锋利的刀刃顶在胸口，他始终不接受崔杼的威逼。他劝谏齐国国君，言辞急切时毫不避讳，

不可胁以邪，白刃虽交胸，终不受崔杼之劫⑨。谏齐君悬而至⑩，顺而刻⑪。及使诸侯，莫能诎其辞。其博通如此，盖次管仲⑫。内能亲亲，外能厚贤，居相国之位，受万钟之禄，故亲戚待其禄而衣食五百余家，处士待而举火者亦甚众。晏子衣苴⑬布之衣，麋鹿之裘，驾敝车疲马，尽以禄给亲戚朋友，齐人以此重之。

晏子盖短⑭，其书六篇，皆忠谏其君，文章可观，义理可法，皆合"六经"之义。又有复重，文辞颇异，不敢遗失，复列以为一篇⑮。又有颇不合经术，似非晏子言，疑后世辩士所为者，故亦不敢失，复以为一篇⑯。凡八篇，其六篇可常置旁御观⑰，谨第录。

臣向昧死⑱上。

言辞委婉时也能切中要害。等到出使诸侯国的时候，没有人能使他的言辞受挫。他博学通达至此，大概仅次于管仲。在内能亲近自己的亲人，在外能厚待贤能之人，处在相国的的职位上，享受万钟的俸禄，所以依靠他的俸禄而穿衣吃饭的亲戚有五百多家，依靠他的资助才能生火做饭的未出仕读书人也很多。晏子穿着粗布做的衣服，披着麋鹿皮做的皮衣，驾着破旧的车子、瘦弱的马，把自己的俸禄都用来供给亲戚朋友，齐国人因此很敬重他。

晏子身材矮小，他的书有六篇，都在忠诚地劝谏他的国君，文章值得观瞻，义理值得效法，都符合"六经"的大义。又有一些重复的内容，文辞有很大差异，我不敢遗漏，又把它们编列为一篇。又有一些很不符合经术的内容，似乎不是晏子所说的话，怀疑是后世能言善辩之人所写的，所以也不敢遗漏，又编列为一篇。总共八篇，其中六篇可以时常放在身边以供御览，我恭谨地编次记录下来。

臣刘向昧死呈上。

注　释

❶ 护左都水使者：负责管理水利相关事务的官员。光禄大夫：古代官名，在不同朝代有不同品秩，西汉无定员，秩比二千石，东汉定员三人，秩比六百石。

主要职责是顾问应对，为皇帝提供政治、经济、文化等方面的建议和意见，参与朝廷政策的讨论和制定。向：即刘向，字子政，汉成帝即位后，召拜为中郎，使领护三辅都水，迁光禄大夫。　❷中书：皇宫中的藏书。刘向典校的地点是禁中，故称其典校之书为"中书"。　❸参：杜参，人名，杜陵人。校雠（chóu）：校对书籍，勘正错误。一人独校为校，二人对校为雠。　❹"天""芳"、"先""牛"形相近，"又"（读"异"）"备"、"章""长"声相近。

❺𠜻（jiān）：同"翦"，此处指删削改订。　❻杀青：古人著书于竹简，为便于书写、防止变形开裂和防虫蛀，需要先把青竹简用火烤干水分，这个过程叫作杀青。后泛指书籍定稿。　❼道：通"导"，引导。　❽不诎义：不使道义受屈。诎，同"屈"，屈服。　❾崔杼之劫：指齐国大夫崔杼弑齐庄公，胁迫朝中官员顺从，晏子亦受胁迫。　❿悬而至：指言辞急切，毫不避讳地进行劝谏。"悬"有急切之义。　⓫顺而刻：言辞委婉而义达。顺，指委婉。刻，指深刻，切中要害。　⓬次：近。管仲：姬姓，名夷吾，字仲，颍上（今安徽颍上）人，春秋时期齐国政治家。　⓭苴（jū）：同"粗"。　⓮短：指晏子身材矮小。

⓯复列以为一篇：指外篇第七。　⓰复以为一篇：指外篇第八。　⓱御观：供帝王阅读。"御"指帝王所用。　⓲昧死：冒死，古时臣子向帝王进言时表示敬畏的用语。

卷一

内篇谏上第一

庄公矜勇力不顾行义晏子谏第一

题 解

齐庄公过于崇尚勇力，希望以此立世。晏子则结合汤、武与桀、纣等史实，以古今对比谏言，揭示"勇力"与"仁义"的辩证关系，强调"以德驭力"，指出勇力之立必须以行礼义为前提，不能忽视道义，否则将致国亡君灭。

【原文】

庄公奋乎勇力①，不顾于行义。勇力之士，无忌于国，贵戚②不荐善，逼迩③不引过，故晏子见公。

公曰："古者亦有徒以勇力立于世者乎？"

晏子对曰："婴闻之，轻死以行礼谓之勇，诛暴不避强谓之力。故勇力之立也，以行其礼义也。汤、武用兵而不为逆④，并国而不为贪，仁义之理

【译文】

齐庄公崇尚勇力，而不施行仁义。那些勇力之士，在国内横行无忌，贵戚不敢进言善道，近臣也不敢指陈过失，因此晏子觐见庄公。

庄公说："古代也有仅凭勇力立身于世的人吗？"

晏子回答说："我听说，不怕死以实行礼义，这叫作勇；除灭暴虐而不畏强大，这叫作力。所以勇力的建立，是为了实行礼义的。商汤、周武王起兵不算叛逆，兼并诸侯也不算贪婪，就是因为符合仁义之理。诛除暴虐而不避强力，消灭罪恶而

也。诛暴不避强，替⑤罪不避众，勇力之行也。古之为勇力者，行礼义也。今上无仁义之理，下无替罪诛暴之行，而徒以勇力立于世，则诸侯行之以国危，匹夫行之以家残。昔夏之衰也，有推侈、大戏⑥；殷之衰也，有费仲、恶来。足走千里，手裂兕⑦虎，任⑧之以力，凌轹⑨天下，威戮无罪，崇尚勇力，不顾义理。是以桀、纣以灭，殷、夏以衰。今公自奋乎勇力，不顾乎行义，勇力之士，无忌于国，身立威强，行本淫暴，贵戚不荐善，逼迩不引过，反圣王之德，而循灭君之行。用此存者，婴未闻有也。"

不畏势众，这才是勇力的行为。古代那些以勇力立世的人，是为了实行礼义。如今您上没有仁义之理，下没有除恶诛暴之举，想仅仅凭勇力立身于世，诸侯这样做会使国家危亡，百姓这样做会使家庭残败。过去夏朝衰微时，有推侈、大戏；商朝衰微时，有费仲、恶来。他们能徒步奔走千里，徒手撕裂犀牛猛虎，放纵勇力，欺凌天下诸侯，杀戮无罪百姓，崇尚勇力，不顾道义天理。桀、纣因此被灭，殷、夏因此衰亡。如今君主您自己倡导勇力，不顾实行仁义，那些勇力之士，在国内横行无忌，以威猛强悍立身，以淫邪暴虐为行为之本，贵族不敢进言善道，近臣不敢指摘过失，违反圣明之主的德行，却因循亡国之君的行为。因此能够立身于世的，我没有听说过。"

注 释

❶庄公：齐庄公，春秋时期齐国国君。姜姓，名光，公元前553—前548年在位，后为大夫崔杼所杀，谥"庄"。奋：本义为鸟类振羽展翅，此处指崇尚、矜夸。　❷贵戚：指帝王本姓的亲族。　❸逼迩（ěr）：二字同义，近，指近臣。　❹汤、武：指商汤、周武王。逆：叛逆。　❺替：灭，推翻。　❻推侈、大戏：与下句的费仲、恶来均为人名，以勇力著称。推侈、大戏是夏桀时的两位勇力之士，"生列兕虎，指画杀人"（《墨子·明鬼下》）。　❼兕（sì）：古代猛兽名，犀牛类。　❽任：放纵。　❾轹（lì）：欺凌。

景公饮酒酣愿诸大夫无为礼晏子谏第二

题 解

齐景公饮酒尽兴后，让群臣不必拘于礼节。晏子则认为"礼"不可松，遂通过"立礼"与"去礼"的对比来劝谏景公，指出无礼会导致君臣关系混乱，人就如禽兽一般了。而且在正面劝谏不被接受后，晏子便演示无礼之实让景公接受了谏言，展现了晏子的"礼治"思想及其"礼为政本"的治国理念。

【原 文】

景公饮酒酣①。曰："今日愿与诸大夫为乐饮，请无为礼。"

晏子蹴然②改容曰："君之言过矣！群臣固欲君之无礼也。力多足以胜其长③，勇多足以弑④君，而礼不使也，禽兽矣。力为政，强者犯弱，故日易主。今君去礼，则是禽兽也。群臣以力为政，强者犯弱，而日易主，君将安立矣！凡人之所以贵于禽兽者，以有礼也。故《诗》曰：

【译 文】

齐景公与群臣饮酒，喝到畅快的时候，说："今天我希望与各位大夫畅快痛饮，请不要拘泥于君臣之礼。"

晏子听了这话脸色陡变，说："您言过了！大臣们本来就希望您不拘礼仪。力气大的人可以打败尊长，勇气多的人足以杀害君主，可正是礼的约束才使他们做不到，否则就跟禽兽一样了。凭借力气来统治国家，强者侵犯弱者，所以才会天天更换君主。如今您废弃礼法，那就是肯定禽兽的行为。群臣以勇力来主宰一切，强者侵犯弱者，于是天天更换君主，那您将怎么以君主立身呢！人类之所以比禽兽尊贵，就是在于有礼。所以《诗经》说：'假如人没有

‘人而无礼，胡不遄死？’⑤礼不可无也。”

公湎⑥而不听。

少间，公出，晏子不起；公入，不起；交举⑦则先饮。公怒，色变，抑⑧手疾视曰：“向者夫子之教寡人无礼之不可也，寡人出入不起，交举则先饮，礼也？”晏子避席再拜稽首而请曰⑨：“婴敢与君言而忘之乎？臣以致无礼之实也。君若欲无礼，此是已！”

公曰：“若是，孤之罪也。夫子就席，寡人闻命矣。”觞三行⑩，遂罢酒。

盖是后也，饬⑪法修礼以治国政，而百姓肃也。

礼，为何还不赶紧去死？’礼，是不能没有的。”

景公沉迷于酒色，不听从晏子的劝告。

过了一会儿，景公出去，晏子没有起身相送；景公进来，晏子也没有起身相迎；举杯敬酒时，晏子又抢先饮酒。景公生气，脸色变了，手按几案，怒目而视晏子说：“刚才，先生您还教导我，不可以没有礼。现在，我出入您都不起身，互相敬酒您却先饮，这是礼吗？”晏子离席，两次叩拜，叩头至地，恭敬地申辩道：“我怎么敢和您说过又忘了呢？臣只是以此来造成一个无礼的实情啊。您如果想废弃礼仪，就是这样的。”

景公说：“如果是这样，那就是我的过错了。先生您请入席，我听从您的教诲了。”敬酒三遍，就停止了饮酒。

从此之后，景公整顿法度，修明礼仪，以礼法治国理政，百姓也恭敬守礼了。

注 释

❶景公：齐景公，春秋时齐国君主，庄公异母弟。姜姓，名杵臼，公元前547—前490年在位，谥"景"，以喜好饮酒、狩猎著称。酣：酒喝得正尽兴。 ❷蹴（cù）然：脸色陡变的样子。 ❸长（zhǎng）：尊长。 ❹弑（shì）：卑者杀尊者，古代统治阶级称子杀父、臣杀君为弑。 ❺遄（chuán）：快，急速。诗句出自《诗经·鄘风·相鼠》。 ❻湎（miǎn）：沉迷于酒色。 ❼交举：相互举杯敬酒。 ❽抑：按。 ❾避席：古人席地而坐，离座起立，表示恭敬。稽首：古时最隆重的一种跪拜礼，叩头至地，并停留多时，是九拜中最为恭

敬者。　⑩觞（shāng）：斟酒劝饮。三行：三遍。臣子陪侍国君饮酒，古礼一般以三次敬酒为度。　⑪饬（chì）：整顿。

景公饮酒醺三日而后发晏子谏第三

题 解

齐景公纵酒失度，致使此后三日都神志不清。晏子谏言饮酒要有节制，直陈景公饮酒过度将导致"失所以为国"的严重后果，体现了晏子善以日常行为来隐喻治国大道的劝谏艺术，展现了晏子"节欲安民"的政治思想。

【原 文】

景公饮酒醺①，三日而后发②。

晏子见曰："君病酒③乎？"公曰："然。"

晏子曰："古之饮酒也，足以通气合好④而已矣。故男不群乐以妨事⑤，女不群乐以妨功⑥。男女群乐者，周觞五献⑦，过之者诛⑧。君身服⑨之，故外无怨治，内无乱行。今一日饮酒，而三日寝之，国治怨乎外⑩，左右乱乎内。以刑罚自防

【译 文】

齐景公饮酒，喝得酩酊大醉，过了三天才清醒起来。

晏子觐见景公，说："君主您是喝多了酒不舒服吧？"景公说："是这样。"

晏子说："古时喝酒，只要能够使气血通畅、感情融洽就可以了。所以男人不聚众饮酒作乐而妨碍正事，女人也不聚众行乐而妨碍女功。男女聚众宴饮行乐，最多举杯敬酒五遍，超过了这个次数就要受到责罚。君主要是能身体力行遵守这个规矩，那么宫廷外就不会有对治理的怨愤，宫廷内也没有昏乱的行为。如今您一天喝酒，却要睡三天来恢复，这样一来，国家在外会招致治理上的不满，宫廷内左右臣子也会胡作非为。那些原来以刑罚自我约

者，劝⑪乎为非；以赏誉自劝者，惰乎为善。上离德行，民轻赏罚，失所以为国矣。愿君节之也！"

束的人，就会受到怂恿而放肆地为非作歹；以奖赏和荣誉自我勉励的人，也会变得懒怠而不愿做善事了。君主背离德行，民众就会轻视赏罚，这样就失去了治国的根本。希望君主您一定要节制饮酒啊！"

注 释

❶ 酲（chéng）：酒醉后神志不清。　❷ 发：起，此处指酒醒起身。　❸ 病酒：因喝酒过量而身体不适。　❹ 通气合好：气血顺畅，友好相处。　❺ 事：职守，事务。　❻ 功：女功。　❼ 周觞：谓进酒一巡。五献：献酒五次。古代礼仪，宾客宴饮，各自敬酒以五次为限。　❽ 诛：责罚。　❾ 服：躬行。　❿ 外：指宫廷外。下句的"内"则指宫廷内。　⓫ 劝：努力，激励。

景公饮酒七日不纳弦章之言晏子谏第四

题 解

景公纵酒七日七夜不止，弦章忠心进谏，以死相逼。晏子则说弦章"幸遇君"，以暴君桀、纣委婉讽喻，彰显君王纵酒的严重后果，使景公在自省中纳谏废酒，体现了春秋时期"谲谏"的智慧。

【原文】

景公饮酒，七日七夜不止。

弦章①谏曰："君欲饮酒七

【译文】

齐景公饮酒，七日七夜还不停止。

弦章劝谏说："君主想要饮酒七日七夜，我希望您停止饮酒！不然的话，日七夜，章愿君废②酒也！不然，章赐死。"

晏子入见。公曰："章谏吾曰：'愿君之废酒也！不然，章赐死。'如是而听之，则臣为制也；不听，又爱③其死。"

晏子曰："幸矣！章遇君也。令章遇桀、纣者④，章死久矣。"

于是公遂废酒。

请您赐我一死。"

晏子入宫觐见景公。景公说："弦章劝谏我说：'希望您停止饮酒！不然的话，就请您赐我一死。'像这样的情况，如果听从他的劝谏，我就被臣子所制约；如果不听从他的劝谏，我又不舍得他死。"

晏子说："太幸运了！弦章遇见您这么好的君主。假使他遇见夏桀、商纣那样的暴君，他早就死了。"

于是齐景公就停止了纵酒。

注 释

❶ 弦章：齐景公时大臣，善讽谏。　❷ 废：停止。　❸ 爱：怜惜，舍不得。
❹ 令：假使。桀、纣：这里代指昏庸残暴的君主。

景公饮酒不恤天灾致能歌者晏子谏第五

题 解

　　齐国连日大雨成灾，景公却沉迷于宴饮享乐，不恤百姓，不思赈灾。起初晏子劝谏未果，就把自己禄田的粮食拿出来救济百姓，然后徒行觐见，愤然直谏，且自陈己过，请身出走，终于使景公谢罪悔过，赈灾济民，节俭勤政。

【原文】

景公之时，霖雨十有七日^①。公饮酒，日夜相继。晏子请发粟于民^②，三^③请，不见许。公命柏遽巡国^④，致能歌者。

晏子闻之，不说^⑤，遂分家粟于氓^⑥，致任器于陌^⑦，徒行见公曰："十有七日矣！坏室^⑧乡有数十，饥氓里有数家^⑨。百姓老弱，冻寒不得短褐^⑩，饥饿不得糟糠^⑪，敝撤^⑫无走，四顾无告。而君不恤，日夜饮酒，令国致乐不已。马食府^⑬粟，狗餍刍豢^⑭，三保^⑮之妾，俱足粱肉。狗马保妾^⑯，不已厚乎？民氓百姓，不亦薄乎？故里穷而无告，无乐有上矣；饥饿而无告，无乐有君矣。婴奉数之策^⑰，以随百官之吏，民饥饿穷约而无告，使上淫湎失本而不恤^⑱，婴之罪大矣。"再^⑲拜稽首，请身^⑳而去，遂走^㉑而出。

公从之，兼于涂而不能

【译文】

齐景公当政的时候，大雨连续下了十七天。景公日夜不停地饮酒作乐。晏子请求给民众发放粮食，多次请求，都没得到景公允许。景公还派伯急速巡行全国各地，召集善于唱歌的人。

晏子听说此事后，很不高兴，于是把自己禄田收的粮食分发给灾民，并把装粮食的器具放在路上，自己步行去见景公说："已经十七天了！损坏的房屋每乡都有数十家，饥饿的百姓每里有数家。百姓年老体弱，受冻却没有粗布衣穿，饥饿却没有酒糟和谷皮充饥，举步艰难，四处顾盼，没有诉说求助的地方。但是君主您不仅没有体恤救济，还日夜不停地饮酒，不停地命令全国各地进献歌舞乐人。您的马吃着粮库里的粮食，狗吃着牛、羊、猪等肉食，后宫姬妾都吃着精米肥肉。您对狗、马、姬妾，不是太优厚了吗？对那些百姓，不是太苛薄了吗？所以乡里百姓穷困而求告无门，就不会爱戴君主了；百姓忍饥挨饿而求告无门，就不会拥护国君了。我拿着记事简册，跟随在百官中，却让民众饥饿贫困而无处诉说，使君主沉湎酒色不理政事而不体恤百姓，我的罪实在太大了。"说完两次跪拜磕头，请求辞官回家，便跑了出去。

景公跟从晏子追赶他，因道路泥泞而没能追上，就下令急忙驾车追晏子，

逮^㉒，令趣驾追晏子^㉓，其家，不及。粟米尽于氓，任器存于陌，公驱，及之康^㉔内。公下车从晏子曰："寡人有罪，夫子倍^㉕弃不援，寡人不足以有约^㉖也，夫子不顾社稷百姓乎？愿夫子之幸存^㉗寡人，寡人请奉齐国之粟米财货，委^㉘之百姓，多寡轻重，惟夫子之令。"遂拜于途。

晏子乃返。命禀^㉙巡氓，家有布缕之本^㉚而绝食者，使有终月之委^㉛；绝本之家，使有期年之食；无委积^㉜之氓，与之薪槔^㉝，使足以毕霖雨。令柏巡氓，家室不能御者，予之金，巡求氓寡用财乏者。死三日而毕^㉞，后者若不用令之罪。公出舍，损肉撤酒，马不食府粟，狗不食饘肉^㉟，辟拂嗛齐^㊱，酒徒减赐。三日，吏告毕上：贫氓万七千家，用粟九十七万钟^㊲，薪槔万三千乘^㊳。坏室二千七百家，用金三千。公然后就内退食，琴瑟不张，钟鼓不陈。晏子请左右与可令歌舞足

直到他家，也没追到。晏子家里的粮食已全部分给了灾民，装载粮食的器具陈放在路旁。景公又驱车追到大路上，追上了晏子。景公下车跟在晏子身后说："我有罪，先生您抛弃我不帮我，我不值得让您屈尊，但先生您就不顾念国家百姓了吗？但愿先生能留下保全我，我愿献出齐国的粮食财物，交给百姓，给多给少，给轻给重，只听先生您的意见。"于是就在路边郑重地施礼。

晏子这才回去。他命令粮仓官员巡视灾民，凡是家中还有蚕桑之业而没有饭吃的，就让他们有一个月粮食储备；完全没有存粮的人家，就让他们有足够一年食用的粮食；没有储备柴草的灾民，发给他们柴草，使他们足以撑到雨停。又派伯巡视灾民，凡有房屋不能抵御风雨的，就给他们修缮费用，并查访寻求物资少钱财不足的人。这些事情都必须在三天内办完，延误者按不执行命令论处。景公也搬出王宫，减少肉食，撤除酒宴，马不再喂库里的粮食，狗不再吃肉粥，身边侍从减少用度，歌舞乐人减少赏赐。三日期满，官吏完成任务上报：受灾贫民有一万七千家，发放粮食九十七万钟，柴草一万三千车。房屋倒塌破损的有二千七百家，资助修缮共用了三千金。然后景公回宫，减少膳食，不再演奏琴瑟，把钟鼓等乐器都收起来。晏子请求把左右近臣以及那些扰

以留思虞^㊴者退之，辟拂三千，谢于下陈^㊵。人待三，士待四^㊶，出之关外也。

人思虑的歌舞乐人辞退，还把姬妾侍女三千人从后宫辞退。又把三名爱妾、四名宠臣赶出了关外。

注 释

❶ 霖雨：连绵不止的雨。有：通"又"，用于整数与零数之间。　❷ 发：分发，发放。粟：谷子，此处泛指粮食。　❸ 三：表示多次，非确指。　❹ 柏：通"伯"，官名。遽：急速。　❺ 说（yuè）：通"悦"，高兴。　❻ 家粟：晏子禄田所收的粮食。吴则虞云大夫称家，家粟即大夫禄田之粟。氓（méng）：外来的民众，此处指称受灾的百姓，即灾民。　❼ 任器：这里指用以装载搬运粮食的器具。陌：道路。　❽ 坏室：原作"怀宝"，据《指海》本改。下处"坏室"同。　❾ 乡、里：均为古代基层行政单位。《国语·齐语》所载齐国居民组织是五家为轨，十轨为里，四里为连，十连为乡，即每里五十家，每乡两千家。　❿ 褐（hè）：粗布衣服。　⓫ 糟糠：酒糟和谷皮，喻粗劣的食物。　⓬ 敝撒：通"蹩躠"，行步困难之貌。　⓭ 府：府库，此处指粮库。　⓮ 餍（yàn）：吃饱。刍（chú）豢（huàn）：牛、羊、猪、狗之类的家畜。　⓯ 保：宫室，后宫。　⓰ 保妾：后宫姬妾。　⓱ 数：指国家的典章制度。策：古代用竹片或木片著书记事，成编的便叫作策。　⓲ 淫：过度。本：本职。　⓳ 再：两次。　⓴ 请身：辞官。　㉑ 走：跑。　㉒ 逮：及，赶上。　㉓ 趣（cù）：急促，赶快。驾：驾车。　㉔ 康：五路通达的大路，泛指大路。《尔雅》云："五达谓之康，六达谓之庄。"　㉕ 倍：通"背"。　㉖ 约：屈尊相处。　㉗ 存：保全。　㉘ 委：送交。　㉙ 禀：同"廪"，古代官名，掌米仓。　㉚ 本：谓农桑。农桑为布缕之本。　㉛ 委：积蓄。　㉜ 委积：指柴草储备。　㉝ 薪樵（liáo）：柴草。　㉞ 死：通"尸"，主持。毕：完成。　㉟ 饘（zhān）肉：肉粥。饘，黏稠的粥。　㊱ 辟拂：侍御之幸臣。辟，通"弼"。嗛（qiàn）：通"歉"，减省。赍：通"资"，费用。　㊲ 钟：古代的量器。　㊳ 乘（shèng）：古代以一车四马为一乘。　㊴ 留思虞：谓移情夺虑。虞，顾虑。　㊵ 谢：辞去。下陈：后列，指后宫。　㊶ 人待：人侍，爱妾。士待：士侍，宠臣。待，通"侍"，在旁边陪着，侍奉尊长。

景公夜听新乐而不朝晏子谏第六

题 解

齐景公彻夜沉迷于新乐以致无法上朝理政。晏子拘捕歌人，并直谏景公，强调"乐与政通"的礼乐思想，指出乐亡与礼亡、政亡、国亡的密切关系，认为音乐影响政治，进而关系到国家存亡，使景公接受了劝谏。

【原 文】

晏子朝，杜扃望羊待于朝①。晏子曰："君奚故不朝？"对曰："君夜发②不可以。"晏子曰："何故？"对曰："梁丘据扃入歌人虞③，变齐音④。"

晏子退朝，命宗祝修礼而拘虞⑤。公闻之而怒曰："何故而拘虞？"晏子曰："以新乐淫⑥君。"公曰："诸侯之事，百官之政，寡人愿以请子。酒醴⑦之味，金石⑧之声，愿夫子无与⑨焉。夫乐，何必夫故哉？"对曰："夫乐亡而礼从之，

【译 文】

晏子上朝时，见杜扃仰头远视，在朝堂上等待。晏子问他："君主为什么还没上朝？"杜扃答道："君主夜里没睡觉，所以不能上朝。"晏子问："什么原因呢？"杜扃回道："梁丘据私下里进献了一位名叫虞的歌人，改变了齐国传统音乐。"

晏子退朝，下令让宗祝修订礼法拘捕了那位名叫虞的歌人。景公听说后很生气，问："为什么要拘捕虞？"晏子说："因为他用新乐惑乱君主。"景公说："诸侯间的事务，管理百官的政事，我愿意托付给先生您处理。至于品尝什么样的美酒，欣赏什么样的音乐，希望先生不要干预。至于音乐，何必一定要遵循旧制呢？"晏子回答说："音乐衰亡了，礼义就会跟着衰亡，礼义衰亡了，政治就会跟着衰

礼亡而政从之，政亡而国从之。国衰，臣惧君之逆[10]政之行。有歌，纣作《北里》[11]，幽、厉[12]之声，顾夫淫以鄙而偕亡[13]。君奚轻变夫故哉？"公曰："不幸[14]有社稷之业，不择言而出之，请受命[15]矣。"

亡，政治衰亡了，国家就会跟着衰亡。国家正在衰微，我害怕君主会做出背离正道的行为。之前就有这样的歌曲，商纣王时所作的《北里》，周幽王、周厉王时的新乐，只是因为淫靡粗鄙，便连同礼义、政治、国家及自身等全部衰亡了。您为什么轻视改变古乐这件事呢？"景公说："我不幸拥有国家大业，没有好好考虑就说出那些话来，我愿接受您的教诲。"

注　释

❶ 杜扃（jiōng）：人名，齐景公侍臣。望羊：连绵词，亦作"望佯"，仰视之貌，远视之貌。　❷ 发：起，此处指不睡觉。　❸ 梁丘据：人名，景公宠臣。扃：关起门来，即私下里。虞：人名。　❹ 变齐音：改变了齐国传统音乐。齐音，齐之古乐。　❺ 宗祝：掌管祭祀礼仪的官员。修礼：修订礼法。　❻ 淫：惑乱。　❼ 醴（lǐ）：甜酒。　❽ 金石：指乐器。　❾ 与（yù）：干预，参与。　❿ 逆：违背，不利于。　⓫《北里》：殷纣王时所作新乐舞曲，后泛指靡靡之音。　⓬ 幽、厉：西周厉王及其孙幽王，都因荒淫暴虐而身死国亡。　⓭ 顾：只是。淫：放荡轻浮。偕亡：意为音乐连同礼、政、国乃至自身一起衰亡。　⓮ 不幸：自谦的说法。　⓯ 受命：受教。

景公燕赏无功而罪有司晏子谏第七

题　解

齐景公宴赏随意，以致政令难行，便迁怒于官员。晏子运用顺逆之辨、兴亡之鉴、赏罚之异三重对比来谏言，指出"君道"的核心在于"公利"

而非"私欲"，强调君道臣守和赏罚应有利于国家而非个人喜好，否则逆政而行终致社稷宗庙危覆。景公最终听从了劝谏。

【原文】

景公燕赏①于国内，万钟者三，千钟者五。令三出，而职计②莫之从。公怒，令免职计。令三出，而士师③莫之从。公不说。

晏子见，公谓晏子曰："寡人闻君国者④，爱人则能利之，恶人则能疏之。今寡人爱人不能利，恶人不能疏，失君道矣。"

晏子曰："婴闻之，君正臣从谓之顺，君僻臣从谓之逆。今君赏谗谀⑤之民，而令吏必从，则是使君失其道，臣失其守也。先王之立爱，以劝善也；其立恶，以禁暴也。昔者三代⑥之兴也，利于国者爱之，害于国者恶之，故明所爱而贤良众，明所恶而邪僻灭，是以天下治平，

【译文】

齐景公设宴赏赐国内臣子，赏赐万钟俸禄的有三人，千钟俸禄的有五人。命令发出多次，但是掌管财政的官员没有听从他的命令。景公很生气，下令免去掌管财政官员的职务。命令下达了多次，司法官也不肯听从他的命令。景公很不高兴。

晏子来见景公，景公对他说："我听说治理国家的君主，喜爱某人就可以使他获益，厌恶某人就能疏远他。现在我喜爱的人不能获益，我厌恶的人不能疏远，这是失去为君之道了。"

晏子说："我听说，君主正直臣下服从叫作顺，君主邪僻臣下盲从叫作逆。现在君主您奖赏阿谀逢迎的小人，还命令官吏一定要照办，这就是使君主失去正道，臣子失去职守了。先王之所以要树立爱的规范，是为了勉励人从善；之所以要树立厌恶的准则，是为了禁止暴戾。从前夏、商、周三代之所以兴盛，是因为对国家有利的人就喜爱他，对国家有害的人就厌恶他，所以明确所喜爱的，贤良的人就增多了，明确被厌恶的，奸邪的人就灭迹了，因此天下政治清平，

百姓和集⑦。及其衰也，行安简易⑧，身安逸乐，顺于己者爱之，逆于己者恶之，故明所爱而邪僻繁，明所恶而贤良灭，离散百姓，危覆社稷。君上不度⑨圣王之兴，而下不观惰君之衰，臣惧君之逆政⑩之行，有司不敢争⑪，以覆社稷，危宗庙⑫。"

公曰："寡人不知也，请从士师之策。"国内之禄所收者三也。

百姓和睦团聚。到了夏、商、周衰败时，君王行事满足于粗疏轻率，身心满足于安逸享乐，顺从自己的就喜爱他，违逆自己的就厌恶他，所以明确了所喜爱的，邪僻的人就多了起来，明确了所厌恶的，贤良的人就消失了，导致百姓离散，国家危急甚至倾覆。君主您上不效法圣贤之王兴盛之道，下不注意昏庸之君衰败之鉴，我担心您会实行那无道乱政，官吏不敢谏诤，最终会导致国家倾覆，王室危亡。"

景公说："我不明智啊，请按照司法官的法度来办。"国内赏赐的俸禄，所收回的也很多。

注 释

❶燕赏：设宴赏赐。燕，通"宴"。　❷职计：掌管财政的官吏。　❸士师：亦作"士史"，古代执掌禁令刑狱的官员。　❹君国者：治理国家的君主。君，用作动词。　❺谗谀：谗毁和阿谀。　❻三代：指夏、商、周三个朝代。　❼和集：和睦团聚。　❽安：追求，喜好。简易：粗疏轻率。　❾度（duó）：衡量，思考。　❿逆政：违逆正道的政治。　⓫有司：主管某事务的官吏。争：通"诤"，谏诤。　⓬宗庙：古代帝王、诸侯祭祀祖宗的庙宇，也是朝廷和国家政权的代称。

景公信用谗佞赏罚失中晏子谏第八

题解

　　齐景公信用谗佞，赏罚失当。晏子严词直谏"谗佞之祸"恶果并鞭马而逃，使景公悔过顺教并派人追回晏子，展现了晏子"以退为进"的劝谏智慧及"以道事君"的政治品格。

【原 文】

　　景公信用谗佞①，赏无功，罚不辜。

　　晏子谏曰："臣闻明君望圣人而信其教，不闻听谗佞以诛赏。今与左右相说②颂也，曰：'比死者勉为乐乎③！吾安能为仁而愈黥民耳矣④！'故内宠之妾迫夺⑤于国，外宠之臣矫夺于鄙⑥，执法之吏并荷⑦百姓。民愁苦约⑧病，而奸驱尤佚⑨，隐情奄⑩恶，蔽诎⑪其上，故虽有至圣大贤，岂能胜若谗哉！是以忠臣之常有灾伤也。臣闻古者之士，可与得之⑫，

【译 文】

　　景公信任重用善进谗言和巧言谄媚的小人，赏赐没有功劳的人，惩罚没有罪过的人。

　　晏子进谏说："我听说贤明的君主仰慕圣人的德行而遵循他们的教诲，没有听说过听信善进谗言和巧言谄媚的人来实行惩罚和赏赐的。现在您与左右近臣相互取悦称颂，说：'那些快要死的人还尽力行乐呢！我们岂能为了仁义而只比那些受刑的人过得稍好些呢！'所以宫内受宠的姬妾在都城里强行掠夺，朝廷上受宠的臣子在边邑假借君命巧取豪夺，执掌法令的官吏一起苛虐百姓。民众忧愁困苦、贫病交加，而奸邪之人却更加放纵，他们隐瞒实情掩盖罪恶，蒙蔽谄媚君主，所以即使有至圣大贤，又怎么能胜过这些谗佞小人呢！因此忠臣就经

不可与失之；可与进之，不可与退之。臣请逃之矣。"遂鞭马而出。

公使韩子休^⑬追之曰："孤不仁，不能顺教，以至此极。夫子休^⑭国焉而往，寡人将从而后。"

晏子遂鞭马而返。其仆曰："向^⑮之去何速？今之返又何速？"晏子曰："非子之所知也，公之言至矣。"

常受到灾祸伤害了。我听说古代的贤士，能与君主志同道合就和他共事，否则就离去；能辅助君主治理好国家就进，否则就退。请让我赶快辞官逃走吧。"于是就扬鞭策马跑出去了。

景公派韩子休追赶晏子，传话给晏子说："我不仁德，不能顺从先生的教诲，以致到了这么严重的地步。先生您要辞国而去，我将在后边跟随您。"

晏子于是就鞭打着马回来了。他的仆人说："刚才您离去时怎么那样急？现在回来为什么又这么快？"晏子说："这不是你所能知道的，国君的话太高明了。"

注 释

❶ 佞：伪善，指谗毁奸邪的人。　❷ 说：通"悦"，取悦。　❸ 比：及，等到。勉：尽力。　❹ 愈：胜过。黥（qíng）民：受刑的犯人。黥，在脸上刺上记号或文字并涂上墨，古代用作刑罚。　❺ 迫夺：强行掠夺。迫，胁迫。　❻ 矫：假托。鄙：边邑。　❼ 荷：通"苛"，苛刻，荼毒。　❽ 约：贫困。　❾ 奸驱：奸匿，隐藏的坏人。佚：放纵。　❿ 奄：通"掩"，掩盖，隐瞒。　⓫ 蔽谄：蒙蔽谄媚。　⓬ 得之：指兴邦治国。　⓭ 韩子休：人名，景公臣子。　⓮ 休：辞去。　⓯ 向：过去，往昔。

景公爱嬖妾随其所欲晏子谏第九

题 解

齐景公因宠妾喜欢就改变了对狄王子羹不合礼制驾御的态度，并允诺

给予他重赏。晏子抱病进谏，批评景公不重百姓治理、不思先君霸业而沉迷于耳目之乐，强调圣王应遵循治国之道，劝谏景公重贤、遵礼、厚德、善政，思"成城之求"，去"倾城之务"。

【原文】

翟王子羡臣于景公①，以重驾②，公观之而不说也。嬖人婴子欲观之③，公曰："及晏子寝病也④。"居囿⑤中台上以观之，婴子说之，因为之请曰："厚禄之！"公许诺。

晏子起病⑥而见公，公曰："翟王子羡之驾，寡人甚说之，请使之示乎？"

晏子曰："驾御之事，臣无职焉。"

公曰："寡人一⑦乐之，是欲禄之以万钟⑧，其足乎？"

对曰："昔卫士东野之驾也⑨，公说之，婴子不说，公曰不说，遂不观。今翟王子羡之驾也，公不说，婴子说，公因说之；为请，公许之，则是妇人为制也。且不乐治人，而乐治马；不厚禄贤人，

【译文】

狄王之子羡给齐景公做臣仆，献上豪华车驾请景公观赏，景公看了却不喜欢。他的宠妾婴子想看，景公说："趁着晏子生病卧床就看看吧。"于是他们在园林里的高台上观看，婴子很喜欢，于是就替羡请求说："请给他优厚的俸禄吧！"景公答应了。

晏子病愈后谒见景公，景公说："狄王子羡的车驾，我非常喜欢，让他演示一下吗？"

晏子说："驾车的事，不在我的职责范围内。"

景公说："我很喜欢这车驾，想赐给他万钟俸禄，够吗？"

晏子回答说："从前卫国的东野氏的车驾，您很喜欢，但是婴子不喜欢，您也说不喜欢，就不去观看。现在狄王子羡的车驾，您本来不喜欢，但是婴子喜欢，您也就跟着喜欢；婴子替他请求赏赐，您就慨然应允，这样您就是受制于妇人了。况且您不热衷于治理人民，却热衷于治理车驾；不厚赐贤臣，却重赏车夫。从前先君桓公当政时，疆域比

而厚禄御夫。昔者先君桓公⑩之地狭于今，修法治，广政教，以霸诸侯。今君一诸侯无能亲也，岁凶年饥⑪，道途死者相望⑫也。君不此忧耻，而惟图耳目之乐，不修先君之功烈，而惟饰驾御之伎，则公不顾民而忘国甚矣。且《诗》曰：'载骖载驷，君子所诫。'⑬夫驾八，固非制也⑭，今又重此，其为非制也，不滋⑮甚乎？且君苟美乐之，国必众为之。田⑯猎则不便，道行致远则不可，然而用马数倍，此非御下之道⑰也。淫⑱于耳目，不当⑲民务，此圣王之所禁也。君苟美乐之，诸侯必或效我，君无厚德善政以被⑳诸侯，而易之以僻㉑，此非所以子民、彰名、致远、亲邻国之道也。且贤良废灭，孤寡不振㉒，而听嬖妾以禄御夫以蓄怨，与民为仇㉓之道也。《诗》曰：'哲夫成城，哲妇倾城。'㉔今君不思成城之求，而惟倾城之务，

现在要狭小，但他能修明法治，刑赏分明，广施教化，从而称霸诸侯。现在君主您，没能让一个诸侯亲附我们，却岁岁有天灾，年年闹饥荒，道路上不断发现有饿死的人。您不为此感到担忧、以此为耻辱，却只图赏心悦目，不去效法和继承先君的功业，只是一味粉饰驾车的小技，可见您太不顾民众的死活和国家的兴衰了。况且《诗经》上说：'用三匹或四匹马驾车，是君子所要警惕的。'用八匹马驾车，本来就不合乎制度了，现在又加了一倍，用十六匹马驾车，这不是更不合乎制度了吗？再说君主若以重驾为美而喜爱这样做，那么国内必然有很多人也这么做。这样既不便于打猎，也不便于远行，然而使用的马匹数倍于前，这也不是统治臣民的办法。只求耳目之乐，而不管治国安民的大事，这是贤明的君主所禁止的行为。如果您喜爱这样办，诸侯必然有人学习我们的样子，您没有厚德善政给他们以示范，却以违背礼法的不正之风代之，这不是爱护民众、显扬名声、使远方敬畏、使邻国亲附的办法。况且贤臣良将废置不用，鳏寡孤独之人愈加穷苦，您却听信爱妾的话厚赏车夫，而引起人们的怨恨，这是与民众为敌的做法啊。《诗经》上说：'有才能的贤士可使国家兴盛，美貌聪慧的女人可使国家覆亡。'现在您不去思考如何治国安邦，却只顾做些导致国家覆亡的事，国家灭亡的日

国之亡日至矣。君其图之!"

公曰:"善。"遂不复观,乃罢归翟王子羡,而疏嬖人婴子。

子就要到了啊。希望您慎重考虑呀!"

景公说:"说得好。"于是不再观看车驾,打发狄王之子羡回去,并且疏远了宠妾婴子。

注 释

❶翟(dí):通"狄",北方地区民族名。羡:狄王之子名。臣:臣仆,奴仆。　❷重(chóng)驾:即下文中的"驾八"之重,十六匹马。　❸嬖(bì)人:宠妾。婴子:人名,景公的姬妾。　❹及:趁着。寝病:卧病。　❺囿(yòu):园林。　❻起病:病愈。　❼一:量词。一说为衍文。　❽钟:古代多用以计量粮食的容量单位,这里表示丰厚的俸禄。　❾卫:当时诸侯国的国名。东野:姓。　❿桓公:即齐桓公,姜姓,名小白。春秋时期齐国国君,也是春秋时第一个称霸诸侯的霸主。　⓫岁凶年饥:粮食收成不好,发生饥荒。凶,谷物不熟。《墨子·七患》云:"五谷不收谓之饥。"　⓬相望:形容死亡的人多。　⓭载骖(cān)载驷(sì),君子所诫:引自《诗经·小雅·采菽》,《诗经》原文为"载骖载驷,君子所届"。载,犹则,语助词。骖,三匹马驾一辆车。驷,四匹马驾一辆车。　⓮驾八,固非制也:驾八匹马本来就不符合礼仪制度。夏制,天子驾六马。　⓯滋:增加。　⓰田:同"畋",打猎,狩猎。　⓱御下之道:这里指统治臣民的方法。　⓲淫:淫乐,放纵。　⓳当:管理,主持。　⓴被:加于……之上。　㉑僻:邪僻的行为。　㉒振:通"赈",救济,抚恤。　㉓仇:敌视。　㉔哲夫成城,哲妇倾城:此两句诗见于《诗经·大雅·瞻印》。

景公敕五子之傅而失言晏子谏第十

题 解

齐景公给五个儿子的教师以优厚的俸禄,并一一承诺立其所教导的王子为太子。但晏子坚辞不受君命，并以事明理，指出其所命所行将导致官员不和，各结党羽，国家倾覆，揭示了晏子对政治权力分配的深思，对"权臣干政"和"党争隐患"的警惕，以及他作为臣子坚守原则、"以国为重"的政治品格。

【原 文】

　　景公有男子五人，所使傅之者皆有车百乘者也①。晏子为一焉。公召其傅曰："勉之！将以而所傅为子②。"

　　及晏子，晏子辞曰："君命其臣，据其肩③以尽其力，臣敢不勉乎！今有之家④，此一国之权臣也，人人以君命命之曰：'将以而所傅为子。'此离树别党⑤，倾国之道也。婴不敢受命，愿君图⑥之！"

【译 文】

　　齐景公有五个儿子，他们的教师都是拥有百辆马车的大夫。晏子也是其中的一个。景公召见这些教师，分别对他们说："努力吧！我将把你所教导的王子立为太子。"

　　等他对晏子说这话时，晏子辞谢说："国君命令他的臣子，按着他的肩膀让他尽力，我们臣子岂敢不努力啊！我们现在是有百辆车的大夫，是国家有权势的大臣，每个人都用您的谕旨去命令自己：'将把你所教导的王子立为太子。'这是分裂官员，促使他们另结党羽，倾覆国家的做法。我晏婴不敢受命，希望您再斟酌！"

注 释

　　❶傅：辅佐，教导。乘：量词，一车四马为一乘，拥有百乘车者属大夫之列。　❷而：你，代词。子：太子。　❸据其肩：按着肩膀，表示对对方的重托。据，扶，按。　❹家：古指大夫的封邑，此指卿大夫。　❺离：离间。党：朋党。　❻图：思考。

景公欲废適子阳生而立荼晏子谏第十一

题 解

　　齐景公要废嫡立庶、废长立少，晏子力谏要制乐以节、立子以道，遵循伦理礼法，不可违逆，否则国之将乱，展现了晏子忠心为国、坚守原则的卓识远见。景公固执己见，不听忠言，终食恶果。

【原 文】

　　淳于人纳女于景公①，生孺子荼②，景公爱之。诸臣谋欲废公子阳生而立荼。公以告晏子。

　　晏子曰：“不可。夫以贱匹③贵，国之害也；置④大立少，乱之本也。夫阳生生而长，国人戴之，君其勿易！夫服位⑤有等，故贱不陵⑥贵；立子有礼，故孽不乱宗⑦。愿君教荼以礼而勿陷于邪，导之以义而勿湛⑧于利。长少行其道，宗孽得其伦。夫阳生敢毋使荼餍粱肉之味，玩金石之声，而有

【译 文】

　　淳于国将一个女子进献给齐景公，生下儿子荼，景公很喜欢他。众位大臣谋划要废弃公子阳生而立荼为太子。景公把这个事告诉了晏子。

　　晏子说：“不可以。把卑贱的与尊贵的相提并论，是国家的祸害；把长子放置在一边而立年少的做太子，是动乱的根源。阳生，生而为长子，国人拥护他，您不要再另立太子了！地位都有等级，因此卑贱的不会陵驾在尊贵的之上；立太子有礼法，因此妾生的庶子与嫡亲的长子不能混乱。我希望您用礼去教育荼，不要使他陷入邪僻，用义去引导他，不要使他沉迷于功利。年长的和年少的都各自按道义行事，嫡亲的和庶出的都遵从规定的人伦关系。阳生胆敢不使荼饱尝美食佳肴，赏玩钟磬乐器，而会让荼有什么忧患吗？废弃

患乎⑨？废长立少，不可以教下；尊孽卑宗，不可以利所爱。长少无等，宗孽无别，是设贼树奸之本也。君其图之！古之明君，非不知繁乐也，以为乐淫则哀；非不知立爱也，以为义失则忧。是故制乐以节⑩，立子以道。若夫恃谗谀以事君者，不足以责⑪信。今君用谗人之谋，听乱夫之言也，废长立少，臣恐后人之有因君之过以资其邪，废少而立长以成其利者。君其图之！"

公不听。

景公没，田氏⑫杀君荼，立阳生；杀阳生，立简公；杀简公⑬而取齐国。

长子，立年少的做太子，不会起到教育下属的作用；提高庶子的地位，降低嫡子的地位，也不会使所爱的人得益。年长的与年少的没有等级之分，嫡亲的与庶出的没有区别，这就是设置祸害、树立奸党的根源。您考虑考虑吧！古代贤明的君主，不是不懂得尽情地享乐，而是他们认为过分地享乐就会产生悲哀；不是不懂得立自己喜欢的人做太子，而是他们认为丧失了礼义就会产生忧患。因此，以法度来节制享乐，立太子要遵循一定的准则。至于依靠说别人的坏话和阿谀奉承事奉君主的那些人，不值得信任。现在您采纳谗佞之人的计谋，听信为乱之徒的言辞，废弃长子，立年少的做太子，我担心以后有人利用您的过错从而助长他们的奸邪，废弃年少的而立长子为太子使他们得到好处。请您好好考虑吧！"

景公不听从。

景公死后，田氏杀了荼，立阳生为国君；接着又杀了阳生，拥立了齐简公；最后又杀了简公取代齐国为己有。

注 释

❶ 淳于：古国名，在今山东安丘东北。纳：进献。 ❷ 荼（shū）：景公庶子。 ❸ 匹：匹敌。 ❹ 置：搁置，放弃。 ❺ 服位：指身份地位。 ❻ 陵：侵凌。 ❼ 孽：庶子，古时妾所生之子。宗：宗子，指嫡长子。 ❽ 湛：通"沈"，沉溺。 ❾ 餍：吃饱，引申为满足。梁肉：泛指美味佳肴。 ❿ 节：法度。 ⓫ 责：求取。 ⓬ 田氏：指田乞，齐国大夫。 ⓭ 简公：悼公之子，名壬，公元前484—前481年在位，后被田常所杀。

景公病久不愈欲诛祝史以谢晏子谏第十二

题 解

齐景公久病不愈，欲杀祝史以悦"上帝"。晏子以归谬法、对比论证、二难推理等方法直谏景公，强调君主应修德纳谏、远离苛刑，制止了景公滥杀无辜。本章展现了晏子"重人事、轻鬼神"的民本思想与不受赏赐、不贪权财的原则操守。

【原 文】

景公疥且疟①，期②年不已。召会谴③、梁丘据、晏子而问焉，曰："寡人之病病矣④，使史固与祝佗巡山川宗庙⑤，牺牲珪璧⑥莫不备具，数其常多先君桓公，桓公一则寡人再。病不已，滋⑦甚，予欲杀二子者以说于上帝，其可乎？"

会谴、梁丘据曰："可。"晏子不对。

公曰："晏子何如？"

晏子曰："君以祝⑧为有益乎？"

【译 文】

齐景公生了疥疮兼患疟疾，一整年了还没痊愈。他把会谴、梁丘据和晏子召来，问道："我的病越来越重了，我派史固和祝佗巡祭山川宗庙，所用的牺牲珪璧等祭品，没有一样不齐备的，而且数量常常比先君桓公用的还要多，桓公用一份，我就用两份。然而我的病不仅没有好，反而更厉害了，我想把史固和祝佗杀了以取悦上帝，这样做可以吗？"

会谴、梁丘据都说："可以。"晏子却不回答。

景公问："晏子您认为怎么样？"

晏子说："君主以为祝告神灵对您有益吗？"

景公说："是的。"

公曰："然。"

"若以为有益，则诅亦有损⑨也。君疏辅而远拂⑩，忠臣拥塞⑪，谏言不出。臣闻之，近臣嘿⑫，远臣喑⑬，众口铄金⑭。今自聊、摄⑮以东，姑、尤⑯以西者，此其人民众矣，百姓之咎怨诽谤⑰，诅君于上帝者多矣。一国诅，两人祝，虽善祝者不能胜也。且夫祝直言情，则谤吾君也；隐匿过，则欺上帝也。上帝神，则不可欺；上帝不神，祝亦无益。愿君察之也。不然，刑无罪，夏商所以灭也。"

公曰："善解余惑，加冠⑱！"命会遣毋治齐国之政，梁丘据毋治宾客之事，兼属之乎晏子。晏子辞，不得命，受相退，把政⑲。改月而君病悛⑳。公曰："昔吾先君桓公，以管子为有力㉑，邑狐与榖㉒，以共宗庙之鲜㉓。赐其忠臣，则是多㉔忠臣者。子今忠臣也，寡人请赐子州款㉕。"辞曰："管子有一美，婴不如也；有

晏子说："如果您认为祝告有益，那么诅咒也就有损了。君主您疏远了辅佐您的大臣，忠臣被隔绝，不敢向您进谏。我听说，近臣沉默，远臣噤声，民怨沸腾，众口铄金。自聊城、摄城以东，姑水、尤水以西，这里的百姓很多啊，百姓憎恨诽谤，在上帝面前诅咒您的人很多。全国人诅咒，两个人祝祷，即使这两人擅长祝祷也不能胜过全国百姓的诅咒啊。再说祝告神灵要直言不讳，那么就要说您的坏话；如果他们隐瞒您的过错，就是欺骗上帝神灵。如果上帝是灵验的，那么人就不能欺骗上帝；如果上帝不灵验，那么祈祷也没有什么好处。希望君主明察这个道理。如果不这样做，刑罚杀戮而无罪，这就是夏、商之所以灭亡的原因。"

齐景公说："你的话很好地解除了我的疑惑，赐爵嘉奖！"于是命令会遣不再掌管齐国政务，梁丘据不再处理外交事务，一并托付给晏子。晏子推辞不受，但未获允许，于是接受相国之职退下，执掌国政。一个月后，景公的病痊愈了。景公说："从前我的先君桓公，认为管仲功劳大，分封狐、榖二邑给他，让他供应宗庙的祭品。先君赏赐忠臣，是关心看重忠臣，忠臣也就多起来。你现在是忠臣，我要把州款之地赏赐给你。"晏子推辞说："管仲有一个优点，我不如他；有一个缺点，我

一恶㉖，婴不忍为也，其宗庙之养鲜也。"终辞而不受。

不忍心效仿，就是用鸟兽之肉奉祀宗庙。"最终推辞，没有接受赏赐。

注　释

❶ 疥：疥疮。疟：疟疾。　❷ 期（jī）年：满一年。　❸ 会谴：齐国大夫，景公宠臣。　❹ 病病矣：病情十分严重。　❺ 史固、祝佗（tuó）：史，掌祭祀和记事等的官吏。祝，掌祭祀时司告鬼神的官吏。固、佗，均为人名。巡：遍，遍祭。　❻ 珪（guī）璧：祭祀用的玉器。　❼ 滋：益，更。　❽ 祝：祝祷，祈求鬼神保佑。　❾ 诅亦有损：诅咒也有损害。　❿ 辅：辅佐，古代辅佐帝王或太子的官。拂：通"弼"，辅助，特指臣下辅佐君王。　⓫ 塞：阻塞。　⓬ 嘿（mò）：同"默"，沉默。　⓭ 喑（yīn）：哑，不作声。　⓮ 众口铄（shuò）金：喻指众口一词可以混淆是非，此处指民怨沸腾。铄，熔化。　⓯ 聊、摄：齐国西部边界的两个城邑，分别在今山东省的聊城西北和茌平西。　⓰ 姑、尤：二水名，在今山东省的东部，是当时齐国的东界。　⓱ 咎怨诽谤：憎恨怨恶，指责过失。　⓲ 加冠：加爵。　⓳ 把政：主持朝政。　⓴ 改月：更月，一月之后。悛（quān）：停止。　㉑ 有力：有功。　㉒ 邑狐与榖：把狐与榖两个地方封赐给管仲做食邑。　㉓ 共（gōng）：通"供"，提供。鲜：用于祭祀、进献宗庙的飞禽走兽。　㉔ 多：称赞，嘉许。　㉕ 州款：齐地名。　㉖ 有一恶：此指以野兽作祭品，非宗庙之常礼，故晏子认为是恶行。

景公怒封人之祝不逊晏子谏第十三

题　解

齐景公请高寿的封人为自己祝福，封人祝福他不要得罪百姓，景公认为这种祝福很是无礼。晏子则以夏桀、商纣受诛的史实，谏言国君有罪而民众治之，会危及自身统治，提醒景公应该重视百姓，不能得罪百姓。

【原文】

景公游于麦丘①，问其封人②曰："年几何矣？"对曰："鄙人之年八十五矣。"公曰："寿哉③！子其祝我。"封人曰："使君之年长于胡④，宜国家。"公曰："善哉！子其复之。"曰："使君之嗣，寿皆若鄙臣⑤之年。"公曰："善哉！子其复之。"封人曰："使君无得罪于民。"公曰："诚有鄙民得罪于君则可，安有君得罪于民者乎？"

晏子谏曰："君过矣！彼疏者有罪，戚者⑥治之；贱者有罪，贵者治之；君得罪于民，谁将治之？敢问：桀、纣，君诛乎？民诛乎？"

公曰："寡人固⑦也。"于是赐封人麦丘以为邑。

【译文】

齐景公出游到麦丘，问麦丘的封人说："您多大年龄了？"封人回答说："我八十五岁了。"景公说："真是高寿啊！您为我祝祷吧。"封人说："愿君主长寿，这样更有益于国家。"景公说："好啊！您再祝祷一下吧。"封人说："但愿君主的子孙后代，寿命都像微臣的年纪。"景公说："好啊！您再祝祷吧。"封人说："但愿君主不要得罪百姓。"景公说："如果说有小民得罪了君主还说得过去，哪里有君主得罪民众的呢？"

晏子进谏说："君主您错了！那些疏远的人有罪，就有亲密的人惩治他们；卑贱的人有罪，就有尊贵的人惩治他们；君主得罪了民众，谁将惩治他呢？我斗胆问一句：桀和纣，是君主惩罚的呢？还是民众惩罚的呢？"

景公说："是我孤陋寡闻啊。"于是，将麦丘赏赐给这个封人做封地。

注　释

❶麦丘：地名，在今山东商河西北。　❷封人：边疆长官，掌边界事务。

❸寿哉：赞美之词。意思是长寿啊。　❹胡：长寿。　❺鄙臣：古代臣属的自

我谦称。　❻戚者：亲近的人。　❼固：固执，不通达。

景公欲使楚巫致五帝以明德晏子谏第十四

题 解

　　齐景公想通过巫者以祭祀祈祷来求神降福，济大事，明君德。晏子谏言：国君仁德宽厚、胸怀宽广、顺乎天意，才能成为帝王之君、神明之主。如果政乱行僻、轻贤重巫，则难求五帝之明德、帝王之在身。

【原 文】

　　楚巫微导裔款以见景公①，侍坐②三日，景公说之。楚巫曰："公，明神之主③、帝王之君也。公即位有七年矣④，事未大济者⑤，明神未至也。请致五帝⑥，以明君德。"景公再拜稽首。楚巫曰："请巡国郊以观帝位。"至于牛山而不敢登，曰："五帝之位，在于国南，请斋⑦而后登之。"公命百官供斋具于楚巫之所，裔款视事⑧。

　　晏子闻之而见于公曰："公令楚巫斋牛山乎？"

【译 文】

　　楚国一位名叫微的女巫由裔款引荐面见齐景公，陪侍景公三天，景公很高兴。楚国的巫师说："您是神明之主、帝王之君啊。您在位已经（十）七年了，事情没有取得很大的成就，是因为神明没降临。请让我替您请来五帝神灵，以彰明您的大德。"景公拜了两拜。楚巫说："请让我到都城郊外去观察五帝的神位。"但是楚巫到了牛山不敢登，说："五帝的神位，就在都城的南面，请让我斋戒之后再登上去。"景公便命令百官将斋戒的用具送到楚国巫师的住处，让裔款主管此事。

　　晏子听说这事后去拜见景公说："是您让楚巫斋戒后登牛山吗？"

　　景公说："是的。我将让她招来五

公曰："然。致五帝以明寡人之德，神将降福于寡人，其有所济乎？"

晏子曰："君之言过矣！古之王者，德厚足以安世，行广足以容众，诸侯戴之，以为君长，百姓归之，以为父母。是故天地四时，和而不失，星辰日月，顺而不乱。德厚行广，配天象时⑨，然后为帝王之君、神明之主。古者不慢⑩行而繁祭，不轻身而恃巫。今政乱而行僻，而求五帝之明德也；弃贤而用巫，而求帝王之在身也。夫民不苟德⑪，福不苟降，君之帝王，不亦难乎？惜乎！君位之高，所论之卑也。"

公曰："裔款以楚巫命寡人曰：'试尝见而观焉。'寡人见而说之，信其道，行其言。今夫子讥之，请逐楚巫而拘裔款。"

晏子曰："楚巫不可出。"

公曰："何故？"

对曰："楚巫出，诸侯必

帝以彰明我的大德，神将对我降福，我的事业大概就会有大成就了吧？"

晏子说："您说错了！古代称王的人，仁德宽厚完全可以使得国家安宁、时代安定，胸怀博大完全可以容纳众人，诸侯拥护爱戴他们，视他们为君长，百姓归附他们，视他们为父母。因此，天地和四季和谐协调，而不发生差错，星辰日月顺从运行规律，而不发生错乱。仁德宽厚、胸怀博大，德配天地、效法古今，然后才成为帝王之君、神明之主。古代的人不胡乱行动，不频繁祭祀，不轻视自身而依靠巫师。如今政治昏乱而您行为邪僻，却还请求五帝来昭明大德；摒弃贤人而重用巫师，却还求自己实现帝王之业。民众不会随便归附无德之主，福不会随便降临到无德的人头上，您想成就帝王之业，不是很难吗？可惜啊！您的地位这么高，见识却这么低。"

景公说："裔款带领楚国的巫师教我说：'您见见他试试看。'我见到楚国的巫师后很高兴，就相信了她的方法，按照她的话去做。现在您批评了这件事，请允许我驱逐楚国的巫师，拘禁裔款。"

晏子说："不能把楚巫赶出去。"

景公问："为什么？"

晏子回答说："楚国的巫师被赶出齐国以后，其他诸侯必定有接纳她的。您如果相信巫师，会在国内犯错误，这

或受之。公信之，以过于内，不知⑫；出以易诸侯于外，不仁。请东楚巫而拘裔款。"

公曰："诺。"故曰⑬送楚巫于东，而拘裔款于国也。

是不明智的；如果把她赶出齐国，其他的诸侯会因相信她而犯错误，这是不仁义的。我请求您把楚国的巫师赶到齐国的东边并把裔款拘禁起来。"

景公说："好吧。"因此将楚巫放逐于东边荒鄙之地，并把裔款软禁在都城。

注 释

❶ 微：楚巫名。导：通过。裔款：人名，齐大夫，景公的佞臣。　❷ 侍坐：在尊长身旁陪坐服侍。　❸ 明神之主：神明的主人，亦指圣明的君主。　❹ 公即位有七年矣：参《指海》本等，"有"字前有"十"字，此句应为"公即位十有七年矣"。　❺ 事：指成就帝王大业之事。济：成就。　❻ 五帝：五方之帝。或谓传说中的远古五个帝王，通常指黄帝、颛顼、帝喾、尧、舜。　❼ 斋：斋戒，用为动词，斋祭。举行祭祀或典礼前清心洁身，以表郑重和肃穆。　❽ 视事：主持这件事。　❾ 配天象时：顺乎天意，合乎时宜。　❿ 慢：懈怠。　⓫ 不苟德：不会随便归附无德之人。　⑫ 知（zhì）：通"智"，聪明，明智。　⑬ 曰："故曰"可疑。按，"曰"作"囚"是。

景公欲祠灵山河伯以祷雨晏子谏第十五

题 解

齐国大旱，齐景公欲征收赋税来祭祀"山神""河神"以求雨。晏子则通过类比论证、以事明理来劝谏景公以自然规律消解迷信思想，以君主德行替代形式主义，体现了其"重人事、轻鬼神"的理性精神与务实的民本思想。

【原文】

　　齐大旱逾时，景公召群臣问曰："天不雨久矣，民且有饥色。吾使人卜，云祟在高山广水①。寡人欲少赋敛以祠灵山，可乎？"群臣莫对。

　　晏子进曰："不可！祠此无益也。夫灵山固②以石为身，以草木为发，天久不雨，发将焦，身将热，彼独不欲雨乎？祠之无益。"

　　公曰："不然，吾欲祠河伯③，可乎？"

　　晏子曰："不可！河伯以水为国，以鱼鳖为民，天久不雨，泉将下，百川竭，国将亡，民将灭矣，彼独不欲雨乎？祠之何益！"

　　景公曰："今为之奈何④？"

　　晏子曰："君诚避宫殿暴露，与灵山河伯共忧，其幸而雨乎！"

　　于是景公出，野居暴露⑤，三日，天果大雨，民尽得种时。景公曰："善哉！晏子之言，可无用乎？其维有德⑥。"

【译文】

　　齐国长期干旱、错过农时，景公召见臣子们问道："天很久不下雨了，民众将要挨饿。我派人占卜，卜辞说是高山大河中的鬼神在作怪。我打算稍稍收些赋税去祭祀灵山，行吗？"臣子们没有回答。

　　晏子上前说："不行！祭祀灵山没有好处。那灵山本来把石头当作身体，把草木当作毛发，天长久不下雨，它的毛发将要枯焦，身体将要发热，难道它不希望下雨吗？祭祀它没有好处。"

　　景公说："那么，我打算祭祀河神，行吗？"

　　晏子说："不行！河神把河水当作国家，把鱼鳖当作子民，天长久不下雨，泉水将要减缩，河流将要干涸，它的国家将要灭亡，民众将要灭绝，难道它不希望下雨吗？祭祀它有什么好处！"

　　景公说："如今该怎么办呢？"

　　晏子说："君主如果离开宫殿，住在露天，跟灵山、河神共同分担忧患，或许能下雨吧！"

　　于是景公出宫到野外露宿，过了三天，天果然下了大雨，民众全都顺利播种。景公说："好啊！晏子的话，能不采纳吗？他真是有德行的人。"

注 释

❶云：有人说。祟（suì）：鬼怪作乱。　❷固：本来。　❸河伯：指黄河水神。　❹奈何：怎么办。　❺暴露：露宿。　❻其维有德：他真是有德行的人。其，代词，指晏子。

景公贪长有国之乐晏子谏第十六

题 解

齐景公幻想"长保国"而传子孙。晏子以齐桓公兴衰对比，谏言景公失政之弊，批评他乱政弃民却幻想国祚久远，强调"能长保国者，能终善者也"，规劝景公要以民为本、始终行善政，才能保国安身，彰显了晏子忠君爱民、敢于直谏的品格。

【原 文】

景公将观于淄①上，与晏子闲立。公喟然叹曰："呜呼！使国可长保而传于子孙，岂不乐哉？"

晏子对曰："婴闻明王不徒②立，百姓不虚至。今君以政乱国，以行弃民久矣，而声欲保之，不亦难乎！婴闻之，能长保国者，

【译 文】

景公到淄水游玩，与晏子悠闲地站在一起。景公感慨地叹道："唉！如果能够长久地保有国家，并且将它传给子孙后代，岂不是很快乐吗？"

晏子回答说："我听说英明的君主不会毫无原因地立国于世，百姓也不会无缘无故地自动归顺。如今您的施政措施使国家混乱不已，举止行为不顾及民众很久了，却想保有国家，岂不是太难了吗！我听说，能够长久保有国家的君主，都是能将善政坚持到底的君主。众多诸侯国并存

能终善者也。诸侯并立，能终善者为长③；列士④并学，能终善者为师。昔先君桓公，其方任贤而赞德之时，亡国恃以存，危国仰以安，是以民乐其政，而世高其德。行远征暴⑤，劳者不疾⑥，驱海内使朝天子⑦，而诸侯不怨。当是时，盛君之行不能进焉。及其卒而衰，怠于德而并于乐，身溺于妇侍而谋因⑧竖刁，是以民苦其政，而世非其行，故身死乎胡宫而不举⑨，虫出而不收⑩。当是时也，桀、纣之卒不能恶焉。《诗》曰：'靡不有初，鲜克有终。'⑪不能终善者，不遂其君。今君临民若寇仇，见善若避热，乱政而危贤，必逆于众，肆欲于民，而诛虐于下，恐及于身。婴之年老，不能待于君使矣，行不能革，则持节以没世耳。"

于世，能够把善政坚持到底的君主才能成为霸主；众多读书人一起学习，能够把善学坚持到底的人才能成为教师。以往我们的先君桓公，他任用贤能、赞赏德政的时候，要灭亡的国家依靠他才得以保存下来，处境艰难的国家仰仗他才得以安定下来，所以民众都喜欢他的政治，天下都推崇他的德行。长途跋涉去征讨暴虐者，将士们没有怨恨，统率各国诸侯朝见天子，众位诸侯也没有怨言。在那个时候，盛德君王的行为都不会超越他。但是等到后来他意志衰退的时候，不思德政还安于享乐，生活上沉溺于妇人的服侍，理国之政都听从宦官竖刁的意见，才使民众苦于他的政策，天下非议他的行为，因此他死在胡宫而无法发丧，尸体上长了蛆虫也没人收尸。在那个时候，桀、纣这样的暴君的死也不会比他更惨。《诗经》云：'靡不有初，鲜克有终。'不能将善政贯彻到最后的君主，不能够长久地保持君位。如今君主您对待民众像仇人一样，看见善政就像躲避烈火一样，政治混乱，贤臣处于危险境地，这样必定违背民心，您对民众随心所欲，对臣下残暴诛杀，恐怕会危及自身。我已经年老了，不能在您身边等待使唤了，您的行为要是不能改正，那么我只能自己保持节操而离开人世了。"

注 释

❶淄（zī）：水名。春秋时期在齐国境内，今在山东境内。　❷徒：凭空。
❸长（zhǎng）：首领，霸主。　❹列士：犹言"诸士"，此处指众多的读书人。
❺行远征暴：派遣军队到远处去讨伐暴君。　❻疾：怨恨。　❼驱海内使朝天
子：指齐桓公多次会盟诸侯，共同拥护周王室。　❽因：遵照，听从。　❾胡
宫：齐国的宫室名。举：发丧。　❿虫出而不收：指齐桓公晚年放纵淫乐，听
信佞臣之言，死后许多日，尸体腐坏，虫出于户，方知齐桓公已死。　⓫靡不
有初，鲜克有终：见于《诗经·大雅·荡》。靡，没有。克，能。此句的意思
是：做事都会有个好的开始，但很少有持之以恒、坚持到底的。

景公登牛山悲去国而死晏子谏第十七

题 解

　　齐景公游览牛山感叹人生无常而有牛山之泣，晏子则以"迭处、迭去"
的辩证观，指出君位非永恒私有，否定君主"私天下"的观念，点出景公
贪恋权位的"不仁"及臣子的诏谀，生动展现了晏子"谲谏"以理服君的
的智慧。

【原文】

　　景公游于牛山①，北临其
国城②而流涕曰："若何滂滂③
去此而死乎！"艾孔④、梁丘据
皆从而泣，晏子独笑于旁。

　　公刷涕而顾晏子曰⑤："寡

【译文】

　　齐景公到牛山游玩，面朝北边望着
都城流着泪说："为什么要离开这堂堂
大国而死去啊！"艾孔、梁丘据听了景
公的话，也跟着小声哭起来，唯有晏子
在一旁笑着。

　　景公擦着泪回头看着晏子说："寡

人今日游悲，孔与据皆从寡人而涕泣，子之独笑，何也？"

晏子对曰："使贤者常守之⑥，则太公⑦、桓公将常守之矣；使勇者常守之，则庄公、灵公⑧将常守之矣。数君者将守之，则吾君安得此位而立焉？以其迭处之⑨，迭去之，至于君也，而独为之流涕，是不仁也。不仁之君见一，谄谀之臣见二，此臣之所以独窃笑也。"

人今天游览而生悲伤之情，艾孔和梁丘据都跟着我哭泣，您却独自在笑，这是为什么啊？"

晏子回答说："假使贤能的人能永远保有国家，那么太公、桓公将永远保有国家；假使勇武的人能永远保有国家，那么庄公、灵公将永远保有国家。如果这几位君主长久地保有国家，那么我的君主啊，您怎么能得到这个王位而成为国君呢？正因为他们更迭交替，相继处于君位又相继离开君位，才能轮到您，唯有您为此流泪，这是不仁德的。我看到一个没有仁德的君主，看到两个阿谀谄媚的臣子，这就是我之所以独自偷笑的缘故。"

注 释

❶牛山：齐国都城临淄（今属山东淄博）郊外的名山。 ❷国城：都城。 ❸滂（pāng）滂：水流大之貌。此处指盛大。 ❹艾孔：人名，景公臣。 ❺刷：擦拭。顾：回头看。 ❻使：假使。之：指国家或君位。 ❼太公：即姜太公，因辅佐周武王灭商建周有功，被封于齐，为齐国首君。 ❽灵公：齐景公的父亲。 ❾迭：更迭，交替。处：居处，此处指居君位。

景公游公阜一日有三过言晏子谏第十八

题 解

　　齐景公游览公阜时三次出言不当，晏子以其卓越的政治智慧三次直言进谏。他以生死天道阐明自然规律来反驳景公"无死"之念，就景公对梁丘据"同"的误认指出"和"与"同"的本质区别，在景公想通过祭祀祈祷消除彗星时则强调君主修德自省才是治国正道。景公在晏子死后方才悔悟。

【原　文】

景公出游于公阜①，北面望睹齐国②曰："呜呼！使古而无死，何如？"晏子曰："昔者上帝以人之死为善，仁者息焉，不仁者伏③焉。若使古而无死，丁公④、太公将有齐国，桓、襄、文、武将皆相之⑤，君将戴笠衣⑥褐，执铫耨以蹲行畎亩之中⑦，孰暇患死！"公忿然作色⑧，不说。

无几何而梁丘据御六马⑨而来，公曰："是谁也？"晏子曰："据也。"公曰："何如？"曰："大暑而疾驰，甚者马死，薄⑩者马伤，非据孰敢为之！"公曰："据与我和者夫！"晏子曰："此所谓同也。所谓和者，君甘则臣酸，君淡则臣咸。今据也甘，

【译　文】

齐景公外出到公阜游览，面向北眺望，看到齐国的都城，感叹说："唉！假使自古以来人都不死，会怎么样呢？"晏子说："古代上帝认为人的死亡是好事，仁德的人得以安息，不仁的人得以消失。如果自古以来人都不死，那么丁公、太公将永远保有齐国，桓公、襄公、文公、武公都将辅佐他们，您就只能戴着斗笠，穿着粗布衣服，手持着大锄小耙等农具屈膝行走在田地之中，谁还有闲暇忧虑死亡！"景公愤然变了脸色，很不高兴。

没过多久，梁丘据驾着六匹马拉的车而来，景公问："这是谁呢？"晏子说："是梁丘据呀。"景公问："怎么样呢？"晏子说："大暑天却赶着马飞奔，严重的话马会死掉，轻的话马会受伤，不是梁丘据的话谁敢这么做呢！"景公说："梁丘据和我很相和呀！"晏子说："这是苟同。真正的和，是君主喜好甜而臣子就应当补充酸，君主喜好淡而臣子就应当补充咸。现在梁丘据也喜好甜，君主也喜好甜，这就是苟同，哪里是真

君亦甘，所谓同也，安得为和！"公忿然作色，不说。

无几何，日暮，公西面望睹彗星⑪，召伯常骞⑫，使禳⑬去之。晏子曰："不可！此天教也。日月之气⑭，风雨不时⑮，彗星之出，天为民之乱见⑯之，故诏之妖祥⑰，以戒不敬。今君若设文⑱而受谏，谒⑲圣贤人，虽不去，彗星将自亡。今君嗜酒而并于乐，政不饰而宽于小人⑳，近谗好优㉑，恶文而疏圣贤人，何暇在彗！茀㉒又将见矣。"公忿然作色，不说。

及晏子卒，公出，背而泣曰："呜呼！昔者从夫子而游公阜，夫子一日而三责我，今谁责寡人哉！"

正的和呢！"景公愤然变了脸色，很不高兴。

没过多久，黄昏时分，景公向西远望看到了彗星，于是召来伯常骞，让他祭祀祈祷以消除这个灾星。晏子说："不可以！这是上天的警示呀。日月出现不祥之气，风雨不合时节，彗星出现，这些都是上天因为民众将要发生动乱才显现的征兆，所以降示灾祥的预兆，以警戒那些不敬的人。现在您如果修明文德教化并接受劝谏，拜见圣贤之人，即使不祭祀祈祷，彗星也将自行消失。可是如今君主您嗜好饮酒还贪图享乐，不整顿政教还纵容小人，亲近奸臣喜好倡优，厌恶文德教化还疏远圣贤之人，需要攘除的岂止是彗星啊！更凶的孛星也要出现了。"景公愤然变了脸色，很不高兴。

等到晏子去世时，景公出宫去吊唁晏子，他转过身去哭着感叹说："唉！从前我跟着先生您游览公阜，先生您一天之内责备我三次，如今还有谁来责备我呢！"

注　释

❶ 公阜（fù）：齐国地名，位于临淄（今属山东淄博）郊外。　❷ 国：都城。　❸ 伏：藏匿，隐居。　❹ 丁公：姜太公之子，名伋，继太公之后为齐君，谥"丁"。　❺ 桓、襄、文、武：齐国历史上四位国君，即齐桓公、齐襄公、齐文公、齐武公，依先后顺序应为武、文、襄、桓。相（xiàng）：辅佐。　❻ 衣：

穿着，名词作动词。　❼铫（yáo）：农具，大锄。耨（nòu）：农具，除草用的小锄。畎（quǎn）亩：田地。畎，田间小沟。　❽作色：变了脸色。　❾六马：指六马所驾的车。古制，一车四马，驾六马则为逾礼僭越。　❿薄：轻微。　⓫彗星：俗称"扫帚星"，古人视为灾星。　⓬伯常骞（qiān）：人名，齐景公臣。　⓭禳（ráng）：祭祀祷告以消除灾祸。　⓮日月之气：指日月运行失常。　⓯不时：不符合时节。　⓰见（xiàn）：通"现"，显现。　⓱诏：昭告。妖祥：凶兆和吉兆，此处偏指凶兆。　⓲文：文德，指礼乐政教之类。　⓳谒（yè）：拜见，表尊贤。　⓴饰：通"饬"，整治。宽：纵容。　㉑谗：说别人的坏话，此处指诬陷、中伤他人的奸臣。优：古代表演乐舞、杂戏的艺人。　㉒茀：通"孛"（bèi），即孛星，古人认为孛星出现预示着灾祸，其凶恶程度更甚于彗星。

景公游寒途不恤死胔晏子谏第十九

题解

　　齐景公出游"寒途"，见路边饿殍却不闻不问。晏子以齐桓公出行施恩于民谏言景公，指出君主"忘下""忘民"会使百姓离心，危及统治。最终使景公反省自身、敛尸济民、减少出游，凸显了晏子以民为本的治国理念。

【原文】

　　景公出游于寒涂①，睹死胔，默然不问。晏子谏曰："昔吾先君桓公出游，睹饥者与之食，睹疾者与之财，使

【译文】

　　景公出宫在寒冷的路上巡游，看到死人的腐尸，默默无言不予理会。晏子进谏道："从前我们的先君桓公出游时，看到饥饿的人就给他食物，看到身患疾

令不劳力，籍敛②不费民。先君将游，百姓皆说曰：'君当幸游吾乡乎！'今君游于寒涂，据四十里之氓③，殚④财不足以奉敛，尽力不能周⑤役。民氓饥寒冻馁⑥，死胔相望⑦，而君不问，失君道矣。财屈力竭，下无以亲上；骄泰⑧奢侈，上无以亲下。上下交离，君臣无亲，此三代之所以衰也。今君行之，婴惧公族⑨之危，以为异姓之福也⑩。"

公曰："然。为上而忘下，厚籍敛而忘民，吾罪大矣。"于是敛⑪死胔，发粟于民，据四十里之民不服政⑫其年，公三月不出游。

病的人就给他钱财，役使百姓但不使人力过于劳苦，征收赋税但不使百姓过于耗费。所以先君将要出游，百姓们都高兴地说：'君主您应当会赏光巡游到我们乡来吧！'可是如今您出游于寒地古道，生活在这四十里地的百姓，竭尽财力也不足以缴纳赋税，竭尽劳力也不能完全应付劳役，百姓饥寒交迫，路上腐尸一个挨着一个，而您不过问，这是丧失了为君之道啊。在下的百姓财穷力尽，就不会亲近在上的君主；在上的君主骄纵奢侈，就不会爱惜百姓。上下互相离心离德，君臣之间不相亲近，这就是夏、商、周之所以衰亡的缘故。如今您实行了这一条，我担心王室会有倾覆的危险，而成为异族他姓的福分啊。"

景公说："对。在上的忘了在下的，赋税太重而忘了民众，我的罪过太大了。"于是收殓腐尸，给民众发放粮食，居住在这四十里的民众一年不承担劳役赋税，景公自己也三个月不出游。

注释

❶涂：通"途"，道路，路途。本章及下章同。　❷籍敛：征收赋税。籍，登记赋税。敛，征收。　❸氓：外来的民众，此处指居于郊野之民。　❹殚：竭尽。　❺周：完成。　❻馁（něi）：饥饿。　❼相望：面面相对，形容接连不断，死人很多。　❽泰：通"汰"，过度，恣意。　❾公族：公室，即诸侯的家族政权。此处指姜姓齐国政权。　❿异姓之福：齐国是姜姓诸侯，而当时田氏家族正收买人心，觊觎公室。这里的"异姓"，当指田氏。后来果然田氏代

齐，应验了晏子的预言。　⓫敛：通"殓"，收殓死者。　⓬服政：承担劳役赋税。

景公衣狐白裘不知天寒晏子谏第二十

题 解

　　齐景公雪天穿着狐皮大衣言雪天不寒，晏子以对比手法，借古之贤君来劝谏景公应该体恤民情、推己及人，要"饱而知人之饥，温而知人之寒，逸而知人之劳"。景公听从劝谏并实施善政。

【原 文】

　　景公之时，雨雪三日而不霁①。公被②狐白之裘，坐堂侧陛。晏子入见，立有间③，公曰："怪哉！雨雪三日而天不寒。"

　　晏子对曰："天不寒乎?"公笑。

　　晏子曰："婴闻古之贤君，饱而知人之饥，温而知人之寒，逸而知人之劳。今君不知也。"

　　公曰："善！寡人闻命矣。"乃令出裘发粟，与饥

【译 文】

　　齐景公时，有一次下了三天雪还没停止。景公穿着白色狐皮大衣，坐在前堂边的台阶上。晏子进见，站了一会儿，景公说："奇怪啊！下了三天雪天竟然不冷。"

　　晏子回答说："天气果真不寒冷吗?"景公笑了。

　　晏子说："我听说古代的贤君，自己吃饱而能知道别人的饥饿，自己温暖而能知道别人的寒冷，自己安逸而能知道别人的劳苦。如今您却不知道。"

　　景公说："您说得好！我聆听您的指教了。"于是就令人拿出皮衣和粮食，发放给那些挨饿受冻的百姓。又下令凡是在路上看到的都不必过问是

寒。令所睹于涂者，无问其乡；所睹于里者，无问其家；循④国计数，无言其名。士既事者兼月⑤，疾者兼岁。

孔子闻之，曰："晏子能明其所欲，景公能行其所善也。"

哪个乡的；在村里看到的都不必过问是哪家的；巡视全国统计数目，无需注明受救济者的姓名。士人中有职事的发给两个月粮食，有疾病的发给两年粮食。

孔子听说后，说："晏子能够明白自己应该做的事情，景公能做他所赞许的善事。"

注 释

❶ 雨（yù）雪：下雪。霁（jì）：本指雨停，引申为风雪止，云散天晴。❷ 被（pī）：通"披"，这里指穿着。❸ 有间：一会儿。❹ 循：通"巡"，巡视。❺ 既事者：已有职事的人。兼：加倍，此处指两。

景公异荧惑守虚而不去晏子谏第二十一

题 解

齐景公当政时，星象不祥达一年之久，使其深感惊异。晏子借答问以天喻政，将天象与国家政治联系起来，批评景公政令错乱、用人失当，劝谏景公善政爱民、消除冤狱、散财于民、赈济孤寡、尊敬老人以去百恶，安定国家。

【原 文】

景公之时，荧惑守于

【译 文】

齐景公当政时，有一次，火星停留

虚①，期年不去。

公异之，召晏子而问曰："吾闻之，人行善者天赏之，行不善者天殃之。荧惑，天罚②也，今留虚，其孰当③之？"晏子曰："齐当之。"公不说，曰："天下大国十二④，皆曰诸侯，齐独何以当？"晏子曰："虚，齐野⑤也。且天之下殃，固于富强，为善不用，出政不行⑥；贤人使远，谗人反昌；百姓疾怨，自为祈祥⑦；录录强食⑧，进死何伤⑨！是以列舍⑩无次，变星有芒，荧惑回逆，孽星在旁。有贤不用，安得不亡？"公曰："可去乎？"对曰："可致者可去⑪，不可致者不可去。"公曰："寡人为之若何？"对曰："盍去冤聚之狱⑫，使反⑬田矣；散百官之财，施之民矣；振⑭孤寡而敬老人矣。夫若是者，百恶可去，何独是孽乎！"公曰："善。"

行之三月，而荧惑迁。

在虚宿的位置上，整整一年没有离开。

景公对此感到惊异，召来晏子并问道："我听说，人做善事上天就会奖赏他，做不善的事上天就会降祸于他。火星的出现，预示着上天要降下惩罚，现在它一直停留在虚宿的位置上，那谁将会承受惩罚呢？"晏子说："齐国将承受这个灾祸。"景公不高兴，说："天下的大国有十二个，都被称为诸侯，为什么唯独要齐国承受？"晏子说："虚宿，对应的是齐国的分野。况且上天要降下灾祸，本来就会降临在富强的国家，现在的齐国不施行善政，颁布政令杂乱无章；贤能之人遭到疏远，谗佞之人反而昌荣；百姓痛苦抱怨，只能为自己祈求吉祥；庸庸碌碌却勉强掩饰，国家走向灭亡多么令人悲伤！所以天上的众星排列乱了位次，变异的星星有了光芒，火星回转逆返，灾星在旁边出现。有贤能的人而不任用，国家怎么能不灭亡呢？"景公说："可以去除灾祸吗？"晏子说："那些人为招致的灾祸可以去除，不是人为招致的灾祸就不可去除。"景公说："那我该怎么做呢？"晏子说："为什么不撤除充满冤屈的官司，让那些人回家耕田；散发百官的财物，施予民众；赈济孤寡的人并且尊敬老人呢。如果能这样做，再多的灾祸都可以去除，何止这个灾星呢！"景公说："好。"

景公照这样做了三个月，火星就移走了。

注 释

❶ 荧惑：指火星。虚：虚宿，星宿名，二十八宿之一。荧惑守虚，即火星运行到虚宿的位置。古人认为，火星出现是不祥之兆。 ❷ 天罚：天象失常，上天要降灾祸惩罚。 ❸ 当：承受。 ❹ 大国十二：指鲁、齐、晋、楚、秦、宋等十二个春秋时国力比较强盛的诸侯国。 ❺ 野：分野，古代天文学把天上的星宿分别指配于地上的州国，使它们互相对应。 ❻ 行（háng）：行列，此处意为条理。 ❼ 祈祥：祈求吉祥。 ❽ 录录：同"碌碌"，平庸的样子。强食：于鬯《香草续校书》中言："'强'当为'强'勉之'强'……食，伪也，是正读'食'为'饰'……强饰者，谓其强辨饰非耳。"按，强义为勉强。食，通"饰"，掩饰。 ❾ 进死何伤：进入死地而不知悲伤。 ❿ 列舍：即列宿，众星宿。 ⓫ 可致者可去：意思是人为招致的灾异可以消除，寓指景公为政失当，招致祸星。 ⓬ 狱：官司，案件。 ⓭ 反：通"返"，返回。 ⓮ 振：同"赈"，救济。

景公将伐宋瞢二丈夫立而怒晏子谏第二十二

题 解

齐景公举兵去攻打宋国，路过泰山时梦见两人站在他面前发怒，召解梦者解梦后，欲祭祀泰山之神。晏子反对不义战争，朝见时对景公之梦巧作他解，劝诫景公施行仁义、停止战争，指出攻打无罪之国会激怒神灵，给自己军队带来灾祸。景公不听，执意伐宋，但在鼓毁将亡之后，还是听从晏子的建议取消伐宋。

【原 文】

景公举兵将伐宋①，师过

【译 文】

齐景公举兵准备去攻打宋国，军队

泰山，公薨②见二丈夫立而怒，其怒甚盛。公恐，觉③，辟门召占薨者④。至，公曰："今夕吾薨二丈夫立而怒，不知其所言，其怒甚盛，吾犹识其状，识⑤其声。"占薨者曰："师过泰山而不用事⑥，故泰山之神怒也。请趣召祝史祠⑦乎泰山则可。"公曰："诺。"

明日，晏子朝见，公告之如占薨之言也。公曰："占薨者之言曰：'师过泰山而不用事，故泰山之神怒也。'今使人召祝史祠之。"晏子俯有间，对曰："占薨者不识也，此非泰山之神，是宋之先汤与伊尹也⑧。"公疑，以为泰山神。晏子曰："公疑之，则婴请言汤、伊尹之状也。汤质皙⑨而长，颜以髯⑩，兑⑪上丰下，倨身而扬声。"公曰："然，是已。""伊尹黑而短，蓬而髯，丰上兑下，偻⑫身而下声。"公曰："然，是已。今若何？"晏子曰："夫

经过泰山时，景公夜里做梦梦见两名男子站在他面前，怒气冲冲。景公恐惧，从梦中惊醒，开门召见解梦者。解梦者来了之后，景公说："今天夜间我梦见两个大汉站在我面前发怒，不知道他们说些什么，他们怒气冲冲，我现在还记得他们的样子，记得他们的声音。"解梦者说："军队经过泰山却没有举行祭祀之事，所以是泰山之神发怒了。请赶紧召来祝官和史官在泰山祭祀就可以了。"景公说："可以。"

第二天，晏子来朝见，景公把解梦者的话告诉了他。景公说："解梦者是这样说的：'齐国的军队经过泰山而不祭祀泰山之神，所以泰山之神发怒了。'现在我要召来祝官和史官祭祀泰山之神。"晏子低头思考了一会儿，回答说："解梦者不认识您梦里的人，这不是泰山之神，是宋国的先祖商汤和他的臣子伊尹。"景公心中疑惑，认为还是泰山之神。晏子说："您既然不相信，那么请让我说说商汤和伊尹的模样吧。商汤皮肤白皙而且身材修长，脸上有胡须，脸膛上部狭小下部丰满，身直微屈而且说话声音高扬。"景公说："对，就是这个样子。""伊尹皮肤黝黑而且身材矮小，头发蓬乱，脸上长着胡子，脸膛上部丰满下部狭小，弯腰曲背而且声音低沉。"景公说："对，就是这个样子。那现在该怎么办呢？"晏子说："商汤、太甲、武丁、祖乙，都是天下有盛德的君

汤、太甲、武丁、祖乙⑬，天下之盛君也，不宜无后。今惟宋耳，而公伐之，故汤、伊尹怒。请散师以平⑭宋。"景公不用，终伐宋。晏子曰："伐无罪之国，以怒明神⑮，不易行以续蓄⑯，进师以近过⑰，非婴所知也。师若果进，军必有殃。"

军进再舍⑱，鼓毁将殪⑲。公乃辞⑳乎晏子，散师，不果伐宋。

主，不应该没有后代。现在他们的后世只有宋国了，而您还要讨伐它，所以商汤、伊尹发怒了。请您撤回军队以使宋国太平。"景公不听晏子的谏言，最后还是要讨伐宋国。晏子说："攻打没有罪的国家，因而激怒了圣明的神灵，现在您还不改变行程、继续伐宋以使宋国安定、两国友好，进军宋国而靠近灾祸，这是我所不能理解的。军队如果最后真去进攻宋国，就一定会有灾祸。"

军队又行进了六十里，军鼓毁坏，将领死亡。景公于是向晏子谢罪，撤回了军队，最终没有去攻打宋国。

注 释

❶ 宋：春秋时期的诸侯国名。　❷ 瞢：通"梦"。　❸ 觉：睡觉醒来。　❹ 辟：开。占梦：解释梦境以判断吉凶。　❺ 识（zhì）：记住。　❻ 用事：指祭祀泰山之神。　❼ 祠：祭祀。　❽ 汤：即商汤，商代开国君主。周灭商后，封汤的后裔于宋，所以说汤是宋的先祖。伊尹：汤的大臣，辅以国政，助汤灭夏。　❾ 皙：皮肤白。　❿ 颜：面容，脸面。髯（rán）：两腮的胡子，亦泛指胡子。　⓫ 兑（ruì）：通"锐"，尖。　⓬ 偻（lóu）：弯曲。　⓭ 太甲、武丁、祖乙：均为商代君王。　⓮ 平：安定。　⓯ 明神：圣明的神灵，这里指商汤和伊尹。　⓰ 蓄：通"畜"，好，友好。　⓱ 过：山东《银雀山汉墓竹简》本"过"作"祸"。　⓲ 舍：古以三十里为一舍。再舍，即两舍。　⓳ 殪（yì）：死。　⓴ 辞：谢罪，认错。

景公从畋十八日不返国晏子谏第二十三

题 解

　　齐景公一心打猎，十八天不回京理政。晏子前去劝谏，指出君主不应过度沉迷于打猎等娱乐活动而忽视国家治理和百姓感受，强调君主应当以国家和百姓为重，不能完全放任不管。景公却以心脏与四肢的关系为喻来为自己辩解，晏子巧借其逻辑破绽说服了景公。

【原 文】

　　景公畋①于署梁，十有八日而不返。

　　晏子自国往见公，比至，衣冠不正，不革②衣冠，望游③而驰。公望见晏子，下而急带曰："夫子何为遽？国家无有故④乎？"晏子对曰："不亦急也。虽然，婴愿有复也。国人皆以君为安野而不安国，好兽而恶民，毋乃⑤不可乎？"公曰："何哉？吾为夫妇狱讼⑥之不正乎，则泰士子牛存矣⑦；为社稷宗庙之不享乎⑧，则泰祝子游存矣⑨；为诸侯宾

【译 文】

　　齐景公在署梁打猎，十八天了还不回去。

　　晏子从国都出发去拜见景公，等他来到署梁时，衣冠不整，他也不重新穿戴，只顾朝着旌旗飘动的地方疾驰。景公远远见到晏子，下了车急忙系好衣带说："先生您为何这么急呢？国家难道有什么变故吗？"晏子回答说："倒也没有什么特别紧急的事情。即使这样，我还是希望能向您进言。国内的百姓都认为君主您安于在野外打猎而不安心治理国家，爱好野兽而厌恶民众，这难道不是很不合适吗？"景公说："为什么这么说呢？如果是担心我处理夫妇间的诉讼案件不公正，那有管诉讼的子牛在啊；如果是担心社稷宗庙里没有祭祀和

客莫之应乎，则行人子羽存矣⑩；为田野之不辟，仓库之不实，则申田⑪存焉；为国家之有余不足聘⑫乎，则吾子⑬存矣。寡人之有五子，犹心之有四支⑭。心有四支，故心得佚⑮焉。今寡人有五子，故寡人得佚焉，岂不可哉？"晏子对曰："婴闻之，与君言异。若乃心之有四支而心得佚焉，可得；令⑯四支无心十有八日，不亦久乎？"

公于是罢畋而归。

供奉，那有管祭祀的子游在啊；如果是担心诸侯来宾没人接待，那有管外交的子羽在啊；如果是担心田野没有开垦、粮仓不充实，那有管屯垦的在啊；如果是担心国家财政的收支及聘问等事务，那还有先生您在啊。我有您这五位先生，就好像心脏有四肢一样。心脏有四肢的佐助，所以心脏能得到安逸。如今我有您这五位先生，所以我能安逸，难道不可以吗？"晏子回答说："我听到的道理，跟您说的不一样。如果说心脏有四肢的辅助就能得到安逸，这是可以的；但是让四肢没有心脏长达十八天，不也太久了吗？"

景公于是停止打猎回去了。

注 释

❶ 畋（tián）：打猎。　❷ 革：用皮带束系。　❸ 游：亦作"旒"，旌旗之旒，古代旌旗下边或边缘上悬垂的装饰品。　❹ 故：变故。　❺ 毋乃：表推测，难道，岂非。　❻ 狱讼：处理官司纠纷。　❼ 泰士：官名，掌诉讼之事。子牛：人名。　❽ 社稷：土地神和谷神，指代国家。享：供奉祭品让鬼神享用。　❾ 泰祝：官名，即太祝，掌宗庙祭祀。子游：人名。　❿ 行人：官名，掌朝觐聘问（类似于今之外交）事务。子羽：人名。　⓫ 申田：官名，即司田，掌农垦屯粮之事。　⓬ 聘：这里指聘问等事务。　⓭ 吾子：我的先生，称晏子。　⓮ 支：同"肢"。　⓯ 佚：同"逸"，安逸。　⓰ 令：使得。

景公欲诛骇鸟野人晏子谏第二十四

题解

齐景公因所射之鸟被农夫惊飞，就要让官吏杀死农夫。晏子将景公当下的行为与先王的禁令进行对比谏言景公，认为君主"罪不知谓之虐"，不应该随意惩罚那些无意犯错的百姓，强调统治者要有仁义之心，不能滥用权力，阻止了景公暴虐滥杀，体现了晏子的仁政思想。

【原文】

景公射鸟，野人骇之①。公怒，令吏诛之。

晏子曰："野人不知也。臣闻赏无功谓之乱，罪不知谓之虐②。两者，先王之禁也。以飞鸟犯先王之禁，不可。今君不明先王之制，而无仁义之心，是以从③欲而轻诛。夫鸟兽，固人之养也④，野人骇之，不亦宜乎！"

公曰："善！自今已⑤后，弛鸟兽之禁，无以苛⑥民也。"

【译文】

齐景公射鸟，一位农夫把鸟惊飞了。景公很生气，命令官吏去杀了农夫。

晏子说："农夫不知道您在射鸟啊。我听说奖赏没有功劳的人叫昏乱，惩罚不明情况而犯错的人叫暴虐。这两种行为，是先王所禁止的。因为鸟被惊飞而杀人冒犯了先王的禁令，不可以这样做。如今您不明白先王的制度，而且没有仁义之心，因此才会放纵自己的欲望而轻易杀人。鸟兽，本来就（不）是人所豢养的，农夫惊走了它们，不也是合情合理的吗？"

景公说："好！从今以后，放宽关于鸟兽的禁令，不要因此而苛责民众。"

注　释

❶ 野人：古指从事农业生产的奴隶或平民。骇（hài）：惊吓。　❷ 虐：残暴。　❸ 从（zòng）：同"纵"，放纵。　❹ 固人之养也：《太平御览》卷九百一十四引作"鸟兽故非人所养"。依文义，鸟兽是野生动物，本不该说是人豢养的，故原文盖脱一"非"字。　❺ 已：同"以"。　❻ 苛：苛求，责难。

景公所爱马死欲诛圉人晏子谏第二十五

题　解

　　齐景公因爱马暴死，盛怒之下让人肢解养马人。晏子通过询问古代尧、舜肢解人的起始，以及罗列养马人"数罪"使景公明了责罚养马人的严重后果，如百姓怨恨、诸侯轻视以及损害国君和国家的形象，最终使养马人得以获释。

【原　文】

景公使圉人①养所爱马，暴死。公怒，令人操刀解养马者②。

是时晏子侍前，左右执刀而进，晏子止而问于公曰："尧舜支解③人，从何躯④始？"公矍然⑤曰："从寡人始。"遂不支解。

公曰："以属⑥狱。"

【译　文】

齐景公让养马的人饲养自己的爱马，那匹马突然死了。景公大怒，命令手下的人拿着刀去肢解养马人。

这时晏子正在景公跟前陪侍，侍从拿着刀上前，晏子阻止了他们，并问景公说："尧、舜肢解人，从身体的哪个部位开始？"景公惊恐不安地说："（尧、舜没有肢解过人，）肢解人从我开始。"于是就不肢解养马人了。

景公说："把他交给狱吏治罪。"

晏子曰："此不知其罪而死，臣为君数⑦之，使知其罪，然后致之狱。"公曰："可。"

晏子数之曰："尔罪有三：公使汝养马而杀之，当死罪一也；又杀公之所最善马，当死罪二也；使公以一马之故而杀人，百姓闻之必怨吾君，诸侯闻之必轻吾国，汝杀公马，使怨积于百姓，兵弱于邻国，汝当死罪三也。今以属狱。"

公喟然⑧叹曰："夫子释⑨之！夫子释之！勿伤⑩吾仁也。"

晏子说："这样他不知道自己犯了什么罪而死，请让我为您列数他的罪状，让他知道自己的罪过，然后把他交给狱吏治罪。"景公说："可以。"

晏子列举道："你的罪状有三条：君主让你养马而你把马养死了，这是你该当死罪的第一条；你所害死的又是君主最喜爱的马，这是该当死罪的第二条；你使君主因为一匹马的缘故而杀人，百姓听说了这事必然会怨恨我们的君主，其他诸侯听说了这事必然会看轻我们国家，你只因害死君主的马，就使君主在百姓之中积下怨愤，使国家兵力被邻国削弱，这是你该当死罪的第三条。现在就凭这些罪状把你交给狱吏治罪。"

景公感慨地长叹一声说："请先生放了他吧！先生放了他吧！不要因此损害了我的仁德。"

注 释

❶囹（yǔ）人：官名，掌管养马放牧等事务。　❷操：持。解：肢解。　❸支解：即肢解，古代一种残酷的刑罚，分解人的肢体。　❹何躯：躯体的哪一部分。　❺矍（jué）然：惊恐不安的样子。　❻属（zhǔ）：通"嘱"，托付，交付。　❼数（shǔ）：列举。　❽喟（kuì）然：叹息的样子。　❾释：释放。　❿伤：损害。

内篇谏下第二

景公藉重而狱多欲托晏子晏子谏第一

题 解

　　齐景公滥用王权，奢侈无度，以致赋税繁重，刑狱严苛，民不聊生。晏子妙用比喻、对比，将婉谏与讽刺结合，指出治理之要在于民心，而非刑狱，谏言君主"上正其治，下审其论"，要以仁政为本，减轻赋税，节制欲望，合理用官，祛除暴力和苛法，展现了其以民为本、重视德治的治国思想。

【原 文】

　　景公藉重①而狱多，拘者满圄②，怨者满朝。晏子谏，公不听。公谓晏子曰："夫狱，国之重官也，愿托之夫子。"

　　晏子对曰："君将使婴敕其功③乎？则婴有一妄④能书，足以治之矣。君将使婴敕其意⑤乎？夫民无欲残其家室之生，以奉暴上之僻者⑥，则君使吏比而焚之⑦而已矣。"

【译 文】

　　齐景公时期因赋税繁重导致狱讼增多，监狱里关满了囚犯，朝堂上充斥着怨言。晏子向景公进谏，景公不听。景公对晏子说："刑狱是国家的重要政务，希望托付给先生处理。"

　　晏子回答说："您想让我整顿官司繁多这件事情吗？那么我有一个会写字的妇人，就足以做好这件事情了。您是想让我重整民心吗？民众没有谁会想毁掉自己家室的生计，来供奉残暴之君的邪僻之行，那么君主派遣官吏挨家挨户诛灭他们就可以了。"

景公不说，曰："敕其功则使一妄，敕其意则比焚，如是，夫子无所谓能治国乎？"

晏子曰："婴闻与君异。今夫胡狢戎狄⑧之蓄狗也，多者十有余，寡者五六，然不相害伤。今束鸡豚妄投之⑨，其折骨决皮⑩，可立得也。且夫上正其治，下审其论⑪，则贵贱不相逾越。今君举千钟爵禄而妄投之于左右，左右争之，甚于胡狗，而公不知也。寸之管无当⑫，天下不能足之以粟。今齐国丈夫耕，女子织，夜以接日，不足以奉上，而君侧皆雕文刻镂之观。此无当之管也，而君终不知。五尺童子，操寸之烟，天下不能足以薪。今君之左右，皆操烟之徒，而君终不知。钟鼓成肆⑬，干戚成舞⑭，虽禹⑮不能禁民之观。且夫饰⑯民之欲，而严其听，禁其心，圣人所难也，而况夺其财而饥之，劳其力而疲之，常致

景公不高兴，说："要清理狱讼的事情就派个妇人，要改变民意就把他们统统诛灭，这样看来，先生是没什么治国才能了？"

晏子说："我的见解跟您不同。比如说，胡、狢、戎、狄等民族的人喜欢养狗，多的十余只，少的五六只，然而他们互不伤害。若逮住鸡或小猪随意地扔给它们，它们就会立刻互相撕咬，折断骨头、撕裂皮肉，这种场景立马就能看到。再说，在上的君主治国严正，在下的臣民规矩明确，那么尊卑贵贱就不会超越界限。现在您拿着高官厚禄随便抛赏给左右亲信，他们抢夺起爵位俸禄来，比胡人的狗还厉害，而您并不了解。一寸长的竹管没有底，天下的粮食也不能把它填满。如今齐国男人耕田，女人织布，夜以继日，都不够用来供奉君王，而您的旁边都是雕刻精美的景致。这就是没底的竹管，而您始终不察。五尺高的孩童，拿着一寸长的火把，天下的柴草也不够他烧的。如今您的亲信近臣，都是手持火把的人，您却始终不知道。当钟鼓成列奏起乐来，盾和斧挥动跳起舞来时，就连大禹也没法禁止民众观赏。助长了人们的欲望，却严格限制他们的视听，禁止他们的思想，这连圣人都难以做到，更何况侵夺了他们的财产，让他们忍饥挨饿，过度劳役他们使他们疲惫不堪，经常让他们受苦却严厉地审判他们的案件，残酷地

其苦而严听其狱，痛⑰诛其罪，非婴所知也。"

惩罚他们的罪过，这就不是我所能理解的了。"

注 释

❶ 藉重：征收的贡品多。藉，通"籍"，指赋税。《穀梁传·哀公十三年》："藉于成周，以尊天王。"　❷ 圄（yǔ）：《说文》云"守之也"，据此引申为监狱。《礼记·月令》"省图圄"即此意。　❸ 敕其功：办理整顿刑狱这项任务。敕，整治，办理。　❹ 一妄：据俞樾说，"妄"疑"妾"字之误，是。"一妄"即"一妾"，意为一个妇人，为诙谐滑稽用语，旨在表达整顿刑狱这件事很简单。　❺ 意：民意。　❻ 奉：供奉。僻：邪僻，癖好。　❼ 比而焚之：这是晏子故意说反话，意思是挨个地杀死他们。比，接连地。焚，这里是杀死之意。　❽ 胡貉戎狄：古代少数民族。貉，当作"貉"，同"貊"。　❾ 束鸡豚：将鸡、猪捆起来。妄：随意。　❿ 折骨决皮：打断骨头，撕破皮肉。　⓫ 论（lún）：通"伦"，这里指上下尊卑等级秩序。　⓬ 当（dàng）：器物的底。　⓭ 肆：悬列钟磬的单位。《左传·襄公十一年》杜预注："肆，列也。悬钟十六为一肆。"　⓮ 干（gān）：盾。戚：斧形兵器。　⓯ 禹：即夏禹，夏朝的开国之君。这里泛指圣君。　⓰ 饰：使……华丽，即培养、助长之意。　⓱ 痛：狠狠地，严酷地。

景公欲杀犯所爱之槐者晏子谏第二

题 解

齐景公让官吏小心守护爱槐，并对犯槐、伤槐民众严刑惩罚。一女子因其父醉酒误犯槐遭重罚而求助于晏子，晏子察其深忧、问其隐衷后朝见景公，以"暴、逆、贼"三罪排比直言极谏，揭示、批评了君主爱树而贱人、以私惠害公法的荒谬行径，指出苛法伤民的弊端，强调法度须合民心，否则不可以治国理民。晏子最终使景公悔悟，废除恶法。

【原文】

景公有所爱槐，令吏谨守之，植木县之①，下令曰："犯槐者刑，伤之者死。"有不闻令，醉而犯之者，公闻之曰："是先犯我令。"使吏拘之，且加罪焉。

其女子②往辞晏子之家，托曰："负郭之民贱妾③，请有道④于相国，不胜其欲⑤，愿得充数乎下陈⑥。"

晏子闻之，笑曰："婴其淫于色乎？何为老而见奔⑦？虽然，是必有故。"令内之⑧。

女子入门，晏子望见之，曰："怪哉！有深忧。"进而问焉，曰："所忧何也？"

对曰："君树槐县令，犯之者刑，伤之者死。妾父不仁，不闻令，醉而犯之，吏将加罪焉。妾闻之，明君莅国立政⑨，不损禄，不益刑，又不以私恚⑩害公法，不为禽兽伤人民，不为草木伤禽兽，不为野草伤禾苗。吾君欲以

【译文】

齐景公有棵心爱的槐树，派官吏细心守护着它，还在树旁竖了个木桩，上面悬挂令牌，下令说："触犯槐树者受刑，损伤槐树者处死。"有个人没听说这个命令，喝醉酒后触碰了它，景公听说后说："这是故意违犯我的命令。"派官吏拘捕此人，想要治罪于他。

这人的女儿前往晏子家，托人传话："城郊民女有事求见相国，实在走投无路，愿在您的后院姬妾中充个数。"

晏子听了，笑着说："我有这么沉迷于女色吗？为什么这么老了还有女子私奔于我？即使这样，这其中也必有缘故。"令人放她进来。

女子进门，晏子望见她，说："奇怪啊！她好像有很深的忧愁。"她进了屋，晏子询问她，说："你所忧愁的是什么事情？"

女子回答说："君主种了一棵槐树，旁边还悬挂着令牌，触碰树的人受刑，损伤树的人受死。我的父亲不仁，不知道这条禁令，因为喝醉酒而触犯它，官吏要治他的罪。我听说，圣明的君主驾临全国，制定政策，不轻易减少俸禄，不随意加重刑罚，又不因私怨损害国法，不为了禽兽伤害百姓，不为了草木伤害禽兽，不为了野草去伤害禾苗。我们的国君要为了树木杀死我的父亲，使

树木之故杀妾父，孤妾身，此令行于民而法于国矣。虽然，妾闻之，勇士不以众强凌孤独，明惠之君不拂是以行其所欲[11]。此譬之犹自治鱼鳖者也，去其腥臊者而已[12]。昧墨与人比居，庚肆而教人危坐[13]。今君出令于民，苟可法于国，而善益于后世，则父死亦当矣，妾为之收[14]亦宜矣。甚乎！今之令不然，以树木之故，罪法妾父，妾恐其伤察吏之法，而害明君之义也。邻国闻之，皆谓吾君爱树而贱人，其可乎？愿相国察妾言以裁犯禁者。"

晏子曰："甚矣！吾将为子言之于君。"使人送之归。

明日，早朝，而复[15]于公曰："婴闻之，穷民财力以供嗜欲谓之暴；崇玩好，威严拟乎君[16]谓之逆；刑杀不辜谓之贼。此三者，守国之大殃。今君穷民财力，以羡馈食之具，繁钟鼓之乐，极宫室之观，行暴之大者；崇玩好，

我成为孤儿，这条禁令已经对民众实行并且成为国家的法令了。即使这样，我还是听说，勇士不仗着人多势强而欺凌孤单弱小的人，贤明仁惠的君主不会违背正理而为所欲为。这就好比是亲手烹调鱼鳖，只是去除其腥味臊气而已。又好比是黑暗中却要与他人共处，或是在露天的店铺中却要求人家端坐不动。如今君主向民众颁布命令，如果能成为国家法令，而且对后世更有好处，那么我父亲的死也是应当的，我为他收尸也是应该的。太糟糕了！如今的法令不是这样的，因为树木的缘故，治我父亲的罪，我担心这会破坏明辨是非的官吏的执法准绳，而损害了明德的国君的大义。邻国听说后，都会认为我国国君爱树而轻贱人民，这怎么可以呢？希望相国明察我的话以裁决我父亲的罪案。"

晏子说："这样太过分了！我会替你向君主说这件事情的。"然后命人把女子护送回家。

第二天早朝的时候，晏子向景公禀告说："我听说，耗尽民众的财力来满足自己的嗜欲叫作暴虐；喜好玩物，使它们的威严与君主相似叫作逆理；处罚没有罪的人叫作残暴。这三条，是保有国家的大祸患。如今您穷尽民众的财物人力，使自己的饮食十分精美，钟鼓音乐十分繁富，宫殿的华丽景观登峰造极，这是在实行最大的暴虐；崇尚喜好的玩物，在珍爱的槐树上悬挂命令，规

县爱槐之令，载过者^⑰驰，步过者趋，威严拟乎君，逆之明者也；犯槐者刑，伤槐者死，刑杀不称，贼民之深者。君享国，德行未见于众，而三辟^⑱著于国，婴恐其不可以莅国子民也。"

公曰："微^⑲大夫教寡人，几^⑳有大罪以累社稷。今子大夫教之，社稷之福，寡人受命矣。"

晏子出，公令趣罢守槐之役，拔置县之木，废伤槐之法，出犯槐之囚。

定乘车经过的要快马奔驰，步行经过的要小步快跑，槐树的威严等同于国君，这是明显的违背民心；触碰槐树的受刑，损伤槐树的处死，刑杀不当，这是严重的残害民众。您当政在位，没向民众显示什么德政善行，而这三种劣迹却名闻全国了，我担心您将无法继续治理国家、统治民众了。"

景公说："要不是大夫您教诲我，我几乎要犯下大罪而连累国家了。现在大夫您教诲我，这是国家的福气，我接受您的指教了。"

晏子出了朝廷，景公下令撤除守护槐树的差役，拔掉悬挂命令的木桩，废除关于伤害槐树的法令，把触犯槐树禁令的囚犯释放了。

注 释

❶ 植木县之：竖了一根木桩将禁令悬挂在上边。县，通"悬"，悬挂。　❷ 子：这里指女儿。古代女儿也可称为"子"。　❸ 负廓之民贱妾：靠近城郊的民女。负，背倚。廓，通"郭"，外城。　❹ 有道：有事禀告。道，陈述。　❺ 不胜其欲：不能克制自己的欲望，此处指求见晏子之急切，表走投无路之意。　❻ 充数乎下陈：意为做晏子的侍妾。下陈，后宫，即贵族家庭中姬妾侍女所住的地方。　❼ 老而见奔：老了还看到女子私就。奔，私奔，古时指女子私就男子。❽ 内之：让她进来。内，使动用法，使之入内。　❾ 莅国立政：治理国家，制定政策。　❿ 恚（huì）：愤恨。　⓫ 不拂是以行其所欲：不违背正确的原则去做自己想做的事。拂，违背。《礼记·大学》："是谓拂人之性。"　⓬ 此譬之犹自治鱼鳖者也，去其腥臊者而已：意为好比烹调鱼鳖，只是去除腥味臊气，而

不会把其他的也抛弃。代指仁君治国，只是惩罚真正有害的人，而不会把无辜的人也加以惩罚。　❸昧墨与人比居，庚肆而教人危坐：意为黑暗中要与他人共处，在露天的店铺中要求人端坐不动，两者都苛求于人，比喻景公悬犯槐禁令坑害百姓。庚，露天。　❹为之收：为他收尸。　❺复：禀报。　❻威严拟乎君：像国君一样威严。拟乎，比得上，像……一样。　❼载过者：坐车经过的人。　❽三辟：三种邪僻，指"穷民财力以供嗜欲、崇玩好威严拟乎君、刑杀无辜"。　❾微：表假设，意思是假如没有。　❿几：几乎，差点儿。

景公逐得斩竹者囚之晏子谏第三

题解

　　齐景公欲囚斩竹者，并要将他治罪。晏子以史为鉴，借先君丁公的典故，申明"人君宽惠慈众"的治国原则，寓示君主应克制权力冲动，宽厚待民，促使景公受谏释放了斩竹者，展现晏子以史谏君的劝谏智慧。

【原文】

　　景公树竹，令吏谨守之。公出，过之，有斩竹者焉，公以车逐，得而拘之，将加罪焉。

　　晏子入见，曰："君亦闻吾先君丁公乎？"

　　公曰："何如？"

　　晏子曰："丁公伐曲城①，胜之，止其财②，出其民。

【译文】

　　齐景公栽种了一些竹子，命令官吏细心地守护它。景公出门，路过竹林，看见有砍伐竹子的人，景公乘车追赶，把砍竹人抓住并拘押了起来，准备给他定罪。

　　晏子入朝觐见，说："您也听说过我们的先君丁公的事情吧？"

　　景公说："怎么了？"

　　晏子说："丁公攻伐曲城时，获得了胜利，他下令封存城中财物，释放被俘民众。丁公每天亲自前往监督。有人用

公曰莅之。有舆死人以出者③，公怪之，令吏视之，则其中金与玉焉。吏请杀其人，收其金玉。公曰：'以兵降城，以众图④财，不仁。且吾闻之，人君者，宽惠慈众，不身传诛。'令舍之。"

公曰："善!"晏子退，公令出⑤斩竹之囚。

车装载死人出城，丁公觉得可疑，命令官吏前去察看，发现车里藏着金和玉。官吏请求杀掉这些赶车的人，没收他们的金玉。丁公说：'用武力使他国交城投降，又靠人多势众去图谋人家的钱财，这是不仁道的。况且我听说，居君位者，对待民众应该宽厚仁慈，不亲自传令行刑杀人。'于是丁公下令释放了载金玉出城的人。"

景公说："您说得好!"晏子退下后，景公下令释放砍竹子的囚犯。

注 释

❶曲城：原作"曲沃"，今据《指海》本改为"曲城"。齐国地名，在今山东莱州东北。　❷止其财：封存城中财物。止，扣留。　❸有舆死人以出者：有人用车装载死人出来。舆，车，此处用为动词。　❹图：原作"围"，今据《指海》本改为"图"，图谋之义。　❺出：释放。

景公以抟治之兵未成功将杀之晏子谏第四

题 解

齐景公因抟土制砖未成就想要杀兵卒泄愤。晏子先应"诺"，而后以史为刃，巧妙用典，通过陈述庄公伐晋"杀四人"之故事，以先君之行反衬今事荒谬，讽喻君主，使景公消解怒气并深刻反省，展现了晏子讽谏苛刑的智略及其从容周旋的谏臣风骨。

【原 文】

景公令兵拵治，当腊冰月①之间而寒，民多冻馁②，而功不成。公怒曰："为我杀兵二人。"晏子曰："诺。"

少为③间，晏子曰："昔者先君庄公之伐于晋也，其役杀兵四人，今令而杀兵二人，是师杀之半也。"

公曰："诺！是寡人之过也。"令止之。

【译 文】

齐景公命令士兵拵土制砖，正当寒冬腊月之间，天气十分寒冷，多数民众都在受冻挨饿，因而事情未办成。景公发怒道："给我杀两个士兵。"晏子说："好。"

过了一会儿，晏子说："过去我们的先君庄公攻打晋国，那次战役只杀掉四个士兵，现在您命令杀掉两个士兵，是那次出师杀死士兵人数的一半了。"

景公说："对！这是我的过错啊。"于是下令停止。

注 释

❶ 腊冰月：冬天。　❷ 冻馁：受冻挨饿，饥寒交迫。　❸ 为：疑为衍文。

景公冬起大台之役晏子谏第五

题 解

齐景公在晏子出使时于寒冬筑台，晏子回国后于饮酒时请求作歌并流涕唱叹，从而唤醒景公恻隐之心。晏子又执木棍鞭打百姓来毁坏自己的形象，迫使景公在舆论压力下迅速罢役，体现了晏子"外尊君权，内护民生"以谏君恤民的政治原则，也保全了君主"从谏如流"的贤明形象。

【原 文】

晏子使于鲁，比其返也，景公使国人起大台之役。岁寒不已，冻馁之者乡①有焉，国人望晏子②。

晏子至，已复事，公延坐③，饮酒乐。晏子曰："君若赐④臣，臣请歌之。"歌曰庶民之言曰："冻水洗我，若之何！太上靡散我⑤，若之何！"歌终，喟然叹而流涕。

公就⑥止之曰："夫子曷为至此？殆为大台之役夫！寡人将速罢之。"

晏子再拜，出而不言，遂如⑦大台，执朴鞭其不务者⑧，曰："吾细人⑨也，皆有盖庐⑩，以避燥湿，君为一台而不速成，何为？"国人皆曰："晏子助天为虐⑪。"

晏子归，未至，而君出令趣罢役，车驰而人趋。

仲尼闻之，喟然叹曰："古之善为人臣者，声名归之君，祸灾归之身，入则切磋⑫

【译 文】

晏子出使鲁国，等到他回来时，齐景公正让齐国百姓服役来修筑大台。当时天气非常寒冷，每个乡都有受冻挨饿的人，所以国人都盼望晏子早点回来。

晏子出使回来，汇报完事情，景公请他入座，一起喝酒，很开心。晏子说："君主您如果赐予臣一个机会的话，我想为您唱一支歌。"于是唱着百姓们的话："冰冻的水浸洗着我，怎么办啊！君王让我没法活，怎么办啊！"唱完了歌，叹息着流下了泪水。

景公靠近制止他说："先生您为什么这么悲伤？大概是为了大台劳役的事吧！我将马上把它停止。"

晏子拜了两拜，退出之后也不说话，直接就到大台，他手拿木棍抽打不干活的人，说："我是地位低贱的人，也有房子可以躲避燥湿的侵扰，君主要修筑一个大台却不能快速修好，你们是怎么干活的？"国人都说："晏子是在帮助老天和君主施行暴虐。"

晏子回去，还未到家，而景公已下令赶快停止修筑大台，传令的车子飞驰而走，服役的人也很快散尽。

孔子听到这件事后，慨叹说："古代善于当臣子的人，好的名声都让给国君，祸害灾难都留给自己，入朝就

其君之不善，出则高誉其君之德义，是以虽事惰君⑬，能使垂衣裳⑭，朝诸侯⑮，不敢伐其功⑯。当⑰此道者，其晏子是邪！"

帮助国君改正错误，出朝就盛赞国君的道德和仁义，所以即使事奉的是昏君，也能使国君无为而治，使诸侯来朝拜，而不夸耀自己的功绩。能够担得起这个为臣之道的，大概只有晏子了吧！"

注 释

❶乡：每个乡。　❷望晏子：盼望晏子回来。　❸延坐：请坐。　❹赐：赐予机会，恩准。　❺太上：指国君。靡散：消灭，此处意为置人于死地。　❻就：靠近。　❼如：到，前往。　❽执朴鞭其不务者：用木棍抽打不干活的人。朴，未经加工的木材，此指木棍。鞭，用为动词，鞭挞，抽打。　❾细人：小民，微不足道之人，这是晏子的谦辞。　❿盖庐：有顶的房子。盖，屋顶。　⓫天：此处既指老天，即天气，也指国君，即景公。虐：暴虐。　⓬切磋：在道德、为政、为学等方面研讨勉励，这里指进谏纠正君王做得不好的地方。《荀子·天论》："若夫君臣之义，父子之亲，夫妇之别，则日切瑳而不舍也。"　⓭事：服侍，事奉。惰君：懒惰懈怠的国君，即昏君。　⓮垂衣裳：穿着宽长下垂的衣裳。按，此指垂衣拱手，无为而治。　⓯朝诸侯：使诸侯来朝见。朝，使……朝见。　⓰伐其功：夸耀自己的功绩。伐，自我夸耀。　⓱当：担得起。

景公为长庲欲美之晏子谏第六

题 解

　　齐景公想要修建奢华宫室。晏子趁宴饮作歌，通过歌谣喻告百姓疾苦，将尖锐批评化作艺术化讽谏，最终以歌谏止役、罢役，体现了晏子"以民为本"的政治理想与政治智慧，也暗含其对君臣良性互动的理想期待。

【原文】

景公为长庲，将欲美之，有风雨作。公与晏子入坐饮酒，致堂上之乐。酒酣，晏子作歌曰："穗乎不得获，秋风至兮殚零落①，风雨之拂杀②也，太上之靡弊③也。"歌终，顾而流涕，张躬而舞④。

公就晏子而止之，曰："今日夫子为赐而诫于寡人，是寡人之罪。"遂废酒，罢役，不果⑤成长庲。

【译文】

齐景公修筑长庲之台，正准备修饰它，刮起了大风下起了大雨。景公与晏子一起进入里边坐下来饮酒，将官里的乐工招来助兴。酒兴正浓，晏子唱起歌来："禾苗有穗啊不得收获，秋风吹来啊全部飘落，风雨来摧折啊，君王来残害啊。"唱完了歌，晏子转过头涕泪俱下，张开手臂舞起来。

景公走近晏子让他停下来，说："今天先生给我告诫，这是我的罪过。"于是撤去酒宴，停止劳役，长庲台最终没有修成。

注释

❶ 殚零落：全部飘零脱落。　❷ 拂杀：摧残。拂，掠过。　❸ 靡弊：败坏，这里是残害的意思。　❹ 张：舒展。躬：通"肱"，手臂。　❺ 果：事情的结局。

景公为邹之长涂晏子谏第七

题解

齐景公大兴土木，过度使用民力。晏子借楚灵王奢靡身亡来警示景公，以典故对比谏言君主享乐应以不损害百姓生存为前提，否则终将因"暴民之行"失去君位，展现了晏子直谏止役的民本思想及节用爱民的治国理念。

【原文】

景公筑路寝①之台，三年未息；又为长庲之役，二年未息；又为邹②之长涂。

晏子谏曰："百姓之力勤矣！公不息乎?"

公曰："涂将成矣，请成而息之。"

对曰："明君不屈民财者，不得其利；不穷民力者，不得其乐。昔者楚灵王③作顷宫，三年未息也；又为章华之台④，五年又不息也；乾溪⑤之役，八年，百姓之力不足而息也。灵王死于乾溪，而民不与⑥君归。今君不遵明君之义，而循灵王之迹，婴惧君有暴民之行，而不睹长庲之乐也，不若息之。"

公曰："善！非夫子者，寡人不知得罪于百姓深也。"于是令勿委坏⑦，余财勿收，斩板⑧而去之。

【译文】

齐景公修筑正殿宫室的高台，历时三年没有停止；又征发修筑长庲的劳役，两年没有停止；又打算修筑通往邹地的长途之道。

晏子劝谏道："百姓们太劳苦了！您还不休养生息吗?"

景公说："通道即将修成，请等修完了再休养生息吧。"

晏子反驳道："圣明的君主不会竭尽民财，也不会从中得到好处；不会耗尽民力，也不会从中得到快乐。当年楚灵王修建浩大巍峨的宫殿，历时三年不停歇；又修建章华台，又是历时五年不停止；乾溪之役，历时八年，因为百姓无力完成而停止。楚灵王死在了乾溪，民众不乐意跟随他归国。如今您不遵守明君治国的正道，却沿循灵王灭亡的足迹，我真怕您有残害民众的行为，而看不到长庲里那些有趣的事了，不如把筑路工程停了吧。"

景公说："说得好！若非先生您，我真不知道得罪百姓竟有这么深。"于是下令不要损坏已经修好的部分，尚未征收的钱财不要再征收，砍断绳索撤除夹板，让服役的百姓离开工地回家。"

注 释

❶ 路寝：古代君王外出巡视时处理政事的宫室。《礼记·玉藻》：“君日出而视之，退适路寝听政。”　❷ 邹：国名。　❸ 楚灵王：名围，楚共王之子。原为令尹，后弑侄郏敖自立，改名虔。　❹ 章华之台：即章华台，楚王离宫名，工程浩大，十分豪华。《水经注》云：“台高十丈，基广十五丈。”　❺ 乾溪：楚国之地，今属安徽亳州。　❻ 与：跟随。　❼ 勿委坏：已经修建成的部分，不必遗弃毁坏。又孙诒让认为“坏”（繁体为“壞”）当作“壤”，形近而讹，“勿委壤”意为不要再运土来修路了。　❽ 斩板：移去模板，砍断绳索，即停止施工之意。按，古代筑墙筑路，均先于两侧立木板作模，然后填土夯实。

景公春夏游猎兴役晏子谏第八

题 解

齐景公在农忙时节却大兴劳役，忙于游猎，因此夺民农时、误民农事。晏子以周文王、楚灵王为例，以史为镜，用正反史例对比，谏示景公应以农为本。农时关乎百姓生计与国家根基，凸显出晏子“重农时、惜民力”的治国理念及其对民生的深切关怀。

【原 文】

景公春夏游猎，又起大台①之役。晏子谏曰：“春夏起役，且游猎，夺民农时②，国家空虚，不可。”

景公曰：“吾闻相贤者国

【译 文】

齐景公于春夏期间出游打猎，还大兴修建高台的劳役。晏子劝谏道：“在春夏季节大兴劳役，还出游打猎，会侵夺农民的农耕时机，导致国家空虚，这样不合适。”

景公说：“我听说宰相贤能国家就

治，臣忠者主逸。吾年无几矣，欲遂③吾所乐，卒吾所好，子其息矣。"

晏子曰："昔文王不敢盘于游田④，故国昌而民安。楚灵王不废乾溪之役，起章华之台，而民叛之。今君不革，将危社稷，而为诸侯笑。臣闻忠不避死，谏不违⑤罪。君不听臣，臣将游矣。"

景公曰："唯唯⑥，将弛罢⑦之。"未几，朝韦囧解役而归⑧。

能得到治理，臣子忠心君主就闲逸。我的年岁没有多少了，想满足我的乐趣，实现我的愿望，先生不要再说了。"

晏子说："从前周文王不敢流连于狩猎之乐，所以国家昌盛民众安定。楚灵王没有停止乾溪的劳役，建造章华高台，所以民众背叛了他。现在您如果不改正，将会危害国家，而被各国诸侯耻笑。我听说忠臣不怕死，不会因为获罪而放弃劝谏。如果您不听我的劝谏，我就只能离开了。"

景公说："是是，我这就停止。"没有多久，景公召令韦囧解散劳役，遣返百姓，自己也回朝理政了。

注 释

❶ 大台：高台，豪华建筑。上有宫殿楼阁，用以登高、观赏、朝拜等。 ❷ 夺民农时：征用民力，导致百姓错过时节，失去耕种的最佳时机。夺，错失，剥夺。 ❸ 遂：尽，满足。 ❹ 文王：即周文王，姬姓，名昌。盘于游田：即流连于游猎之事。盘，回旋，回绕，此处意为流连、沉迷。 ❺ 违：避。 ❻ 唯唯：是的是的，表示听从。 ❼ 弛罢：指停止围猎。弛，解除，停止。 ❽ 朝：征召，召唤。韦囧（jiǒng）：人名，景公的臣子。解役：解除相关劳役。

景公猎休坐地晏子席而谏第九

题解

　　齐景公打猎休息时，因晏子铺草席独坐而不满。晏子则通过类比以"介胄坐陈不席""狱讼不席""尸坐堂上不席"三忧之礼释疑，寓示君主应该和臣民同忧共礼，引导景公反思自己行为是否符合"忧患意识"的治国原则，展现了晏子"以小见大"的谏臣思维及以礼规谏的君臣之道。

【原文】

　　景公猎休，坐地而食。晏子后至，左右灭葭①而席。公不说，曰："寡人不席而坐地，二三子②莫席，而子独搴③草而坐之，何也？"

　　晏子对曰："臣闻介胄坐陈不席④，狱讼不席，尸⑤坐堂上不席，三者皆忧也。故不敢以忧侍坐。"

　　公曰："诺。"令人下席，曰："大夫皆席，寡人亦席矣。"

【译文】

　　齐景公打猎休憩时，坐在地上进食。晏子后到，随从拔了一些芦苇做成席子给他坐。景公看到了不高兴，说："我没有铺席而坐，其他人也没铺席，你却独自拔了草做成席子才坐下，这是为什么？"

　　晏子回答道："臣听说全副武装守于阵地时不坐席子，审理诉讼案件时不坐席子，坐在堂上代死者受祭时不坐席子，这三者都有担忧的因素。所以我不敢带着担忧来陪侍您。"

　　景公说："说得好。"令人铺下席子，说："大夫们都坐席子，我也坐席子。"

注 释

❶荽：初生的芦苇。 ❷二三子：随行大臣。 ❸搴：拔取，拔掉。此处指割芦苇铺席。 ❹介胄：军士的铠甲和头盔，意思是穿上武装。坐陈：守护阵地。陈，通"阵"。 ❺尸：古代祭祀时代表死者受祭的活人。"尸位素餐"之"尸"即此意。

景公猎逢蛇虎以为不祥晏子谏第十

题 解

齐景公出猎遇见虎蛇，问晏子是否为"不祥之兆"。晏子以"国有三不祥"为纲，以排比递进谏言"贤而不知""知而不用""用而不任"才是社稷之患，强调人才任用的重要性，展现了晏子务实理性的治国观及其重人轻神的民本思想。

【原 文】

景公出猎，上山见虎，下泽①见蛇。归，召晏子而问之曰："今日寡人出猎，上山则见虎，下泽则见蛇，殆所谓不祥②也？"

晏子对曰："国有三不祥，是不与焉③。夫有贤而不知，一不祥；知而不用，二不祥；用而不任④，三不

【译 文】

齐景公外出打猎，上山时看到了虎，下到洼地时看到了蛇。回来后，他召来晏子询问道："今天我外出打猎，上山时看到了虎，下到洼地时看到了蛇，这大概就是所谓的不祥之兆吧？"

晏子回答说："国家有三种不吉祥的情况，您说的都不在其中。国家有贤能的人而不识，这是第一个不祥之兆；识得贤能的人而不任用他们，这是第二个不祥之兆；任用了贤能的人而不能委以

祥也。所谓不祥，乃若此者。今上山见虎，虎之室也；下泽见蛇，蛇之穴也。如虎之室，如蛇之穴，而见之，曷为不祥也！"

重任，这是第三个不祥之兆。通常所说的不祥之兆，就是以上这些。如今您上山见了虎，那是因为有虎穴；下到洼地见了蛇，那是因为有蛇窝。您前往虎穴，前往蛇窝，于是看到了虎和蛇，这怎么能是不祥之兆呢！"

注 释

❶ 泽：洼地。　❷ 不祥：不吉利的征兆。　❸ 是：代词，指见虎见蛇之事。与：参与。　❹ 任：使用，给予职务，此处指委以要职。

景公为台成又欲为钟晏子谏第十一

题 解

　　齐景公建台之后又想铸钟。晏子运用双重对比及递进论证的方法劝谏，直言"君国者不乐民之哀"，谏言君主应克制私欲，要以百姓的安乐作为治国的根本准则，揭示了重敛伤民的治国之弊和以民生为核心的政治伦理。

【原文】

　　景公为台，台成，又欲为钟。晏子谏曰："君国者不乐民之哀。君不胜①欲，既筑台矣，今复为钟，是重

【译文】

　　齐景公修筑高台，高台筑成后，又想铸造大钟。晏子劝谏说："统治国家的君主不应当以民众的悲哀为乐。您的欲望太强烈，已经筑成高台了，现在还要铸钟，铸钟将会加重对民众的赋税，他们必然会

敛^②于民，民必哀矣。夫敛民之哀，而以为乐，不祥，非所以君国者。"公乃止。

哀叹、埋怨。征收民众的哀叹，以此为快乐，这是不吉祥的，也不是治理国家的方法。"景公于是放弃了铸钟的念头。

注 释

❶ 不胜：禁不住。　❷ 重敛：加重赋税。

景公为泰吕成将以燕飨晏子谏第十二

题 解

齐景公想在大钟铸成后设宴庆贺。晏子谏言要依礼先祀先君，并直言"礼者，民之纪"，将"礼"界定为维系民众秩序的根本准则，乱礼则失民危国。晏子的谏言体现了"以理服君"的政治智慧，阐明了礼法维系民心的治国要义。

【原 文】

景公泰吕^①成，谓晏子曰："吾欲与夫子燕。"对曰："未祀先君而以燕，非礼也。"公曰："何以礼为？"对曰："夫礼者，民之纪^②，纪乱则民失，乱纪失民，危道也。"公曰："善。"乃以

【译 文】

齐景公铸成大吕钟之后，对晏子说："我想与先生饮酒庆祝一番。"晏子说："尚未祭祀先君就要为此宴饮，这是不符合礼制的。"景公说："为什么要遵守礼制呢？"晏子回答说："礼，是民众的伦理纲常、行为规范，纲常规范乱了会失去民众，乱了纲常规范、失去民众，会走上危险的道路。"景公说："说得好。"

祀焉。

于是先行祭祀。

注 释

❶ 泰吕：钟名，也称大吕。古人把八度的乐音分为黄钟、太簇、姑洗、蕤宾、夷则、无射、大吕、夹钟、中吕、林钟、南吕、应钟，称为十二律。 ❷ 纪：规范。这里意在说明礼制对社会的规范作用。

景公为履而饰以金玉晏子谏第十三

题 解

齐景公让工匠制作了一双奢华的鞋子，却不顾及穿上的冷暖及舒适与否，"冰月服之以听朝"。晏子由物及政，直指工匠"用财无功，以怨百姓"，层层递进痛批其三条罪状，将鞋履轻重升华到治国尺度的高度，揭示了统治者奢靡害民之弊，体现了晏子节用厚生的思想及对"适度"原则的坚守。

【原 文】

景公为履①，黄金之綦②，饰以银，连以珠，良玉之絇③，其长尺，冰月服之以听朝。

晏子朝，公迎之，履重，仅能举足。问曰："天

【译 文】

齐景公做了一双鞋子，用黄金做鞋带，用白银做装饰，用珍珠相连接，又用美玉装饰鞋头，鞋长一尺，在寒冷的月份穿着它上朝听政。

晏子来上朝，景公亲自迎接他，由于鞋子太重，只能把脚抬起来。景公问晏子："天气很寒冷吗？"

寒乎?"

晏子曰: "君奚问天之寒也? 古圣人制衣服也, 冬轻而暖, 夏轻而清④。今君之履, 冰月服之, 是重寒⑤也, 履重不节⑥, 是过任⑦也, 失生之情矣。故鲁工⑧不知寒温之节, 轻重之量, 以害正生, 其罪一也; 作服不常, 以笑诸侯, 其罪二也; 用财无功, 以怨百姓, 其罪三也。请拘而使吏度⑨之。"

"公苦, 请释之。"

晏子曰: "不可。婴闻之, 苦身为善者, 其赏厚; 苦身为非者, 其罪重。"公不对⑩。晏子出, 令吏拘鲁工, 令人送之境, 使不得入。

公撤履, 不复服也。

晏子说: "您为什么问天冷不冷呢? 古代的圣人制作衣服, 冬天的衣服质轻而暖和, 夏天的衣服质轻而凉爽。现在您的这双鞋子, 冬月里穿上它, 是双倍的寒冷, 鞋子的重量不适当, 脚的负担就过重, 这是违背人的本性和自然规律的。所以这位鲁国工匠不知道掌握冷暖的尺度、轻重的分寸, 因此损害了人的正常生活, 这是他的第一项罪过; 制作服饰不符合常理, 使得天下诸侯嘲笑, 这是他的第二项罪过; 耗用大量财物却没有实用功效, 导致百姓生怨, 这是他的第三项罪过。请拘拿他并派官吏审查量罪。"

景公说: "鲁国工匠制鞋已经很辛苦了, 还是放了他吧。"

晏子说: "不可以。我听说, 辛苦自己而行善的人, 得到的奖赏要丰厚; 辛苦自己而做坏事的人, 受到的惩罚要加重。"景公无言以对。晏子离开, 命令官吏拘捕了工匠, 命人把他送到齐国边境, 使他无法再来齐国。

景公收起了那双鞋子, 不再穿了。

注释

❶履: 鞋子。　❷綦 (qí): 给鞋带打结, 这里指鞋带。《仪礼·士丧礼》: "组綦系于踵。"郑玄注云: "綦, 屦系也。"　❸絇 (qú): 鞋头的装饰物。
❹清: 清凉, 凉爽。　❺重寒: 倍增寒意。　❻不节: 超过了常规。节, 规范,

尺度。　**❼** 任：承受，负担。　**❽** 鲁工：为景公做鞋子的鲁国工匠。　**❾** 度：裁量，审查。　**❿** 不对：不回答，无言以对。

景公欲以圣王之居服而致诸侯晏子谏第十四

题解

　　齐景公想通过穿圣贤之王的衣服、住圣贤之王的房子而使诸侯归附。晏子利用对比、例证的论证方式及排比、比喻等修辞手法，展现圣贤之王之节俭，通过服饰之辩阐明治国务本之道，谏言强调"法节俭、行仁政"方为治国核心，体现了晏子重视实际、反对表面功夫的务实思想。

【原文】

　　景公问晏子曰："吾欲服圣王之服①，居圣王之室，如此，则诸侯其至②乎？"

　　晏子对曰："法其节俭则可，法其服，居其室，无益也。三王不同服而王③，非以服致④诸侯也，诚于爱民，果⑤于行善，天下怀其德而归⑥其义，若其衣服节俭而众说也。夫冠足以修敬⑦，不务其饰；衣足以掩形御寒，不务其美。衣不务

【译文】

　　齐景公问晏子说："我想穿上圣贤之王的服饰，居住在圣贤之王的房子里，这样，诸侯们会来归附吗？"

　　晏子答道："效法他们的节俭就可以，如果只是效法他们的服饰和房子，没有益处。三代的贤王服饰不同，却都能统治天下，不是因为他们的服饰才使诸侯归附，而是他们真心爱护民众，果断地施行善事，天下人感念他们的德行，赞赏他们的仁义，即使他们的衣裳服饰很节俭，民众也会爱戴他们。帽子只要能表示庄敬就可以了，不必追求它的装饰；衣服只要能蔽体御寒就可以了，不必追求它的华美。衣服没有斜角削领，帽子不求装饰方圆交错

于隅胏⑧之削，冠无觚赢⑨之理，身服不杂彩，首服不镂刻。且古者尝有絻衣挛领而王天下者⑩，其义好生而恶杀，节上而羡⑪下，天下不朝⑫其服，而共归其义。古者尝有处橧巢⑬窟穴而不恶，予而不取⑭，天下不朝其室，而共归其仁。及三代作服，为益敬也。首服足以修敬，而不重也；身服足以行洁，而不害于动作。服之轻重便于身，用财之费顺于民。其不为橧巢者，以避风也；其不为穴者，以避湿也。是故明堂⑮之制，下之润湿，不能及也；上之寒暑，不能入也。土事不文⑯，木事不镂，示民知节也。及其衰也，衣服之侈过足以敬，宫室之美过避润湿，用力甚多，用财甚费，与民为仇。今君欲法圣王之服，不法其制，法其节俭也，则虽未成治，庶其有益也。今君穷台榭之高⑰，极污池⑱之深而不止，务于

的纹理，身上穿的衣服不必多彩艳丽，头上的服饰不必精雕细刻。况且古代曾有穿着缝补翻领的衣服来统治天下的君主，他们一直秉持珍视生命、厌恶杀戮的施政原则，居上位的君主节俭，居下位的民众就富足，天下人不是归附于他们的服饰，而是共同归附于他们的仁德道义。古代曾有居住在以柴棚洞穴为宫殿的君主，但他们并不厌恶，他们只会给百姓施惠而不向百姓索取，百姓并非顺服于他们的宫殿，而是共同归附于他们的仁德。夏、商、周三代制作服饰，是为了强调庄重恭敬。头上的服饰只要能显示庄重恭敬就可以，不必过分沉重；身上的服饰只要让行为高洁就可以，不能妨碍日常行动。服饰的轻重是为了身体的方便，使用财物是为了顺应民心。他们之所以不造柴棚，是为了躲避风雨；之所以不开凿洞穴，是为了避免潮湿。所以明堂的形制，只要能隔绝潮湿的地气和天上寒暑之气即可。土建不描绘纹彩，木工不过分雕刻，这是让民众知道节俭。到了王朝衰落时，衣裳服饰十分奢侈，远远超出了最初意在培养庄重恭敬的限度，宫殿房屋十分华美，也不仅仅局限于躲避潮湿，消耗民力太多，消耗财物过于浪费，最终与民众成为仇人。如今君主您想效法圣贤之王的服饰，不效法他们服饰宫室的形制，而是效法他们节俭的品德，虽然未必能治理好，但应该还是有好处的。如今君主您把高台楼阁修建得非常高，把

刻镂之巧，文章之观而不厌，则亦与民而仇矣。若臣之虑，恐国之危，而公不平也。公乃愿致诸侯，不亦难乎！公之言过矣。"

水池修建得非常深还不停止，汲汲于刻镂的巧妙，纹饰追求美观而不知满足，这样也是与民众为仇啊。如果按照我的考虑，恐怕国家将有危险，而您也将不得安宁。您还希望招致诸侯前来归附，不是太难了吗！您的话错了。"

注 释

❶ 欲服圣王之服：想要穿戴圣贤之王的服饰。前一"服"字用为动词，穿戴。　❷ 至：来到齐国，这里是归附、归顺、臣服的意思。　❸ 三王：古代圣君，一般指禹、商汤、文王。王（wàng）：称王。　❹ 致：招致，此处引申为归附。　❺ 果：坚决，果断。　❻ 归：赞同，向往。　❼ 修敬：表示庄重恭敬。　❽ 隅肶：犹"隅差"。王念孙《读书杂志》言："予谓'肶'当为'眦'，字之误也。……《淮南·齐俗篇》'衣不务于奇丽之容，隅眥之制'是也。隅眦者，隅差也。隅，角也。差，邪也。幅之削者，必有隅差之形，故曰'衣不务于隅眦之削'。即《淮南》所云'衣无隅差之削也'。"整句意思是古代人十分淳朴，衣服一般用整块布做成，不会为了美观去裁剪边角。　❾ 觚（gū）嬴：各式各样的花纹。觚，方形花纹。嬴，按孙星衍语，应为"嬴"，即螺形花纹。　❿ 绖衣：缝补过的衣服。绖，缝补。挛领：翻领。意思是衣服并不华丽，领口形制随意。　⓫ 羡：富余，足够。《诗经·小雅·十月之交》："四方有羡。"　⓬ 朝：朝拜，指归顺。　⓭ 橧（zēng）巢：以薪柴为主要材料而建的居处，这里指简陋的房屋。　⓮ 予：给予百姓恩惠。取：索要，索取，这里指以赋役的形式压榨百姓。　⓯ 明堂：古代天子宣谕政教、举行国家大典的地方。曹植《七启》云："赞典礼于辟雍，讲文德于明堂。"　⓰ 土事不文：土建不描绘纹彩，这里表示节俭。土事，指土木工程，用土修筑的建筑物，即宫廷园囿等。　⓱ 穷：穷极，最大限度地。台榭：泛指楼台等建筑物。　⓲ 污池：池子，水池。

景公自矜冠裳游处之贵晏子谏第十五

题解

　　齐景公建造了豪华的宫室池苑，着锦绣衣冠，自认为已经完成了霸业。晏子巧妙运用隐喻与讽刺谏言，强调若"万乘之君"沉迷于奇巧淫逸之事会迷失自我，称霸的关键在于"德"与"义"而非外在形式，批判了统治者失德丧志之行，展现了晏子"崇俭戒奢"的治国观。

【原文】

　　景公为西曲潢①，其深灭轨②，高三仞③，横木龙蛇，立木鸟兽。公衣黼黻④之衣、素绣之裳，一衣而五彩具焉；带球玉而冠且⑤，被发乱首，南面而立，傲然。

　　晏子见，公曰："昔仲父之霸何如？"晏子抑首⑥而不对。公又曰："昔管文仲⑦之霸何如？"

　　晏子对曰："臣闻之，维翟人与龙蛇比⑧。今君横木龙蛇，立木鸟兽，亦室一就矣，何暇⑨在霸哉！且公

【译文】

　　齐景公修建了西曲池，池深可以淹没车轴，水池边的宫室高达数丈，横木上雕绘着龙蛇纹饰，立木上雕绘着鸟兽纹饰。景公身穿黑白相间的上衣、白底绣花的下裳，衣裳光彩夺目，腰带上点缀着美玉，帽冠上垂悬着丝带，头发蓬松散乱，面南而立，洋洋得意。

　　晏子来见景公，景公说："当年仲父的霸业是什么样的？"晏子低沉着头没回答。景公又问："当年仲父的霸业是什么样的？"

　　晏子回答说："我听说，只有狄人才和龙蛇为伍。如今君主您在宫室的横木上都雕绘着龙蛇纹饰，立木上都雕绘着鸟兽纹饰，也只不过是建成一座宫室罢了，哪里谈得上图谋霸业啊！并且您时

伐宫室之美，矜⑩衣服之丽，一衣而五彩具焉，带球玉而乱首被发，亦室一容矣。万乘之君，而一心于邪，君之魂魄亡矣，以谁与图霸哉？"

公下堂就晏子曰："梁丘据、裔款以室之成告寡人，是以窃袭此服⑪，与据为笑，又使夫子及。寡人请改室易服而敬听命，其可乎？"

晏子曰："夫二子营⑫君以邪，公安得知道哉！且伐木不自其根，则蘖⑬又生也，公何不去二子者，毋使耳目淫焉。"

常夸耀宫室的壮美，炫耀衣服的华丽，衣裳光彩夺目，腰带上点缀美玉，帽冠上垂悬丝带，头发蓬松散乱，也只不过是在宫殿里孤芳自赏罢了。您是大国的君主，却对邪门歪道、雕虫小技专心致志，您的魂魄都丢了，凭借什么去图谋霸业呢？"

景公下堂走近晏子说："梁丘据和裔款把宫殿建成的消息告诉了我，因此我私下里在已有的衣服上套上这身衣服，准备和梁丘据开玩笑，又让先生您碰见了。请让我换个宫殿换件衣服，再听您的教导，可以吗？"

晏子说："梁丘据、裔款二人用邪僻的东西惑乱君王，您哪里还能晓得治国的道理呢！况且砍伐树木不从根部铲除，新的枝条又会长出来，您为什么不黜退这两个人，不让自己的耳目再受到迷惑呢。"

注　释

❶ 西曲潢（huáng）：池塘名。潢，水池。　❷ 灭：淹没。轨：车轴。　❸ 高三仞：此处省略主语，言旁边的宫室高度。仞，古代长度单位，一仞为八尺或七尺。　❹ 黼（fú）黻（fú）：华美花纹，一般指华丽的衣服。《淮南子·说林训》："黼黻之美，在于杼轴。"高诱注："白与黑为黼，青与赤为黻，皆文衣也。"　❺ 球玉：美玉。冠且：帽子上装饰着丝带。且，通"组"，古代指丝带。　❻ 抑首：低着头。抑，压着，压制，这里引申为低。　❼ 管文仲：一说多"文"字，应为"管仲"；一说"文"应为"父"，倒置"仲"上，后人又增"管"字，应为"仲父"。今据上下文意，取"仲父"说。　❽ 龙蛇比：与龙蛇为伍。　❾ 何暇：哪里谈得上。　❿ 矜：炫耀，显摆。　⑪ 窃：私下里。袭：衣上加衣，

重叠。　⓬ 营：迷惑，惑乱。《淮南子·原道训》："精神乱营。"　⓭ 蘖
(niè)：砍掉树木主干后，从残存茎根上长出的新芽。张衡《东京赋》："寻木起
于蘖畔。"

景公为巨冠长衣以听朝晏子谏第十六

题解

齐景公着巨冠长衣，神情严肃地上朝。晏子谏言指出"圣人之服，中
倪而不驵"，强调服饰应以"适中"为准则，既不过分华丽又便于引导百
姓，君主应以务实为根本，不应注重外在形式的堆砌，展现了晏子对形式
主义的批判及以身作则的政治理念。

【原文】

景公为巨冠长衣以听朝，疾视①矜立，日晏②不罢。

晏子进曰："圣人之服，中倪而不驵③，可以导众；其动作倪顺而不逆④，可以奉生。是以下皆法其服，而民争学其容。今君之服，驵华不可以导众民；疾视矜立，不可以奉生。日晏矣，君不若脱服就燕⑤。"

【译文】

齐景公头戴大帽，身着长衣来上朝，目光快速地扫视群臣，傲然而立，直到天色渐晚也不退朝。

晏子进谏说："圣人的服装，应当相宜而不阻碍行动，可以凭借此来引导民众；圣人的一举一动，顺乎常理而没有不合适之处，这样就可以延年益寿。所以在下的臣子都会效法他的穿着，而民众也都会争相效仿他的仪态。可如今您的服饰，过分华丽且阻碍行动，这是不利于引导、教化民众的；目光快速地扫视群臣，傲然而立，这也不利于延年益寿。天渐渐晚了，您不如脱下这件长衣去宴饮和休息。"

公曰："寡人受命。"
退朝，遂去衣冠，不复服。

景公说："我听从您的建议。"于是立
刻退朝，脱下衣服和帽子，不再穿戴。

注 释

❶ 疾视：眼光快速扫视。　❷ 晏：迟，晚。　❸ 侻（tuì）：恰好，适宜。
駔：本义为好马、壮马、骏马，这里用作"阻"的通假字，是阻止、阻碍的意
思。　❹ 逆：违抗，违背。　❺ 燕：宴饮，这里可以理解为休息。

景公朝居严下不言晏子谏第十七

题 解

因齐景公上朝过于威严，晏子便向景公谏言"朝居严则下无言，下
无言则上无闻"，以类比论证的方式阐述朝政严苛之弊，指出纳谏对国家
治理的重要性，强调治国需保持民本思想，体现了其重民本、尚实用的
政治思想。

【原 文】

晏子朝，复于景公曰：
"朝居严乎？"

公曰："严居朝，则曷①
害于治国家哉？"

晏子对曰："朝居严则下
无言，下无言则上无闻矣。

【译 文】

晏子上朝，问齐景公说："您坐朝
听政是否太威严了？"

景公说："威严地坐朝听政，这对
于治理国家有什么危害吗？"

晏子回答说："坐朝听政严厉，那
么臣下不敢说话，臣下不敢说话，那么
君主就不知道民情了。臣下不说话，我

下无言则吾谓之暗，上无闻则吾谓之聋。聋暗，非害国家而如何也！且合升斗之微以满仓廪②，合疏缕之绨③以成帷幕。大山之高，非一石也，累卑然后高。天下者，非用一士之言也，固有受而不用，恶④有拒而不受者哉？"

把它叫作哑，君主不知道民情，我把它叫作聋。又聋又哑，难道对治国没有危害吗！把一升一升、一斗一斗的粮食聚集起来，粮仓就满了，把稀疏的丝线聚和起来，帷幕就做成了。泰山之所以高大，是因为它并非由一个石头构成，而是垒积众多石块，然后才高大的。治理天下的君主，不能只采用一个人的意见，固然可以听了意见而不采用，但怎能拒绝所有意见呢？"

注 释

❶ 曷：这里用为疑问代词，相当于"何"，表示疑问。　❷ 仓廪：装粮食的容器。一般藏谷曰仓，装米曰廪。　❸ 绨：粗厚光滑的丝织品。《说文》云："绨，厚缯也。"　❹ 恶（wū）：何，怎么，哪里。

景公登路寝台不终不说晏子谏第十八

题 解

齐景公因建台之高，不能登台至顶而怨怒。晏子则以古鉴今，谏言建造台子应以实用为原则，反对君王滥用民力，警示君王奢靡会有丧国之祸，揭示了"民力殚乏"却"不免罪"的暴政本质，彰显了"成由俭败由奢"的治国道理，传达了晏子节用爱民的思想。

【原文】

景公登路寝之台，不能终，而息乎陛①，忿然而作色，不说，曰："孰为高台，病②人之甚也！"

晏子曰："君欲节③于身而勿高，使人高之而勿罪也。今高从④之以罪，卑亦从以罪。敢问使人如此，可乎？古者之为宫室也，足以便生，不以为奢侈也，故节于身，谓⑤于民。及夏之衰也，其王桀背弃德行，为璇室⑥玉门；殷之衰也，其王纣作为顷宫灵台，卑狭者有罪，高大者有赏。是以身及⑦焉。今君高亦有罪，卑亦有罪，甚于夏殷之王。民力殚乏矣，而不免于罪。婴恐国之流失，而公不得享也！"

公曰："善！寡人自知诚费财劳民，以为无功，又从而怨之，是寡人之罪也！非夫子之教，岂得守社稷哉！"遂下，再拜，不果登台。

【译文】

齐景公登上处理政务官殿的高台，却不能登到顶端，就在台阶上休息，十分气愤，脸色都变了，很不高兴，说："是谁修建的高台，让我太累了！"

晏子说："君王想节省体力，就不要让人把台造得这么高，既然让人把台造得这么高，就不要怪罪别人。现在台高了，罪名就跟着来了，低了，罪名也跟着来了，请问可以这样役使人吗？古人修建宫室，只求生活便利，不是用来奢侈享受的，所以他们能节省体力，勤于民政。夏朝衰落的时候，君王夏桀抛弃了德行，让人修建美玉装饰的宫殿、玉石做成的门；殷商王朝衰落的时候，商纣王主持建造了占地一顷的大宫殿、精美的高台，修得低矮狭窄有罪，修得高大气派有赏。因此灾祸殃及了他们自身。如今您是修高了有罪，修低了也有罪，这比夏桀、商纣还要苛刻。民众都已经精疲力尽，仍然要受到罪责。我担心国家会有覆灭的危险，而君主您也将要失去齐国了！"

景公说："说得好！我也知道这确实是伤财劳民，还认为他们没有功劳，又因此怪罪他们，这是我的罪过啊！如果没有先生您的教导，我哪里能守得住齐国啊！"于是走下台来，对晏子拜了两拜，不再继续登台。

注 释

❶ 陛：殿前台阶。　❷ 病：劳累，使……苦。　❸ 节：节省。　❹ 从：跟随，随后。　❺ 谓：告诉，这里可理解为向百姓倡导。　❻ 璇（xuán）室：玉饰的宫室，相传为夏桀、商纣所建。　❼ 及：赶上。此处指遭遇了灾祸。

景公登路寝台望国而叹晏子谏第十九

题 解

齐景公想要世世代代拥有齐国，登宫殿望城而叹。晏子则运用类比、排比、比喻相结合的方式论证治国之道，谏言明君之根本在于"正其治，以事利民"，唯有善政、利民，方能长久享有国家，揭示出君主治国须遵循以民为本的核心理念。

【原 文】

景公与晏子登寝而望国。公愀然①而叹曰："使后嗣世世有此，岂不可哉？"

晏子曰："臣闻明君必务正其治②，以事利民，然后子孙享之。《诗》云：'武王岂不事？贻厥孙谋，以燕翼子。'③ 今君处佚息④，逆政害民有日矣，而

【译 文】

齐景公和晏子登上处理政务的官殿望着都城。景公十分忧伤地叹息道："如若我的后代世世代代拥有齐国，这难道不可以吗？"

晏子说："我听说圣明的君主一定努力端正他治国的方法和态度，做有利于民众的事，然后他们的子孙才能享有国家。《诗经》中说：'武王难道没有作为吗？他将谋略、智慧留给子孙，以期辅助子孙治理国家。'如今您贪图安乐，不勤于修身治国，倒行逆施，祸害民众，已经很久了，今天

犹出若言，不亦甚乎！"

公曰："然则后世孰将把⑤齐国？"

对曰："服牛⑥死，夫妇哭⑦，非骨肉之亲也，为其利之大也。欲知把齐国者，则其利之者邪？"

公曰："然。何以易？"

对曰："移之以善政。今公之牛马老于栏牢⑧，不胜⑨服也；车蠹⑩于巨户，不胜乘也；衣裘襦⑪袴，朽弊⑫于藏，不胜衣也；醯醢腐⑬，不胜沽⑭也；酒醴酸，不胜饮也；府粟郁⑮而不胜食。又厚藉敛于百姓，而不以分馁民。夫藏财而不用，凶也。财苟失守⑯，下其报环至，其次昧财之失守，委⑰而不以分人者，百姓必进自分也。故君人者，与其请于人，不如请于己也。"

还能说出此等言论，实在是太过分了！"

景公说："那么后世谁将把持齐国大权呢？"

晏子说："耕牛死了，夫妻都为它哭泣，他们与牛并没有血缘关系，而是因为耕牛带给他们的利益很大。要想知道后世谁将把持齐国大权，那大概是能让齐国百姓得利的人吧？"

景公说："的确如此。那怎么改变如今这个局面呢？"

晏子回答说："改变它靠的是实行好的政策、营造良好的政治环境。如今您的牛马在圈里都关老了，不能再耕地拉车了；车子在大户人家那里被蠹虫蛀坏，不能再乘坐了；长衣、皮袍、短袄、裤子太多了，都坏在储藏室里，不能再穿了；酸醋肉酱多得吃不完而腐坏，不能再卖了；琼浆甜酒多得都喝不完而发酸，不能饮了；各种粮食堆积得变质发臭，不能食用了。这样的情况下，您还对百姓多征暴敛，却不把这些用品、食物分发给挨饿的民众。财物藏起来而不使用，是凶险的。如果死守着这些财物，抱怨会接二连三地来，更严重的是，死守着贪冒得来的财物，宁愿丢弃了也不愿分给百姓，百姓一定会前来自己分走。所以当国君的人，与其求助于人，不如求助于自己。"

注 释

❶ 愀（qiǎo）然：形容神色改变、忧心忡忡的样子。　❷ 务：致力于。正：使中正，端正。　❸ 武王岂不事？贻厥孙谋，以燕翼子：见《诗经·大雅·文王有声》。孙星衍云："'仕'作'事'，'贻'作'诒'。毛'传'：'仕，事。'二字通也。'贻'，俗字，当为'诒'。"　❹ 佚怠：贪图安乐，不勤于修身治国。　❺ 把：执掌，把持。　❻ 服牛：作为驾车耕田工具的牛。服，作，担任。❼ 哭：原作"笑"，据文意及《指海》本改。　❽ 栏牢：关养牲畜的栏圈。　❾ 不胜：不能承担。胜，能承受，经得起。　❿ 蠹：用作动词，生蛀虫。　⓫ 襦（rú）：短衣，短袄。　⓬ 朽弊：朽坏，朽败。　⓭ 醢：醋。醢：用肉、鱼等做成的肉酱。　⓮ 沽：卖。　⓯ 郁：气味浓厚，此处指腐坏。　⓰ 苟：如果。失：应为"矢"之误。　⓱ 委：抛弃。

景公路寝台成逢于何愿合葬晏子谏而许第二十

题 解

　　齐景公修建宫室侵夺了百姓墓地，使逢于何无法葬母。晏子谏言强调君主不能忽视百姓"生者愁忧""死者离易"的悲苦困境，主张君主应以民生为本，尊重百姓的生存权与尊严，包括对死者的安葬权，揭示了统治者与民争地的暴政之弊，展现了晏子"死者安则生者宁"的治国思想。

【原 文】

　　景公成路寝之台，逢于何①遭丧，遇晏子于途，再拜乎马前。晏子下车把②之，

【译 文】

　　齐景公修成了正殿的大台，正值逢于何家遭遇丧事，在路上遇见了晏子，逢于何就在晏子的马车前叩拜了两次。

曰："子何以命婴也？"对曰："于何之母死，兆在路寝之台牖下③，愿请命合骨④。"

晏子曰："嘻！难哉！虽然，婴将为子复之⑤。适为不得⑥，子将若何？"

对曰："夫君子则有以，如我者侪⑦小人，吾将左手拥格⑧，右手槌心⑨，立饿枯槁而死，以告四方之士曰：'于何不能葬其母者也。'"

晏子曰："诺。"遂入见公，曰："有逢于何者，母死，兆在路寝当牖下⑩，愿请合骨。"

公作色不说，曰："古之及今，子亦尝闻请葬人主之宫者乎？"

晏子对曰："古之人君，其宫室节，不侵生民之居；台榭俭，不残死人之墓。故未尝闻诸请葬人主之宫者也。今君侈为宫室，夺人之居，广为台榭，残人之墓，是生者愁忧，不得安处，死者离易，不得合骨。丰乐侈游，

晏子下车对他作揖问道："您有什么事情要吩咐我？"逢于何回答说："我的母亲去世了，可是我父亲的墓地在正殿之台的墙下，希望您能向君主请求允许我将母亲与父亲合葬。"

晏子说："哎呀！这很难办啊！尽管如此，我也将为你向君王转达这件事。如果这件事办不成，你将怎么办呢？"

逢于何回答说："如果是君子，自然有解决的办法。像我这样的普通草民，我将左手抱着灵车的横木，右手捶打着胸口，一直站着，直到饿得干枯而死，用这种方式告诉四方之士：'逢于何是连自己的母亲都不能安葬的人。'"

晏子说："好吧。"于是进宫拜见齐景公，说："有个叫逢于何的人，他的母亲死了，其父的坟墓在正寝宫殿的墙下，他请求把母亲与父亲葬在一起。"

景公变了脸色不高兴，说："从古到今，先生可曾听说把尸骨合葬在君主宫殿之下的吗？"

晏子回答说："古代的君主，他们对于宫室非常节制，不侵犯活着的人的居所；楼台亭榭都很俭朴，不毁坏死人的坟墓。所以未曾听说有请求将死人埋葬在国君宫中的。如今您把宫室修建得如此奢华，侵占了百姓的居所，到处建楼台亭榭，毁坏了死人的坟墓，这使活着的人忧愁，不能安居，死了的人分离，不能合葬。这种过度奢侈玩乐的行为，对活着与死去的人来说都很轻慢无礼，

兼傲生死，非人君之行也。遂欲满求，不顾细民，非存之道。且婴闻之，生者不得安，命之曰蓄忧；死者不得葬，命之曰蓄哀。蓄忧者怨，蓄哀者危，君不如许之。"公曰："诺。"

晏子出，梁丘据曰："自昔及今，未尝闻求葬公宫者也，若何许之？"

公曰："削人之居，残人之墓，凌⑪人之丧，而禁其葬，是于生者无施⑫，于死者无礼。《诗》云：'谷则异室，死则同穴。'⑬吾敢不许乎？"

逢于何遂葬其母于⑭路寝之牖下，解衰去绖⑮，布衣縢履，元冠茈武⑯，踊而不哭，辟⑰而不拜，已乃涕洟而去。

还不是作为君主所干的事。为了顺从欲望、满足需求，却不顾及普通民众，这不是国家长治久安的办法。况且我听说，活在世上的人无法安居乐业，这类情况被称为积存忧愁；死去的人无法安葬，这类情况被称为积存悲痛。积存忧愁会有怨恨，积存悲痛会带来危险，您不如答应了他。"景公说："好的。"

晏子出去后，梁丘据对景公说："从古至今，没有听说请求把死人埋葬在国君的宫室中的，您为何答应了他？"

景公说："侵占他人的住处，毁坏他人的坟墓，侵犯他人的丧事，还禁止他人安葬，这对生者没有施予恩惠，对死者也不尊重。《诗经》说：'活着虽然不在同一居室，死了要葬在同一个墓穴。'我怎么敢不答应呢？"

于是，逢于何将他的母亲葬在了正寝宫殿的门墙下，然后他脱去丧服，解掉麻带，穿上粗布衣服和麻绳编成的鞋子，头戴黑帽紫结，顿足不已却没有放声大哭，捶胸不已却不跪拜，埋葬完成后，才流着眼泪鼻涕离开了。

注 释

❶逢于何：人名。　❷抠：古同"揖"，作揖。　❸兆：墓地。牖：通"墉"，城墙。　❹合骨：合葬。　❺复之：转达这件事。　❻适：假如，如果。不得：不成功。　❼侪（chái）：等辈，同类的人们。《左传·襄公三十

年》：“吾侪小人。”　❽格：通“辂”，古代车辕上用来挽车的横木。　❾梱心：犹“扪心”，即捶打胸口。王念孙《读书杂志》曰：“《孟子·滕文公》篇‘梱屦织席’……赵注曰：‘梱，犹叩椓也。’……然则‘梱心’云者，犹《礼》言扪心耳。”　❿兆在路寝当庑下：原为“兆在路寝当如之何”，不合文意，今据《群书治要》改“如之何”为“庑下”。　⓫凌：侵犯，欺压。　⓬施：给予恩惠。　⓭谷则异室，死则同穴：见《诗经·王风·大车》。　⓮于：原文无“于”字，据《指海》本补。　⓯绖（dié）：古代丧服上的麻带。　⓰芷（zǐ）武：帽子上紫色的结带、装饰。《礼记·玉藻》：“缟冠玄武。”郑玄注云：“武，冠卷也。”　⓱擗：疑为“擘”，击打、敲击的意思。《孝经·丧亲章》：“擘踊哭泣。”注：“擘，扪心也。扪，击也，拍也。”

景公嬖妾死守之三日而不敛晏子谏第二十一

题　解

　　齐景公过度哀悼宠妾，“守之三日”而不让安葬。晏子用策略哄景公离开，并以与先君对比谏言，指出君主若偏执于私情而忽视治国职责，将导致恶果，揭露了君主沉溺私情之弊，展现了晏子“以道事君”的为臣之道。

【原　文】

　　景公之嬖妾①婴子死，公守之，三日不食，肤着于席②不去。左右以复，而君无听焉。

　　晏子入，复曰：“有术客③与医俱言曰：‘闻婴子病

【译　文】

　　齐景公的爱妾婴子死去，景公守着她，连续三天不肯进食，身体紧紧贴在席上不愿离开。近臣多次提醒他，但是景公根本听不进去。

　　晏子进来，禀告说：“外面有方术之士和医生争相进言说：‘听说婴子夫人因病去世，请求给她医治。’”景公

死，愿请治之。'"公喜，遽起，曰："病犹可为乎？"晏子曰："客之道也，以为良医也，请尝试之。君请屏④，洁沐浴饮食，间⑤病者之宫，彼亦将有鬼神之事焉。"公曰："诺。"屏而沐浴。

晏子令棺人入敛，已敛，而复曰："医不能治病，已敛矣，不敢不以闻。"

公作色不说，曰："夫子以医命寡人，而不使视；将敛，而不以闻。吾之为君，名而已矣。"

晏子曰："君独不知死者之不可以生邪？婴闻之，君正臣从谓之顺，君僻臣从谓之逆。今君不道顺而行僻，从邪者迩，导害⑥者远，谗谀萌通，而贤良废灭。是以谄谀繁于间，邪行交于国也。昔吾先君桓公，用管仲而霸，嬖乎竖刁而灭；今君薄于贤人之礼，而厚嬖妾之哀。且古圣王畜私不伤行⑦，敛死不失⑧爱，送死不失哀。行伤则

大喜，立马起身，说："这病还能治吗？"晏子说："从来客的道行看，我觉得是良医，就让他们试一下吧。请君主回避，沐浴饮食，空出病人的居所，他们将施展鬼神之术。"景公说："好的。"随后退避沐浴去了。

晏子命令盖棺的人把尸体收敛，入殓完毕后，禀报景公说："方士和医生不能治病，已经将婴子入殓了，我不敢不把这个情况告诉您。"

景公变了脸色很不高兴，说："先生您以治病为由令我退避，不让我在一旁查看；即将入殓之时，也不让我知道。我这个国君啊，只是一个虚名罢了。"

晏子说："唯独您不知道人死不能复生的道理吗？我听说，君王行事端正，臣下服从，这叫作顺；君王邪僻，臣下也服从，这叫作逆。如今您不行正道而陷入邪僻，跟从您一起邪僻的您就亲近，引导您走善道的您就疏远，谄媚之徒滋长顺畅，贤良之臣废黜消亡。所以朝堂之上盛行阿谀奉承之风，齐国境内遍布邪僻之行径。当年我们的先君齐桓公，因任用贤才管仲而称霸，因宠幸竖刁而灭亡；如今您对待贤才的礼节极为浅薄，对爱妾的哀情却十分深厚。况且古代的圣君，虽然也有自己喜爱的事物，但并不会因此而损害自己的德行，收殓死者而不过分爱怜，送走死者而不过分悲伤。损伤自己的德行就是放纵自

溺己，爱失则伤生，哀失则害性。是故圣王节之也。即毕敛，不留生事⑨；棺椁衣衾，不以害生养；哭泣处哀，不以害生道。今朽尸以留生，广爱以伤行，修哀以害性，君之失矣。故诸侯之宾客惭入吾国，本朝之臣惭守其职。崇君之行，不可以导民；从君之欲，不可以持国。且婴闻之，朽而不敛，谓之僇尸⑩；臭而不收，谓之陈胔⑪。反明王之性，行百姓之诽，而内嬖妾于僇胔，此之为不可。”

公曰：“寡人不识，请因夫子而为之。”

晏子复曰：“国之士大夫，诸侯四邻宾客，皆在外，君其哭而节之。”

仲尼闻之曰：“星之昭昭⑫，不若月之曀曀⑬；小事之成，不若大事之废；君子之非，贤于小人之是也。其晏子之谓欤！”

己，过分爱怜死者就是伤害生人，过分悲伤会损害性情。因此圣王对于这些都十分节制。去世了就马上入殓，不留活着时候的痕迹；用以入殓的棺材衣被，不能妨碍对生者的供养；可以悲伤哭泣，但不会过度悲伤而损害身体。如今您用腐朽的尸体来保留其生前的痕迹，以广博的爱怜来损害德行，以极度的哀痛损害性情，这是您的过错。因此各国诸侯的使者、宾客都愧于来我们国家，当朝臣子愧于守在自己的职位上。推崇您的行为，无法正确引导民众；放纵您的欲望，无法守住国家。而且我听说，腐朽了却不入殓，这是羞辱尸体；发臭了还不收尸，这是展示尸体。违背圣明君主的本性，实行百姓非议的事情，而把爱妾的尸体收藏陈列，这是不可以的。”

景公说：“我没意识到这些道理，请遵照先生您的意思做吧。”

晏子回答说：“本国的士大夫，诸侯邻国的宾客使者，都在外面，您哭泣时须节制。”

孔子听说这件事情后感叹道：“星辰的光明，不如月亮阴暗；小事的成功，比不上大事的失败；君子的过错，也优于小人的正确。这大概说的就是晏子吧！”

注 释

❶ 嬖（bì）妾：爱妾。嬖，宠幸。　❷ 肤着于席：身体紧紧贴在席子上。这里形容齐景公极度留恋、哀伤导致难以起身。　❸ 术客：精通方术的人。　❹ 屏（bǐng）：回避。　❺ 间（jiàn）：隔开，这里指空出。　❻ 害：据上下文意，当为"善"字。　❼ 畜私不伤行：积淀自己的爱好但是不伤害自己的德行。　❽ 失：改变常态，这里指过分。　❾ 生事：活着时候的痕迹。　❿ 僇（lù）尸：羞辱尸体。僇，侮辱，羞辱。　⓫ 陈胔（zì）：陈列腐烂的尸体。　⓬ 昭昭：明亮之貌，光明之貌。《文心雕龙·宗经》："故子夏叹《书》，昭昭若日月之明。"　⓭ 曀曀：阴沉昏暗之貌。《诗经·邶风·终风》："曀曀其阴，虺虺其雷。"

景公欲厚葬梁丘据晏子谏第二十二

题 解

齐景公认为梁丘据是忠臣，想要厚葬他。晏子通过对"忠"的重新诠释，揭示梁丘据"忠爱"的本质缺陷，强调臣子之责在于引导君主行仁政、礼法度，而非迎合私欲，间接劝谏君主摒弃奢靡。

【原 文】

梁丘据死，景公召晏子而告之，曰："据忠且爱我，我欲丰厚其葬，高大其垄❶。"

晏子曰："敢问据之忠与爱于君者，可得闻乎？"

公曰："吾有喜于玩好，

【译 文】

梁丘据去世了，齐景公召来晏子且告诉他这个消息，并说："梁丘据既忠诚又爱戴我，我想为他举行盛大的葬礼，为他修建高大的坟墓。"

晏子说："请问梁丘据对您的忠诚和爱戴，可以说来让我听听吗？"

景公说："我有喜欢的玩物，有关

有司未能我具也，则据以其所有共我，是以知其忠也；每有风雨，暮夜求必存②，吾是以知其爱也。"

晏子曰："婴对则为罪，不对则无以事君，敢不对乎！婴闻之，臣专③其君，谓之不忠；子专其父，谓之不孝；妻专其夫，谓之嫉。事君之道，导亲于父兄，有礼于群臣，有惠于百姓，有信于诸侯，谓之忠；为子之道，以钟爱其兄弟，施行于诸父④，慈惠于众子，诚信于朋友，谓之孝；为妻之道，使其众妾皆得欢忻⑤于其夫，谓之不嫉。今四封⑥之民，皆君之臣也，而维据尽力以爱君⑦，何爱者之少邪？四封之货，皆君之有也，而唯据也以其私财忠于君，何忠者之寡邪？据之防塞群臣，壅蔽君，无乃甚乎？"

公曰："善哉！微子，寡人不知据之至于是也。"遂罢为垄之役，废厚葬之令，令有司据法而责⑧，群臣陈过而

官吏不会给我提供，但梁丘据会把他拥有的所有玩物提供给我，所以我知道他对我忠诚；每当刮风下雨，我夜里找他，他都在，我因此知道他爱戴我。"

晏子说："我回答您就会获罪，不回答您就是没有尽到事奉君主的责任，我怎敢不回答呢！我听说，臣子独自占有君主的宠爱，叫作不忠；儿子独自占有父亲的宠爱，叫作不孝；妻子独自占有丈夫的宠爱，叫作嫉妒。臣子事奉君主的原则，就是要引导君主亲近父亲兄弟，对臣下彬彬有礼，对百姓施以恩惠，对诸侯有信用，这可以称为忠；做儿子的原则，就是要引导父亲钟爱他的兄弟，并把这样的爱戴推行到父辈身上，对孩子们仁慈恩惠，对朋友诚信，这可以称为孝；做妻子的原则，就是要让为妾的都从丈夫那里得到欢乐，这可以称为不嫉妒。如今四方边界的民众，都是您的臣子，可是您以为只有梁丘据在爱戴您，为什么爱戴您的人这么少呢？四方边境内的财物，都是您所拥有的，可是您以为只有梁丘据用他的私财效忠君主，为什么忠于您的人这么少呢？梁丘据阻碍群臣，蒙蔽君王，这不是太过分了吗？"

景公说："好啊！要不是您，我都不知道梁丘据如此过分。"于是停止修建坟墓，废除了厚葬的命令，让有关部门根据法律定他的罪，群臣都可以进谏并陈述君主的过错。因此官员的法令都

谏。故官无废法，臣无隐忠，而百姓大悦。

没有被废置的，臣子都十分忠诚，百姓都很高兴。

注 释

❶ 高大其垄：修建高大的坟墓。垄，坟墓。　❷ 存：在。　❸ 专：独自掌握和占有。　❹ 诸父：父辈，指伯父、叔父等。　❺ 忻（xīn）：同"欣"，高兴，喜悦。　❻ 封：疆界。　❼ 王念孙云："此下各本脱去九十九字，据《群书治要》补。"依王说，据《群书治要》补足。　❽ 责：责备，问责，这里指定罪。

景公欲以人礼葬走狗晏子谏第二十三

题 解

齐景公欲以人礼厚葬爱犬，并在宫内安排祭祀，晏子得知后觐见劝谏。晏子指出了统治者奢靡浪费与民生疾苦的尖锐矛盾，当"孤老冻馁""鳏寡不恤"之时，君主却耗费公帑为犬类治棺设祭，必将导致"百姓怨""诸侯轻"而"国亦无望"，最终使景公从善如流，"趣庖治狗"，体现了晏子以民为本的治国理念。

【原 文】

景公走狗①死，公令外共②之棺，内给之祭。

晏子闻之，谏。公曰："亦细物③也，特以与左右为

【译 文】

齐景公的猎狗死了，景公下令让宫外为狗提供棺材，宫内则为狗举行祭祀，提供祭品。

晏子听说了这件事，立刻进谏。齐

笑耳。

晏子曰："君过矣！夫厚籍敛不以反民，弃④货财而笑左右。傲⑤细民之忧而崇左右之笑，则国亦无望已。且夫孤老冻馁，而死狗有祭；鳏寡不恤，而死狗有棺。行辟若此，百姓闻之，必怨吾君；诸侯闻之，必轻吾国。怨聚于百姓，而权轻于诸侯，而乃以为细物，君其图之。"

公曰："善。"趣庖治狗⑥，以会朝属。

景公说："这就是件小事，只是与近臣玩笑取乐罢了。"

晏子说："您错了！征收极其厚重的赋税而不把它用到民众身上，却浪费钱财与左右取乐。轻视普通百姓的忧愁，重视左右近臣的玩乐，我看这个国家是没有希望了。况且孤苦老弱的人还在受冻挨饿，一只死狗却享有祭祀；鳏寡之人得不到抚恤，一只死狗却拥有棺材。行为离经叛道到如此境地，要是百姓知道了，一定会怨恨国君；诸侯听到了，一定会轻视齐国。百姓因此积聚了怨恨，诸侯也会因此轻视齐国的权威，您却认为这是一件小事，您再好好考虑考虑吧。"

景公说："您说得太好了。"立即催促厨师烹调狗肉，设宴款待朝臣。

注 释

❶走狗：跑得很快的狗，这里应指猎犬。走，跑。 ❷共：通"供"，提供。 ❸细物：小事物。 ❹弃：抛弃，这里指浪费。 ❺傲：傲慢，藐视，这里引申为轻视。 ❻趣庖治狗：催促厨师烹调狗肉。治，处理，这里指烹调。

景公养勇士三人无君臣之义晏子谏第二十四

题 解

公孙接、田开疆、古冶子三位勇士事奉齐景公，但他们恃勇无礼，不尊长者。晏子谏言以"上无君臣之义,下无长率之伦"直指其危害,设"二桃计"使三人论功争桃,三士因耻于贪功、无勇、不仁等先后自刭,景公以士人之礼安葬了他们。这个故事凸显了晏子以智代力、智除三士的政治手段,也揭示了"勇"需合"礼""义"的道理,体现了"权术"与"礼法"相结合的治世理念。

【原 文】

公孙接、田开疆、古冶子事景公,以勇力搏虎①闻。晏子过而趋,三子者不起。

晏子入见公曰:"臣闻明君之蓄勇力之士也,上有君臣之义,下有长率之伦,内可以禁暴,外可以威敌,上利其功,下服其勇,故尊其位,重其禄。今君之蓄勇力之士也,上无君臣之义,下无长率之伦,内不以禁暴,外不可威敌,此危国之器②也,不若去之。"

公曰:"三子者,搏之恐不得,刺之恐不中也。"

晏子曰:"此皆力攻勍敌③之人也,无长幼之礼。"因请公使人少馈之二桃④,

【译 文】

公孙接、田开疆、古冶子三人为齐景公效力,他们都凭借搏杀猛虎的本事而出名。晏子在他们面前走过时小步快走以示敬意,他们三人并没有起身回礼。

晏子入朝觐见景公说:"我听说明君所豢养的勇力之士,他们对待君上有君臣大义,对待臣民也愿做表率,对内可以制止暴乱,对外可以威慑敌人,君王能受益于他们的功劳,臣民折服于他们的勇猛,因此给予他们尊位,享有丰厚的俸禄。如今您豢养的这些勇士,对君主没有君臣大义,对臣民没有为人表率之理,对内不能制止暴乱,对外也不能威慑敌人,这分明是危害国家的人啊,不如除掉他们。"

景公说:"这三个人,用拳脚搏杀他们恐怕不能成功,用刀剑刺杀他们恐怕也不能击中。"

晏子说:"这些都是靠力气来战胜强敌的人,不懂得长幼之间须谦让的礼仪。"因此请求您派人至少赏赐他们两

曰："三子何不计功而食桃?"

公孙接仰天而叹曰："晏子，智人也。夫使公之计吾功者，不受桃，是无勇也。士众而桃寡，何不计功而食桃矣? 接一搏豽⑤而再搏乳虎，若接之功，可以食桃而无与人同矣。"援⑥桃而起。

田开疆曰："吾仗兵而却三军者再⑦，若开疆之功，亦可以食桃而无与人同矣。"援桃而起。

古冶子曰："吾尝从君济于河⑧，鼋衔左骖以入砥柱⑨之流。当是时也，冶少不能游，潜行逆流百步，顺流九里，得鼋而杀之，左操骖尾，右挈⑩鼋头，鹤跃⑪而出。津人皆曰：'河伯也!'若冶视之，则大鼋之首。若冶之功，亦可以食桃而无与人同矣。二子何不反桃!"抽剑而起。

公孙接、田开疆曰："吾勇不子若，功不子逮，取桃不让，是贪也；然而不死，无勇也。"皆反其桃，挈领⑫

个桃子，并说："你们三个人为何不论功而吃桃呢?"

公孙接仰天长叹说："晏子，真是个有大智慧的人。他让君主论我们的功绩，谁没有得到桃，谁就是无勇之士。人多桃子少，为何不论功而吃桃呢? 我曾经一次杀死大猪，两次打死正在哺乳期的老虎，像我这样的战功，可以吃桃子并且不用和别人共吃一个了。"拿走桃子站了起来。

田开疆说："我手持兵器两次打退敌国全军，像我这样的战功，也可以吃桃子且不用和别人共吃一个了。"拿走桃子站了起来。

古冶子说："我曾经跟从国君渡过黄河，有一只大鼋咬住了左边拉车的马，并拖入砥柱山旁边的激流中。当时我还年少不会游泳，但我还是逆水而上有一百多步，顺水而下大概有九里路，终于找到了那只大鼋并将它杀死，左手抓着马尾巴，右手提着大鼋的头，像鹤一样从河中飞跃而出。渡口上的人都说：'这是河神啊!'仔细一看，原来是大鼋的头。像我这样的功劳，也可以吃桃子而不用和别人共吃一个。你们两人为什么不把桃子放回去!"于是拔剑而起。

公孙接、田开疆说："我们的勇力不如你，战功也比不上你，取得桃子而不让出来，这是贪心；但是厚颜苟活，是没有勇气阿。"两人都放回桃子，自杀而死。

而死。

古冶子曰："二子死之，冶独生之，不仁；耻人以言，而夸其声，不义；恨乎所行，不死，无勇。虽然，二子同桃而节，冶专其桃而宜。"亦反其桃，挈领而死。

使者复曰："已死矣。"公殓之以服[13]，葬之以士礼焉。

古冶子说："两人都因我而死，我却独生，这是不仁；用言语羞辱别人，夸耀自己的名声，这是不义；对自己的行为感到悔恨却不慷慨赴死，这是没有勇气。即便这样，他们两人吃一个桃子是讲气节的，我独自吃一个桃子是恰当的。"也放回桃子，自刎而死。

使者向景公禀报说："他们都死了。"景公用与他们身份相匹配的服饰为他们入殓，用士人之礼安葬了他们。

注释

❶搏虎：搏杀老虎。 ❷器：工具，这里意在说明他们是危害国家的人。 ❸勍（qíng）敌：强敌。《左传·僖公二十二年》："勍敌之人，隘而不列，天赞我也。" ❹少馈之二桃：少赏赐他们一个桃子，即三个人赏赐两个桃子。 ❺豜：即"豣"，古代指三年大的猪，这里指大猪。 ❻援：取，拿。 ❼却三军者再：两次打退敌方全军。 ❽济于河：渡过黄河。 ❾砥柱：原指砥柱山，在今河南三门峡的黄河激流中。后泛指水势大的主流。 ❿挈（qiè）：用手提着。 ⓫鹤跃：像鹤一样飞跃而出，形容动作迅捷。 ⓬挈领：割断脖颈，自刎而死。《战国策·秦策》："若有败之者，臣请挈领。" ⓭服：指与他们的官阶、身份相匹配的服饰。

景公登射思得勇力士与之图国晏子谏第二十五

题解

齐景公欲凭勇力之士建设国家。晏子则以"礼者御民，犹辔御马"为喻，点破勇力兴国、尚勇治国的片面性，谏言指出"无礼则近禽兽"，强调勇力须受礼法约束，否则将危及君长、乱及国家，使景公从谏改修射礼，问礼终日，体现了晏子"礼为治国之本"的政治理念和"以礼节勇"的思想。

【原文】

景公登射，晏子修①礼而侍。公曰："选射之礼，寡人厌②之矣！吾欲得天下勇士，与之图国③。"

晏子对曰："君子无礼，是庶人也；庶人无礼，是禽兽也。夫勇多则弑其君，力多则杀其长，然而不敢者，维礼之谓也。礼者所以御民也，辔者所以御马也。无礼而能治国家者，晏未之闻也。"

景公曰："善。"乃饰射④更席，以为上客，终日问礼。

【译文】

齐景公登台举行大射，晏子始终遵照礼仪规定陪侍他。景公说："按礼仪举行大射选拔人才，我已经厌烦了！我想得到天下的勇猛之人，与他们共商强国大计。"

晏子回答说："君子不遵循礼制，就是普通百姓；普通百姓不遵循礼制，就是禽兽了。臣子们勇力太盛会弑君，晚辈力气太大会杀害长辈，之所以不敢，是因为有礼制的规范和维系。礼是用来规范民众的，马的缰绳是用来驾驭马的。不遵循礼制却能把国家治理好，我没有听说过。"

景公说："说得好。"于是布置射礼，更换席位，把晏子奉为上宾，整天向他请教礼仪。

注 释

❶修：遵循，遵照。 ❷厌：厌烦。 ❸图国：共商强国大计。 ❹饰射：整治射礼。饰，修饰，这里指整理，布置。

卷三

内篇问上第三

庄公问威当世服天下时耶晏子对以行也第一

题 解

齐庄公想称霸天下，询问晏子是不是只要抓住时机就可以立威当世，使天下归服。晏子则以正反对比的手法阐述了君主应有的行为准则，即爱护百姓、重视士民之力、任用贤人、施行仁义，这样才能实现理想、成就霸业。但是庄公没有听从晏子的劝谏，反而穷兵黩武导致"国罢民害"，最终遭祸身死。本章最后借君子之口赞扬了晏子尽忠不谋私、不恋禄的优良品质。

【原 文】

庄公问晏子曰："威当世而服天下，时邪？"

晏子对曰："行也。"

公曰："何行？"

对曰："能爱邦内之民者，能服境外之不善；重士民之死力①者，能禁暴国②之邪逆；听赁贤者，能威诸侯；安仁义而乐利世者，能服天下。不能爱邦内之民者，不能服境

【译 文】

齐庄公问晏子道："能威震当世而让天下人顺服，是靠时机吗？"

晏子回答说："是靠德行。"

庄公问："什么德行？"

晏子回答说："能爱护国内民众的，就能让国外不友好的人顺服；能重视士民中那些竭尽全力付出的人，就能禁绝危害国家的邪恶叛逆行为；听取贤能之士的意见，就能威震诸侯；能够安于推行仁义的政策，并乐于为世人谋利的，就能使天下人顺服。不能爱护国内

外之不善；轻士民之死力者，不能禁暴国之邪逆；愎谏③傲贤者之言，不能威诸侯；倍仁义而贪名实④者，不能服天下⑤。威当世而服天下者，此其道也已。"而公不用，晏子退而穷处⑥。

公任勇力之士，而轻臣仆之死，用兵无休，国罢民害⑦。期年，百姓大乱，而身及崔氏⑧祸。

君子曰："尽忠不豫⑨交，不用不怀禄，其晏子可谓廉矣！"

民众的，就不能让国外不友好的人顺服；轻视士民中那些竭尽全力付出的人，不能禁绝危害国家的邪恶叛逆行为；刚愎自用不听劝谏傲视贤人之言的，不能威震诸侯；违背仁义而贪求虚名和利益的，不能让天下人顺服。要想威震当世让天下人顺服，这是实现它的基本方法啊。"但是庄公没有采纳，晏子便辞官隐居。

庄公重用勇猛力强的人，而轻视臣下仆役的生死，出兵打仗没有休止，国家疲敝民众遭殃。一年后，百姓大乱，庄公自己也被崔杼杀死。

君子说："竭尽忠诚而不预先结交国君，不被任用也不贪恋禄位，晏子真可以称为清廉了！"

注　释

❶ 死力：使出全身的力气为国家付出。　❷ 暴国：危害国家。暴，损害，危害。❸ 愎（bì）谏：拒不纳谏，即固执而不听劝谏。愎，固执，任性。　❹ 名实：名声与利益。　❺ 服天下：原文无此三字，今据《指海》本补。　❻ 穷处：谓乡居不仕，意为隐居。　❼ 国罢民害：国力疲弱，民众受害。罢（pí），同"疲"，疲敝，疲惫困弱。　❽ 崔氏：即崔杼。　❾ 豫：通"预"，预先。

庄公问伐晋晏子对以不可若不济国之福第二

题 解

齐庄公欲攻打晋国，晏子直言反对，指出君主肆意妄为必会陷入危困之中，贸然攻打贤君即使侥幸成功也会因不施仁德而招致忧患，如果战败反而是国家之福。晏子见庄公不听劝告执意伐晋就辞官归隐，而庄公最终应晏子之言罹祸身死，生动体现了晏子的远见卓识和对国家及君主的责任感，也揭示出君主不重德行而刚愎自用、穷兵黩武的恶果。

【原 文】

庄公将伐晋，问于晏子。晏子对曰："不可。君得合①而欲多，养②欲而意骄。得合而欲多者危，养欲而意骄者困。今君任勇力之士，以伐明主③。若不济④，国之福也；不德而有功，忧必及君。"公作色不说。晏子辞不为臣，退而穷处，堂下生蓼藿⑤，门外生荆棘。

庄公终任勇力之士，西伐晋，取朝歌⑥，及太行、孟门⑦，兹于兑⑧。期而民散，

【译 文】

齐庄公准备攻打晋国，向晏子咨询。晏子回答道："不可。您该得到的都有了，还想得到更多，欲望滋长会意气骄纵。所得已足而欲望很多会很危险，欲望滋长又意气骄纵会陷入困境。如今您任用勇猛力强之士，以此攻打明主。如果不成功，这是国家的福气；不施仁德而有了功劳，忧患必然会落到您身上。"庄公变了脸色很不高兴。晏子辞官不做臣下，退而隐居，堂下蓼草藿香丛生，门外荆棘遍地。

庄公最终还是任用勇猛力强之士，向西攻打晋国，夺取朝歌，直至太行山、孟门隘道，回师时又攻入莒国的且于狭道。一年后民众离散，庄公自己也

身灭于崔氏。

　　崔氏之期，逐群公。及
庆氏⑨亡……

被崔杼弑杀。

　　崔杼作乱时，放逐了齐国公室的众
多人氏，等到庆封逃亡时……

注　释

　　❶ 合：通"给"，足。　❷ 养：蓄养，此处引申为滋长。　❸ 明主：贤明的
君主。一说《左传·襄公二十三年》载此事，"明主"作"盟主"。当时晋国会
盟诸侯，被奉为盟主。　❹ 济：成功。　❺ 蓼（liǎo）藿（huò）：杂草名。蓼
为蓼草，藿为藿香。　❻ 朝（zhāo）歌：地名，在今河南淇县。　❼ 孟门：晋
国隘道名，在今河南辉县西。　❽ 兹于：通"且（jū）于"，且于，地名，春秋
时属莒国，在今山东莒县。兑：王念孙《读书杂志》云："'兑'读为'隧'。
兹于兑者，且于之隧也。"兑，即隧、狭道。　❾ 庆氏：人名，即庆封，春秋时
齐国大夫，字子家，又字季。"崔氏之期，逐群公。及庆氏亡"三句，或为另一
章节的开篇部分。吴则虞言："见《杂下》第十五，盖辑者误分为二也。晏子前
对庄公之言有'欲多''养欲'之惧，对子尾亦有'足欲亡无日'之言，上文
相贯，本为一章之文，当据《左传》或《杂下》第十五补足之。"

景公问伐鲁晏子对以不若修政待其乱第三

题　解

　　齐景公要攻打鲁国，召晏子询问。晏子以对比手法指出鲁国国君是仁
义之君，深受百姓爱戴，国家也非常安定。而景公行为邪僻，齐国赋役繁
重，危乱尚存。他劝谏景公整顿内政、安国和民，等到鲁国内乱再攻打，
景公听从劝谏，体现了晏子的远见卓识，强调了君主应重德修政，得道义
和民心后才可对外攻伐。

【原　文】

景公举兵欲伐鲁，问于晏子。晏子对曰："不可。鲁公好义而民戴之，好义者安，见①戴者和，伯禽②之治存焉，故不可攻。攻义者不祥，危安者必困。且婴闻之，伐人者，德足以安其国，政足以和其民，国安民和，然后可以举兵而征暴。今君好酒而辟，德无以安国；厚③藉敛意使令，无以和民。德无以安之则危，政无以和之则乱。未免乎危乱之理④，而欲伐安和之国，不可，不若修政而待其君之乱也。民离其君⑤，上怨其下，然后伐之，则义厚而利多，义厚则敌寡，利多则民欢。"

公曰："善。"遂不果⑥伐鲁。

【译　文】

齐景公兴兵准备攻打鲁国，询问晏子。晏子回答道："不可。鲁国国君好施仁义而且深受民众爱戴，君主好施仁义国家就安定，受到拥戴各方关系就和睦，伯禽治国的原则在鲁国还保留着，所以不能攻打。攻击仁义之国者不吉祥，危害安定之国者必陷入困境。而且我听说，要征伐别国的人，他的德行要足以使本国安定，政治要足以使民众和顺，国家安定民众和顺，才可以发兵征讨暴乱之国。如今您喜好喝酒并且行为邪僻，德行不足以使国家安定；赋敛繁重而且号令急切，政治上不足以使君民和谐。德行不足以安定国家，国家会陷入危险，政治不足以和顺民众，国家会发生动乱。没有解决危险动乱的缘由，却想讨伐社会安定、民众和顺的国家，这是不可以的，不如修整政治，等待他们的君主乱政之时。民众与君主离心，君主抱怨臣民，这时再攻打它，道义深厚且获利更多，道义深厚则敌人少，利益多则民众欢悦。"

景公说："好。"于是未攻打鲁国。

注　释

❶见：表示被动。　❷伯禽：人名，姬姓，字伯禽，亦称"禽父"，周公旦的

长子，周成王封周公于鲁，伯禽代父就国，为鲁国始祖。 ❸ 厚：重。 ❹ 理：原理，缘由。 ❺ 民离其君：原作"其君离"，于文意不通，据《指海》本改。 ❻ 不果：未成事实，指未攻打鲁国。

景公伐氂胜之问所当赏晏子对以谋胜禄臣第四

题 解

齐景公攻打莱国获胜后，询问晏子赏赐之事。晏子提出要注重平衡君、臣、民之间的利益关系，根据取胜方式予以奖赏，以谋略取胜要增加臣属俸禄，以民力取胜要惠及百姓，这样才能各安其利。这反映了晏子重视百姓及臣子权益的政治智慧，倡导以合理的赏赐制度维护国家的和谐稳定。

【原 文】

景公伐氂，胜之，问晏子曰："吾欲赏于氂①，何如？"

对曰："臣闻之，以谋胜国者，益臣之禄；以民力胜国者，益民之利。故上有羡②获，下有加利，君上享其名，臣下利其实。故用智者不偷业③，用力者④不伤苦，此古之善伐者也。"

公曰："善。"于是破氂

【译 文】

齐景公出兵攻打莱国，获得胜利，问晏子道："我想奖赏那些在攻莱之战中的功臣，怎么样？"

晏子回答说："我听说，用臣子的谋略战胜敌国的，应该增加臣子的俸禄；依靠民众的力量战胜敌国的，应该增加民众的利益。所以在上的君主有盈余的收获，在下的臣民就有更多的利益，君主享有它所带来的美名，臣下得到实际的利益。因此用才智出谋划策的臣子不敢敷衍行事，出力的民众也会不辞劳苦，这才是古代善于攻伐的人啊。"

景公说："好。"于是参与攻伐莱国的

之臣、东邑之卒⑤，皆有加利。是上独擅⑥名，利下流⑦也。

臣子、东部城邑的兵卒，都得到了更多的利益。这算是君主独享美名，而臣民得到了实际利益。

注释

❶ 于鄵：意指在伐莱战争中的功臣。一说此处可能有脱文。鄵，古国名，在今山东龙口东南。孙星衍云："鄵，即莱也。服虔注《左传》：'齐东鄙邑。'杜预注：'莱国，今东莱黄县。'"　❷ 美：盈余，剩余。　❸ 用智者：意指运用才智出谋划策的臣子。偷：苟且，敷衍。　❹ 用力者：指出力的士兵百姓。　❺ 东邑之卒：齐国东部城邑的兵卒。　❻ 擅：占有。　❼ 下流：喻君上的恩泽下布，流向臣子和百姓。

景公问圣王其行若何晏子对以衰世而讽第五

题 解

　　齐景公忧虑诸侯不满、百姓离心，于是询问晏子古代圣王的行事方式。晏子对比"圣王"与"衰君"的不同，指出圣王因公正无邪、薄己厚民、不结党营私、不肆意攻伐而得诸侯尊崇、百姓爱戴，要改变齐国现状，就不能外傲内轻、行为邪僻、聚敛暴虐。景公听从劝告"轻罪省功"，取得良效。这反映了晏子以民为本、注重德行的治国理念，强调治国之道在于为人着想、反省自身。

【原文】

景公外傲诸侯，内轻百

【译文】

齐景公对外傲视诸侯，对内轻视百

姓，好勇力，崇乐以从嗜欲①，诸侯不说，百姓不亲。公患之，问于晏子曰："古之圣王，其行若何？"

晏子对曰："其行公正而无邪，故谗人不得入；不阿党②，不私色③，故群徒之卒④不得容；薄身厚民，故聚敛⑤之人不得行；不侵大国之地，不耗⑥小国之民，故诸侯皆欲其尊；不劫人以甲兵⑦，不威人以众强，故天下皆欲其强；德行教训加于诸侯，慈爱利泽加于百姓，故海内归之若流水。今衰世君人者，辟邪阿党，故谗谄群徒之卒繁；厚身养，薄视民，故聚敛之人行；侵大国之地，耗小国之民，故诸侯不欲其尊；劫人以兵甲，威人以众强，故天下不欲其强；灾害加于诸侯，劳苦施于百姓，故仇敌进伐，天下不救，贵戚离散，百姓不兴。"

公曰："然则何若？"

姓，喜好勇武强力之人，崇尚享乐而放纵嗜好欲望，诸侯对此很不高兴，百姓也不亲附他。景公为此很忧虑，问晏子说："古时候圣明的君王，他们的行为是怎么样的？"

晏子回答道："他们的行为公正且没有邪僻之举，所以善进谗言之人不能入朝为官；不结党营私，不偏爱女色，所以爱拉帮结伙之人没有容身之地；自身花费微薄而厚施恩惠于民众，所以好搜刮钱财的人就无处可行；不侵占大国的土地，不耗损小国的民力，所以诸侯都希望他们地位尊贵；不凭借军队抢夺别人的财物，不倚仗兵强马壮威胁别人，所以天下人都希望他们强大；用美德仁行教诲诸侯，给予百姓慈爱恩惠，所以四海之内的人像流水一样归附他。如今处于衰败之世的国君，行为邪僻结党营私，所以善进谗言阿谀奉承的人越来越多；自身给养丰厚，轻视薄待民众，所以贪婪敛财之人横行；侵占大国土地，减损小国民力，所以诸侯都不希望他们地位尊贵；凭借军队抢夺别人财物，倚仗人多势强威胁别人，所以天下人都不希望他们强大；把灾祸施加于诸侯，把劳苦施加于百姓，所以仇敌进攻讨伐时，天下的人都不来救援，王公亲族叛离逃散，百姓也不亲附。"

景公说："这样的话，应该怎么办？"

晏子回答道："请您用谦卑的言辞和

敠^⑧曰:"请卑辞重币^⑨,以说于诸侯;轻罪省功^⑩,以谢于百姓。其可乎?"

公曰:"诺。"于是卑辞重币,而诸侯附;轻罪省功,而百姓亲。故小国入朝,燕、鲁共贡。

墨子闻之曰:"晏子知道,道在为人,而失为己。为人者重,自为者轻。景公自为,而小国不与^⑪;为人,而诸侯为役。则道在为人,而行在反己^⑫矣。故晏子知道矣。"

厚重的礼物,来游说诸侯;减轻罪罚、减省劳役,以此向百姓谢罪。这可以办到吗?"

景公说:"好的。"于是用谦逊的言辞和厚重的财物对外,这样诸侯都来归附;减轻罪罚、减省劳役,这样百姓都来亲附。所以小国入齐朝拜,燕国、鲁国进献贡品。

墨子听到这件事后说:"晏子懂得治国之道,治国之道在于为别人谋利益,失道在于为自己着想。为别人着想的人会受到尊重,为自己着想的人会被轻视。景公为自己着想,因而小国不与齐国交好;为别人着想,诸侯都为他所役使。治国之道就在于能为他人着想,而行为在于能反躬自省。所以说晏子懂得治国之道。"

注 释

❶从嗜欲:放纵嗜好欲望。　❷阿(ē)党:结党营私。阿,偏袒。党,朋党。　❸不私色:不偏爱女色。私,偏爱。色,指女色。　❹群徒之卒:意指爱拉帮结伙之人。　❺聚敛:搜刮钱财。　❻耗(hào):通"耗",消耗,减损。　❼甲兵:武器装备、军队,此处代指武力。　❽敠:通"对",回答。　❾重币:重金,厚礼。币,泛指车马皮帛玉器等财物。　❿功:工程与劳动人力,代指徭役。　⓫而小国不与:原文为"而小国不为与在",多"为"字和"在"字,今据《指海》本改。　⓬反己:反躬自省。

景公问欲善齐国之政以干霸王晏子对以官未具第六

题 解

　　齐景公向晏子求教如何善治齐政并称霸诸侯，晏子直言"官未具"。晏子以对比手法，以孔子和齐桓公为例指明善政必须有完备贤良的人才指陈君主的过失，而景公身边虽朝臣众多却缺乏能指出其过失、弥补其不足的贤才。晏子强调君主应善用贤才以善国政，传达了其重视人才、善用贤才、自我完善以治国家的思想。

【原 文】

　　景公问晏子曰："吾欲善治齐国之政，以干①霸王之诸侯。"

　　晏子作色对曰："官未具也。臣数以闻，而君不肯听也。故臣闻仲尼居处惰倦②，廉隅不正③，则季次、原宪侍④；气郁而疾，志意不通，则仲由、卜商侍⑤；德不盛，行不厚，则颜回、骞、雍侍。今君之朝臣万人，兵车千乘，不善政之所失于下、霣坠⑥下民者众矣，未有能士敢以闻

【译 文】

　　齐景公请教晏子道："我想好好治理齐国的政务，以谋求称霸于诸侯。"

　　晏子正色回答说："官吏还不齐备。臣跟您说过几次，可是您不肯听。我听说孔子平日仪容举止慵懒疲倦，行为略有不当的时候，就有季次、子思陪侍规劝他；他心气郁闷而生病，心情不舒畅时，就有子路、子夏陪侍规劝他；他品德还不够崇高，行为还不够淳厚时，就有颜回、闵子骞、冉雍陪侍规劝他。如今您朝中臣子有万人之多，兵车有上千辆，可是因不良的政治措施而给臣民造成的损失太多了，却没有贤能之士敢于让您听到这些事。"因此我说："齐国官员还不齐备"。

者。臣故曰："官未具也。"

公曰："寡人今欲从夫子而善齐国之政，可乎？"

对曰："婴闻国有具官，然后其政可善。"

公作色不说，曰："齐国虽小，则何⑦谓官不具？"

对曰："此非臣之所复也。昔吾先君桓公身体惰懈，辞令不给⑧，则隰朋昵侍⑨；左右多过，狱谳不中⑩，则弦宁⑪昵侍；田野不修⑫，民氓不安，则宁戚昵侍；军吏怠，戎士⑬偷，则王子成甫昵侍；居处佚怠，左右慑畏，繁乎乐，省乎治，则东郭牙昵侍；德义不中，信行衰微，则管子昵侍。先君能以人之长续其短，以人之厚补其薄，是以辞令穷远⑭而不逆，兵加于有罪而不顿⑮，是故诸侯朝其德，而天子致其胙⑯。今君之过失多矣，未有一士以闻也。故曰官不具。"

公曰："善。"

景公道："我现在想听从夫子您的意见改善齐国的内政，可以吗？"

晏子回答道："我听说国家要有齐备的官吏，它的政治才可能好起来。"

景公变了脸色很不高兴，说："齐国虽小，但怎么可以说官吏还没有配备好呢？"

晏子回答说："这不是我所要禀告的本意。从前我们的先君桓公身体慵懒懈怠，应对言辞不敏捷，就有隰朋亲近辅佐他；左右近臣多有过错，审案定罪不公正，就有弦宁亲近辅佐他；田野荒芜开垦不良，民众生活不安定，就有宁戚亲近辅佐他；军官懈怠，士兵散漫，就有王子成甫亲近辅佐他；平日的仪容举止安逸懈怠，左右近臣害怕畏惧，花样繁多地享乐，简单马虎地治国，就有东郭牙亲近辅佐他；品德道义不正当，信誉德行衰微缺损，就有管仲亲近辅佐他。先君能以他人的长处来弥补自己的短处，能以他人的优点来弥补自己的缺点，因此他的言辞政令能传到很远的地方而没人反对，他的军队去征伐有罪的国家而不会受挫，所以诸侯因为崇敬他的德行而前来朝拜，天子也赐给他祭肉。如今您的过失已经很多了，却没有一个士人敢于让您听到这些。所以说官吏不齐备。"

景公说："您说得对。"

注 释

❶干：追求，求取。　❷仲尼：即孔子，字仲尼。居处：平日的仪容举止。
❸廉隅不正：意指行为略有不当。廉隅，喻指端方不苟的品行。　❹季次：人
名，即公皙哀，字季次。他与下文的原宪（字子思）、仲由（字子路）、卜商
（字子夏）、颜回（即颜渊，名回，字子渊）、骞（闵子骞，名损）、雍（冉雍，
字仲弓），均为孔子弟子。侍：侍坐并辅佐进言。　❺则仲由、卜商侍：这段记
载与史实有出入。据《史记·仲尼弟子列传》，卜商比孔子小四十四岁，晏子卒
时，孔子五十二岁，卜商才八岁，故此语不应出自晏子之口。　❻殒（yǔn）
坠：坠落，喻指丧失。　❼何：哪里，怎么。　❽辞令：应酬、对答的言辞。
给（jǐ）：敏捷。　❾隰（xí）朋：人名，与下文的弦宁、宁戚、王子成甫、东
郭牙、管子等均为齐桓公臣。昵：亲近。　❿狱谳（yàn）不中：判决狱讼不公
正。　⓫弦宁：原文作"弦章"，今据《指海》本改。　⓬不修：不整饬，意
指田野荒芜、耕种不良。　⓭戎士：士兵。　⓮穷远：边远。　⓯顿：困顿，
受挫。　⓰胙（zuò）：古时祭祀用的肉。《左传·僖公九年》载"王使宰孔赐
齐侯胙"，以示对齐侯的重视。

景公问欲如桓公用管仲以成霸业晏子对以不能第七

题 解

　　齐桓公得管仲辅佐而成就武功文德，齐景公便想让晏子像管仲辅佐桓
公一样辅佐自己彰显功绩、再造霸业。晏子以对比手法指出：因齐桓公是
贤明之君且任贤使能、轻徭薄赋，当时君臣和谐、政治清明，故管仲能助
其称霸；景公无桓公贤明还疏远贤人、向百姓征收重税，此时君臣交恶、
百姓抱怨，所以霸业难成，甚至"国之危失"。本章展现出晏子作为一位有
远见卓识、敢于直谏的贤相，对国家治理有着深刻的认知与洞察。

【原 文】

景公问晏子曰："昔吾先君桓公，有管仲夷吾保乂[1]齐国，能遂武功而立文德[2]，纠合兄弟[3]，抚存翌州[4]，吴、越受令，荆楚惛忧[5]，莫不宾服[6]，勤[7]于周室，天子加德[8]。先君昭功，管子之力也。今寡人亦欲存[9]齐国之政于夫子，夫子以佐佑[10]寡人，彰先君之功烈，而继管子之业。"

晏子对曰："昔吾先君桓公，能任用贤，国有什伍[11]，治遍细民；贵不凌贱，富不傲贫，功不遗罢[12]，佞不吐愚[13]；举事不私，听狱[14]不阿；内妾无羡食，外臣无羡禄，鳏寡无饥色；不以饮食之辟害民之财，不以宫室之侈劳人之力；节取于民，而普施之；府无藏，仓无粟；上无骄行，下无谄德。是以管子能以齐国免于难，而以吾先君参乎天子[15]。今君欲彰先君

【译 文】

齐景公问晏子说："当年我们的先君桓公，有管仲辅佐来治理齐国，能通过武力建立功业而又能用文治来建立德政，联合诸侯，保有了中原之地，吴国、越国均俯首听命，楚国忧虑畏惧，诸侯无不服从归顺，共同效命于周王室，所以周天子嘉奖先君。先君能有如此昭著显赫的功德，都是管子的功劳。现在我也想将齐国的政事托付给先生，请先生辅佐护佑我，显扬先君的伟大功绩，从而继承管子的治国大业。"

晏子回答道："当年我们的先君桓公，能够信任重用贤能之人，国家有完备的户籍管理制度，治理规范遍及民众；尊贵的不欺凌卑贱的，富有的不傲视贫穷的，有功的不斥责无功的，有才能的不唾弃愚笨的；办事不徇私，断案不偏袒；宫里的姬妾没有过剩的食物，宫外的臣子没有过多的俸禄，鳏夫寡妇没有饥饿的面色；先君不因自己的饮食喜好而耗费民众的财力，不因为宫室的奢侈使民众劳累；有节制地向民众收取赋税，又普遍地施予恩惠；府库中没有积存的财物，粮仓里没有积存的粮食；君主没有骄横的行为，臣下没有谄媚的德性。所以管子能使齐国免于危难，而使我们的先君位同天子。现在您想显扬先君的伟大功业，继承管子的事业，那

之功烈，而继管子之业，则无以多辟伤百姓，无以嗜欲玩好怨诸侯，臣孰敢不承善尽力，以顺君意？今君疏远贤人，而任谗谀；使民若不胜，藉敛若不得；厚取于民而薄其施，多求于诸侯而轻其礼；府藏朽蠹而礼悖于诸侯⑯，菽⑰粟藏深而怨积于百姓；君臣交恶，而政刑无常。臣恐国之危失，而公不得享也，又恶能彰先君之功烈而继管子之业乎？"

就不要用过多的不良政策伤害百姓，不要因为满足私欲而结怨于诸侯，臣子谁敢不接受您的善意去尽心尽力，以顺应君主的意愿呢？如今您疏远贤人，任用谗言阿谀的小人；役使民众好像总不停歇，征收赋税好像饥不择食；向民众收取繁重的赋税却给予他们很微薄的恩惠，向诸侯索求很多却轻视了礼节；府库中的藏品腐朽生虫对诸侯却违背了常礼，各种粮食藏得很深却导致百姓心存怨恨；君臣之间相互怀恨，而政令刑律变化无常。我担心国家有沦丧的危险，而您不能再享有国祚了，又怎么能显扬先君的伟大功业且继承管子的事业呢？"

注　释

❶保乂（yì）：治理使之安定太平。保，保护，扶持。乂，治理，安定。❷遂：成就。武功：指凭借武力征伐建立功业。立：树立。文德：指用礼义教化建立德政。❸纠合：联合。兄弟：指同盟的诸侯国。❹抚存：保全，安抚。翼州：王念孙《读书杂志》云："'翼'当为'冀'。"翼州即冀州，这里指中原一带地区。❺荆楚：楚国。惛（hūn）：糊涂，心情慌乱。❻宾服：指各国诸侯按时朝见进贡，表示服从。❼勤：尽力。❽加德：嘉奖，表彰。❾存：存放，托付。❿佐佑：辅助护佑。⓫什（shí）伍：古代军队和户籍的编制。军队以五人为"伍"，十人为"什"；户籍以五家为"伍"，十家为"什"，相联相保。⓬遗：于鬯《香草续校书》言："'遗'盖'遣'字形近之误。'遣'者，'谴'之假字。"按，此处之"遗"即斥责、责备之义。罢（pí）：软弱不能，代指无功者。⓭佞（nìng）：聪明，有才能者。吐：依俞樾言，"吐"当为"咄"，即呵叱、唾弃之义。⓮听狱：审理官司诉讼。⓯参

乎天子：与天子地位等同，诸侯尊之为霸主。　**⑯** 蠹（dù）：蛀蚀。悖：混乱，相冲突。　**⑰** 菽（shū）：豆的总称，"菽粟"在此处泛指各种粮食。

景公问莒鲁孰先亡晏子对以鲁后莒先第八

题 解

　　作为君主，齐景公在思考和忧虑国家的未来及邻国的命运，并向晏子请教。晏子以小见大、由现象推及本质，从莒、鲁两国人民和士人的性格、行为等细微处入手，清晰地分析、推断其命运，认为莒国先亡，鲁国有灭国之危。从田氏对民众和士人的施利，分析其最后掌有齐国的可能性很大。晏子对国家兴衰和政权交替的分析判断，展现了其敏锐的洞察力和独特的政治见解，体现出他作为贤相的远见卓识。

【原 文】

　　景公问晏子："莒与鲁孰先亡？"

　　对曰："以臣观之也，莒之细人，变而不化①，贪而好假，高勇而贱仁；士武以疾忿，急以速竭。是以上不能养其下，下不能事其上，上下不能相收，则政之大体失矣。故以臣之观也，莒其先亡。"

　　公曰："鲁何如？"

【译 文】

　　齐景公问晏子："莒国和鲁国哪个先灭亡？"

　　晏子回答说："根据臣的观察，莒国的普通民众，行为善变而难以教化，贪心而好虚假，崇尚勇力而轻视仁义；士人则崇尚武力而易暴怒，性情急躁而不能持久。因此君上不能教化臣民，臣民不能忠心事奉君主，上下不能相互配合，那国家的根本就丧失了。所以据我看来，莒国先灭亡。"

　　景公问："鲁国怎么样呢？"

　　晏子回答说："鲁国的君臣，仍然

对曰："鲁之君臣，犹好为义；下之妥妥②也，奄然寡闻③。是以上能养其下，下能事其上，上下相收，政之大体存矣。故鲁犹可长守，然其亦有一焉。彼邹、滕④，雉奔而出其地⑤，犹称公侯⑥，大之事小、弱之事强久矣。彼晋者，周之树国也。鲁近齐而亲晋⑦，以变小国，而不服于邻，以远望晋，灭国之道也。齐其有鲁与莒乎？"

公曰："鲁与莒之事，寡人既得闻之矣。寡人之德亦薄，然后世孰践⑧有齐国者？"

对曰："田无宇⑨之后为几。"公曰："何故也？"

对曰："公量⑩小，私量⑪大，以施于民；其与士交也，用财无筐篋之藏。国人负携其子而归之，若水之流下也。夫先与人利，而后辞其难，不亦寡乎？若苟勿辞也，从而抚之，不亦几乎！"

爱施行仁义；臣民安居乐业，不管闲事。所以鲁国君上能够教化他的臣民，臣民也能够忠心事奉他们的君主，上下能相互接纳，国家大政体统基本上还存在啊。所以鲁国还可以长久地保持住，但也有一些问题。那邹国、滕国，小得连野鸡都能跑出国境，但还能照样称公称侯，是因为它长期善于以大善待小、以弱服事强。那晋国，原是周王朝建立的国家。鲁国和齐国近邻却和晋国交好，把自己变成一个依附他国的小国家，不顺服邻国，而寄希望于远处的晋国，这是使国家灭亡的做法。齐国大概会并有鲁国和莒国吧？"

景公说："鲁国和莒国的事情，我现在已经听说了。我的德行也微薄，那么后代谁会践位享有齐国呢？"

晏子回答说："田无宇的后代是有可能的。"景公问："为什么呢？"

晏子说："王室的量器小，他家的量器大，用这种办法施恩于民众；田氏与士子交好，使用钱财慷慨到没有筐篋的储藏。民众背儿携女归附他，就像河水向下流淌一样。先给民众恩惠，而后当他有难时却推辞不帮的人，不就很少了吗？如果民众不推辞，接着再加以抚慰，不也就接近享有齐国了吗？"

注 释

❶ 变：意指性情行为多变。不化：指顽冥愚钝，难以教化。　❷ 妥妥：安定之貌。　❸ 奄然寡闻：少有听闻，不受到外界影响。意谓安分守己，不管闲事。奄，通"暗"，不明。　❹ 邹、滕：春秋时小国名。邹在今山东邹城一带，滕在今山东滕州西南。　❺ 雉奔而出其地：野鸡奔跑着就能越出国境，形容邹、滕国土狭小。雉，野鸡。　❻ 犹称公侯：也被称为"公""侯"，意谓国虽小，但和那些大国一样，其国君也称"公""侯"。　❼ 彼晋者，周之树国也。鲁近齐而亲晋：原文为"彼周者，殷之树国也。鲁近亲而亲殷"。孙星衍认为："疑'亲殷'当为'亲晋'，上亦当为'晋者，周之树国也'，是时鲁君屡如晋。"苏舆云："孙云殷当为晋，是也。此缘上'殷'字误耳。下文'鲁'亦'晋'误（俞已详说）。言鲁近于齐而不知亲，而反与晋为亲，下云'以远望鲁'，'远'字与此'近'字正相对，所谓邻者，即指齐也。"春秋中叶以后，鲁多依靠晋国的保护来对付齐国。现根据史实，取孙说和苏说，并将下文"以远望鲁"改为"以远望晋"。　❽ 践：帝王即位。　❾ 田无宇：人名，又叫"田桓子"，齐国大夫。其后代"田氏代齐"，最终夺取齐国君主之位。　❿ 公量：指齐国官方采用的量器，即以四升为豆，四豆为区，四区为釜，十釜为钟。　⓫ 私量：指田氏私家使用的量器，"田氏代齐"后，田氏私量成为齐国的标准量器，并为秦、魏等国所采用。

景公问治国何患晏子对以社鼠猛狗第九

题 解

齐景公询问晏子"治国何患"。晏子则以生动的比喻直指治国所患是君主的亲信，即君主身边的奸佞之臣（社鼠）和专权的权臣（猛狗）。因有君主庇护，他们对内蒙蔽善恶，对外卖权敛重，阻碍有道之士亲近君主，君主被蒙蔽而国家有祸患。晏子以寓言故事阐述治国治政之道，警示君主应该警惕身边亲信，避免国家陷入危机。

【原文】

景公问于晏子曰："治国何患？"

晏子对曰："患夫社鼠。"

公曰："何谓也？"

对曰："夫社，束木而涂①之，鼠因往托焉。熏之则恐烧其木，灌之则恐败其涂，此鼠所以不可得杀者，以社故也。夫国亦有焉，人主左右是也。内则蔽善恶于君上，外则卖权重②于百姓。不诛之，则乱；诛之，则为人主所案据③，腹④而有之。此亦国之社鼠也。人有酤酒者，为器甚洁清，置表⑤甚长，而酒酸不售，问之里人其故，里人云：'公狗之猛，人挈器而入，且酤公酒，狗迎而噬之，此酒所以酸而不售也。'夫国亦有猛狗，用事者是也。有道术⑥之士，欲干万乘之主⑦，而用事者迎而龁之⑧，此亦国之猛狗也。左右为社鼠，用事者为猛狗，

【译文】

齐景向晏子询问说："治理国家，最担心什么东西？"

晏子回答说："最怕社庙里的老鼠。"

景公说："这是什么意思啊？"

晏子回答："那社庙，是捆扎起很多竖起的木头再涂抹厚厚的泥巴做成的，所以老鼠就能在那里掘洞做窝来托身。（当人类想驱赶它的时候，）如果用烟火熏则担心烧了社庙的木头，用水灌则担心毁坏了涂抹的泥巴，这就是老鼠不能捉住并杀掉的原因，这完全是因为社庙啊。国家也有社鼠，君主的左右亲信就是。他们在朝廷内不论好事坏事都隐瞒君主，在朝廷外面就对百姓卖弄权力。不诛杀他们，国家就会混乱；诛杀他们，君主却出面包庇，袒护他们。这也是国家的社鼠啊。有个卖酒的人，装酒的器具很干净，酒幌也很长，可是酒酸了都卖不出去，他问邻里是什么原因，邻里说：'您的狗太凶了，人家提着酒器进来，想要买您的酒，可是狗迎面扑上来咬他，这就是酒之所以变酸而卖不出去的原因。'国家也有很凶的狗，君主身边弄权的佞臣就是啊。有治国之能的人，想造访拥有万辆兵车的大国国君并获任用，而这些佞臣迎面咬他们，这就是国家的凶狗啊。国君的左右近臣是社鼠，

主安得无壅^⑨，国安得无患
乎？" | 弄权的佞臣是凶狗，君主哪能不被蒙蔽，
国家哪能没有忧患呢？"

注 释

❶涂：用泥巴涂抹。　❷权重：大权。　❸案据：庇护，包庇。　❹腹：
将他们看作自己的心腹，内心偏爱他们。　❺表：标识，此指卖酒的招牌、酒
幌。　❻道术：治国之道，治世之术。　❼干：追求职位俸禄，进言献策以求
重用。万乘之主：意指大国之君。　❽用事者：当权管事的人，此处指当权的
佞臣。龁（hé）：咬。　❾壅（yōng）：堵塞，蒙蔽。

景公问欲令祝史求福晏子对以当辞罪而无求第十

题 解

　　齐景公身体衰弱，询问晏子能否通过祭祀致福。晏子则直言古时先君
"政必合乎民，行必顺乎神"且祭祀时多请罪、不索求，而景公政治违背民
心、行为悖逆神灵。景公从谏省过、革心易行，以致邻国敬畏、百姓亲近。
晏子以景公祭祀求福一事，以小见大深入探讨了国家治理中政治与民心、
"神灵"的关系，突出了晏子力倡顺应民心、敬畏神灵的政治理念。

【原 文】

　　景公问于晏子曰："寡人
意气衰，身病甚。今吾欲具珪
璋牺牲^①，令祝宗荐^②之乎上帝

【译 文】

　　齐景公询问晏子说："我的精神和
元气衰弱，身体的疾病也很严重。现在
我想供设美玉礼器和猪牛羊等祭品，让
祝官宗官把这些敬献给上帝和祖宗神

宗庙，意者③礼可以干福乎？"

晏子对曰："婴闻之，古者先君之干福也，政必合乎民，行必顺乎神。节④宫室，不敢大斩伐，以无逼⑤山林；节饮食，无多畋渔⑥，以无逼川泽；祝宗用事⑦，辞罪而不敢有所求也。是以神民俱顺，而山川纳禄⑧。今君政反乎民，而行悖乎神。大宫室，多斩伐，以逼山林；羡饮食，多畋渔，以逼川泽。是以民神俱怨，而山川收禄。司过⑨荐罪，而祝宗祈福，意者逆乎！"

公曰："寡人非夫子无所闻此，请革心易行。"于是废公阜之游，止海食之献；斩伐者以时，畋渔者有数；居处饮食，节之勿羡；祝宗用事，辞罪而不敢有所求也。故邻国忌之，百姓亲之，晏子没而后衰。

灵，我想通过祭祀礼物可以求福吧？"

晏子回答说："我听说，古代的先君求福，政事必须合乎民心，行为必须顺从神灵的旨意。所以宫室的修建有节制，不敢大肆砍伐，以不迫占山林发展生长；饮食上也多有节制，不敢过多地打猎捕鱼，以不侵迫河流湖泽的繁育；祝官宗官祭祀祈祷时，只是向神灵告罪而不敢有所要求。所以神灵与民众都能顺从君主的意愿，而山川也能致福。如今您的政治违背了民心，行为背逆了神的意志。大建宫室，过多砍伐，侵害了山林；饮食奢侈，过多渔猎，侵害了山川湖泽。所以百姓与神灵都抱怨，山川收回了福禄。司过之官举出罪责，祝官宗官祈祷求福，与神灵之意相违呀！"

景公说："如果不是先生教诲，我就不能听到这些道理，请让我改正错误思想和行为。"于是放弃了出游公阜的计划，停止进献海鲜；按照时令砍伐树木，打猎捕鱼有一定数量；居室饮食，都节俭不贪华美；祝官宗官祭祀的时候，只向神灵告罪而不敢有所祈求。因此，邻国畏惧齐国，百姓亲近齐国国君，直到晏子死后，齐国才日渐衰败。

注 释

❶牺牲：祭祀所用的牲畜。　❷荐：进献，祭献。　❸意者：料想。　❹节：节制，节约。　❺逼：胁迫，侵害。　❻渔：捕鱼。　❼用事：办理、主持事

务，这里指进行祭祀祈祷活动。　❽ 纳：收纳，纳入。禄：福。　❾ 司过：古代官名，掌纠察群臣过失的官吏。

景公问古之盛君其行如何晏子对以问道者更正第十一

题 解

　　齐景公询问晏子古代圣明的君主如何行事。晏子阐述以薄己厚民、约身广世、明政施教、赏罚公正的盛君之行，并对比盛君之行直截了当地指出景公税重、市乱等问题。景公从谏而行，学习盛君改正错误，上下推行，百姓相亲。晏子以小见大探讨盛君之行与国家兴衰，凸显了晏子的政治主张、劝谏意图及治国理念。

【原 文】

　　景公问晏子曰："古之盛君，其行何如？"

　　晏子对曰："薄①于身而厚于民，约于身而广于世②。其处上也，足以明政行教，不以威天下；其取财也，权③有无，均贫富，不以养嗜欲。诛不避贵，赏不遗贱；不淫于乐，不遁于哀④。尽智导民而不伐⑤焉，劳力岁事而不责焉。为政尚相利，

【译 文】

　　景公问晏子说："古时候有大德的君主，他们的道德行为是怎么样的？"

　　晏子回答说："自身节俭而厚待民众，对自身严格约束而对世人宽容。他们身居上位，能充分实行贤明的政治并推行教化，不用威力制服天下；他们征收财物，权衡有无，均等贫富，不借此滋长自己的贪欲。诛罚犯罪之人时从不回避权贵，奖赏时不遗弃贫贱的民众；不过分地欢乐，不沉溺于悲哀。竭尽才智来引导民众而不自夸，辛苦劳累为民办事而无所求。治理国家政事崇尚相互有利，所以下面的人们不互相损害；施

故下不以相害；行教尚相爱，故民不以相恶为名。刑罚中⑥于法，废罪顺于民。是以贤者处上而不华⑦，不肖⑧者处下而不怨。四海之内，社稷之中，粒食⑨之民，一意同欲，若夫私家之政，生有厚利，死有遗教⑩。此盛君之行也。"公不图。

晏子曰："臣闻问道者更正，闻道者更容。今君税敛重，故民心离；市买悖，故商旅绝；玩好充，故家货殚。积邪在于上，蓄怨藏于民，嗜欲备于侧，毁非满于国，而公不图。"

公曰："善。"于是令玩好不御⑪，公市不豫⑫，宫室不饰，业土⑬不成，止役轻税。上下行之，而百姓相亲。

行教化崇尚相互爱护，所以民众之间不以互相厌恶相标榜。制定的刑罚合乎法度，废除的刑罚顺应民心。所以贤德的人身居上位但不自我夸耀，没有才德的人身居下位也毫无怨言。四海之内，举国之中，以谷物为食的民众，同心一致，对待国事就像对待家事一样，他们生的时候有厚利，死后还有遗教垂于后世。这就是有大德的君主的德行。"景公没有当回事。

晏子说："我听说询问道理是想要改正自己，听到道理后脸色表情会有所变化。如今您收纳赋税繁重，所以民心相离；买卖混乱，所以商人绝迹；爱好的玩物充足了，所以民众家中的财物就被用尽了。邪僻之气积存于上，民众那里蕴藏着怨恨之气，满足您嗜好贪欲的东西备齐在您的身边，各种诋毁不满充斥于全国，可是您不听取。"

景公说："说得好。"于是下令不再使用一切玩乐的物品，市场上买卖不准欺诈，宫室不再修饰，已经动工的工程不再继续，停止劳役，减轻赋税。国君和臣民一起执行，百姓之间也互相亲近。

注释

❶薄：指财物供养方面节俭。　❷约：约束。广：心胸宽广，对人宽容。
❸权：权衡。　❹遁于哀：哀伤过久。遁，通"巡"，徘徊，此处指走不出，沉

溺于。　❺ 伐：此处用为自我夸耀之意。　❻ 中（zhòng）：符合。　❼ 华：通"哗"，喧哗。这里意为大肆张扬炫耀。　❽ 不肖：不贤，品行不好。　❾ 粒食：以谷物为食。　❿ 生有厚利，死有遗教：原文为"生有遗教"，脱"厚利死有"四字，今据上下文意及《指海》本补。遗教：遗留下良好的教化。　⓫ 御：使用。　⓬ 公市：市场交易。豫：欺诈。　⓭ 业土：已经动工的工程。

景公问谋必得事必成何术晏子对以度义因民第十二

题解

齐景公请教晏子谋划必得、做事必成之术。晏子提出"谋度于义者必得，事因于民者必成"的治国理念，强调谋划要符合道义、做事要顺应民心，并通过三代兴衰对比，阐释遵循"度义因民"原则的重要性，体现了晏子以民为本、重视道义的治国思想。晏子还指出景公不贤明也不昏庸，虽有危险但尚可保身。

【原 文】

景公问晏子曰："谋必得，事必成，有术①乎？"晏子对曰："有。"

公曰："其术如何？"

晏子曰："谋度于义者必得，事因②于民者必成。"

公曰："奚③谓也？"

对曰："其谋也，左右无所系，上下无所縻④；其

【译 文】

齐景公问晏子说："谋划一定能实现，做事一定能成功，有这样的方法吗？"晏子回答说："有。"

景公问："这方法是什么？"

晏子说："谋划时将道义考虑在内就一定能实现，做事顺乎民心的就一定能成功。"

景公问："这指的是什么？"

晏子回答说："谋划的时候，不受左右亲信的束缚，不受上下级的牵绊；名

声⑤不悖，其实⑥不逆；谋于上不违天，谋于下不违民。以此谋者必得矣。事大则利厚，事小则利薄。称⑦事之大小，权利之轻重，国有义劳，民有加⑧利。以此举事者必成矣。夫逃人而谋⑨，虽成不安；傲民举事，虽成不荣。故臣闻：义，谋之法也⑩；民，事之本也。故反⑪义而谋，信民而动，未闻不存者也。昔三代之兴也，谋必度其义，事必因于民；及其衰也，建谋不及义⑫，兴事伤民。故度义因民，谋事之术也。"

公曰："寡人不敏，闻善不行，其危如何？"

对曰："上君⑬全善，其次出入⑭焉，其次结邪⑮而羞问。全善之君，能制出入之君；时问虽日⑯危，尚可以没身；羞问之君，不能保其身。今君虽危，尚可没其身⑰也。"

声不违背实际，实际也不违背名声；对上谋划时不违反天理，对下谋划时不违反民心。根据这些原则去谋划，就一定能够实现。谋划的事情大获利就大，谋划的事情小获利就小。根据事情的大小，权衡利益的轻重，国家以合乎德义的原则去运作，民众就能获得加倍的利益。以这种原则行事的就一定能成功。背离道义去谋划，即使成功了也不会平安无恙；漠视民意去做事，即使成功也不会昌盛兴旺。所以臣听说：道义，是谋划的法则；民众，是做事的根本。因此兼顾道义而谋划，讲求民意而行动的国家，没有听说不存在的。从前，夏、商、周三代之所以兴盛，是因为谋划必定将道义考虑在内，做事必定顺应民心；等它们衰败时，谋划时不再顾及道义，行事时伤害了民众。所以说，将道义考虑在内和顺应民心，才是谋划与做事的方法啊。"

景公说："我不够敏锐，听到好的意见却不能实行，这样有什么危险呢？"

晏子回答说："最好的君主能尽善尽美，次等的君主稍有偏差，再次一等的君主则行为邪僻而羞于请教。尽善尽美的君主能制服时有偏差的君主；能时常向别人问询的君主，虽然有偶然的危险，但尚能保全自身一直到死；羞于请教的君主，就不能保全一生了。如今您虽然危险，但还可以保全自身。"

注 释

❶ 术：方法。　❷ 因：依据，顺着。　❸ 奚：何。　❹ 縻 (mí)：与上句的"系"同义，牵绊，束缚。　❺ 声：名声，名义。　❻ 实：实际。　❼ 称：称量，权衡。　❽ 加：原作"如"，据《指海》本改。　❾ 逃：避开。谟：谋划。　❿ 也：原作"以"，据《指海》本改。　⓫ 反：原作"及"，据《指海》本改。一说同"返"，意为坚持，讲求。　⓬ 建谋不及义：意思是谋划时不顾及道义。及，顾及。　⓭ 上君：德行最好的君王。　⓮ 出入：进出，意指有时善有时不善。　⓯ 结邪：谓习于邪僻。　⓰ 日：一天天。一说作"曰"。　⓱ 没 (mò) 其身：指保全自身一直到死。

景公问善为国家者何如晏子对以举贤官能第十三

题 解

　　齐景公向晏子请教如何才能治理好国家。晏子指出要举贤和任能，认为治理国家的关键在于选拔贤能并据才授官，这样百姓才会亲附。他还详述求贤之法，并用对比手法突出不同层次士人的差异及选拔人才时可依据的标准，明晰地传达了晏子重视贤才、合理选拔人才以治国的重要思想。

【原 文】

　　景公问晏子曰："茌国①治民，善为国家者，何如？"

　　晏子对曰："举贤以临国，官能以救民②，则其道也。举贤官能，则民与③若矣。"

【译 文】

　　齐景公问晏子说："统治国家管理民众，善于治理国家的人，是怎么做的？"

　　晏子回答说："举荐贤明的人来治国，授官给有才能的人来治理民众，这就是治国的方法。举荐贤人授官职于能人，民众就会亲附君主了。"

公曰："虽有贤能，吾庸④知乎？"

晏子对曰："贤而隐⑤，庸为贤乎？吾君亦不务乎是⑥，故不知也。"

公曰："请问求贤。"

对曰："观之以其游⑦，说⑧之以其行。君无以靡曼⑨辩辞定其行，无以毁誉非议定其身⑩，如此，则不为行以扬声⑪，不掩欲以荣君⑫。故通⑬则视其所举，穷⑭则视其所不为，富则视其所不取。夫上士，难进而易退⑮也；其次，易进易退也；其下，易进难退也。以此数物⑯者取人，其可乎！"

景公说："即使有贤人和能人，我怎么知道呢？"

晏子回答说："贤人如果不被发现，怎么算是贤人呢？您也不致力于发现贤能之人，所以不知道啊。"

景公又道："请您说说如何求贤。"

晏子回答说："通过他所交往的人去观察他，通过他的行为评价他。不要凭他华丽的言辞与辩词去判定他的行为，也不要凭别人诋毁或赞美他的言论去判定他的为人，这样做，人们就不会伪装自己的行为来宣扬声誉，不会掩盖自己的私欲来迷惑君主。所以当他得志时就看他所荐举的是什么样的人，当他不得志时就看他不做什么，当他富裕时就看他把财物分给什么样的人。上等的士人，不肯轻易出来做官，却容易辞去官职；次一等的，轻易出仕也轻易退隐；下等的，轻易出仕却不肯轻易退隐。以这几种情况选拔人才，大概就可以吧！"

注 释

❶莅国：统治国家。　❷官能：使有能力的人做官，即任用能人。敕：意同今天的"饬"，整治，治理。　❸与：亲近，亲附。　❹庸：岂，怎么。　❺隐：隐藏，意指不被发现。　❻务：致力，从事。是：这方面，意指发现贤能之人。　❼游：交际，交往。　❽说：评说，评价。　❾靡曼：华丽。　❿身：品德、才力、行为等。　⓫为：通"伪"，矫饰，伪装。扬声：宣扬自己的声誉。　⓬荣君：迷惑君主。荣，通"荧"，惑乱。　⓭通：通达，得志。　⓮穷：困窘，不得志。　⓯难进而易退：不肯轻易出来做官，却容易辞去官职。难，困难。进，

出来做官。退，辞去官职。 ⑯ 物：事。此处指上文所说的"通""穷""富"等情况。

景公问君臣身尊而荣难乎晏子对以易第十四

题解

齐景公向晏子询问君臣应该如何行事。晏子阐明了为君为臣之道及君主陷入危险和臣子被废黜的因素，认为为君易在"节养""顾民"，为臣易在"忠信""无逾职"。同时晏子讲了君主和臣子为避免陷入危险而应该有的做法，传达了君主要以民为本、臣子要忠诚尽职、君臣都应遵循正道的思想，对于治理国家具有重要指导意义。

【原 文】

景公问晏子曰："为君身尊民安，为臣事治身荣①，难乎，易乎？"

晏子对曰："易。"

公曰："何若？"

对曰："为君，节养②，其余以顾民，则君尊而民安；为臣，忠信而无逾职业，则事治而身荣。"

公又问："为君何行则危？为臣何行则废③？"

【译 文】

齐景公问晏子说："当君主的自身尊贵而民众安宁，做臣子的政事处理得好，自身也光荣，这难以办到还是容易办到呢？"

晏子回答说："容易办到。"

景公说："应该怎样做？"

晏子回答说："做君主的，自奉节俭，其余的用以照顾民众，那君主就受到尊敬，民众也会安定；做臣子的，坚守忠信且不越权行事，这样就能把事情办好且自身也能获得荣耀。"

景公又问道："做君主的什么行为是危险的？做臣子做什么会被废黜？"

晏子对曰："为君，厚藉敛而托④之为民，进谗谀而托之用贤，远公正而托之不顺。君行此三者则危。为臣，比周以求进⑤；逾职业，防下隐利而求多⑥；从君，不陈过而求亲⑦。人臣行此三者则废。故明君不以邪观民，守则而不亏，立法仪而不犯，苟有所求于民，而不以身害之，是故刑政安于下，民心固于上。故察士⑧不比周而进，不为苟⑨而求，言无阴阳⑩，行无内外⑪，顺⑫则进，否则退，不与上行邪，是以进不失廉，退不失行也。"

晏子回答说："做君主的，繁重地征收赋税却借口是为了民众，任用谗谀之人却借口是任用贤人，疏远公正之人却借口说他们不顺从自己。如果君主有这三种行为会陷入危险。做臣子的，结党营私以求晋升；超越职权，提防下属，谋取私利而贪得无厌；跟随君主，不指陈过错而只求亲近。如果臣子有这三种行为会被废黜。所以贤明的君主不会将自己的邪恶之行显露给民众，严守法则而不损害它，树立法规而不触犯它，如果对民众有所求，也不会因自身的需要而伤害民众，因此刑法政令使天下民众安定，民心也稳固地依附于君主。所以明察事理的士人不结党营私以求晋升，不为苟且之事来求取利益，说话不阳奉阴违，行为没有表里不一，顺应道义就进身为官，否则就辞官退隐，不和君主一起做邪僻之事，因此可以做到出仕不丧失廉洁，隐退不失品行。"

注 释

❶事治：事情办得好。身荣：身份光荣。　❷节养：自奉节俭。　❸废：废黜，罢官。　❹托：借口，推委。　❺比周：结党营私。进：进阶，晋升。　❻防：提防，防备。下：在下位的人，下属。利：利益。　❼陈过：指陈过错。亲：亲近。　❽察士：明察事理的士人。察，明察，详审。　❾苟：苟且，贪求。　❿阴阳：阳奉阴违。　⓫内外：表里。　⓬顺：顺应，意指顺应道义。

景公问天下之所以存亡晏子对以六说第十五

题 解

　　齐景公反思自身不仁无义，并询问晏子天下国家存亡的原因。晏子从多个方面阐述了影响国家存亡、个人境遇的因素，如用人、交友、事君、道德等方面，体现了晏子对国家治理和个人行为准则的深刻思考。

【原 文】

　　景公问晏子曰："寡人持不仁①，其无义②耳也。不然，北面③与夫子而义。"

　　晏子对曰："婴，人臣也，公曷为出若言？"

　　公曰："请终问④天下之所以存亡。"

　　晏子曰："缦密⑤不能，麄苴不学者诎⑥。身无以用人，而又不为人用者卑。善人不能戚⑦，恶人不能疏者危。交游朋友从⑧，无以说于人，又不能说人者穷⑨。事君要⑩利，大者不得，小者不为者馁。修道立义，大不能

【译 文】

　　齐景公问晏子说："我执政不仁德，不足以议政。要不然，我坐南向北与先生讨论。"

　　晏子回答说："我是臣子，您为何说出这样的话？"

　　景公说："我想求根究底地向您请教天下兴盛与衰亡的道理。"

　　晏子说："精微细密的事不会做，粗疏的事又不愿学的人屈居人下。自身不会用人，而又不愿意为人所用的人身处卑微。不能亲近好人，不能疏远坏人的人陷入危险。与朋友交往，没有什么能让人喜欢的，又不能够喜欢别人的人变得困窘。事奉君主求取利益，大的利益得不到，小的利益又不愿意要的人挨饿。想修养道德、树立仁义，大的事情不能单独负起责任，小的事情又不能协助别

专⑪，小不能附⑫者灭。此足 | 人一起做的人失意。这些足以用来观察
以观存亡矣。" | 国家的兴盛与衰亡了。"

注 释

❶持不仁：执政不仁德。持，掌握，执行。　❷义：通"议"，讨论，谈论。苏舆云："'义'当为'议'，盖假字，'议''义'一声之转。"下句中"义"同此。　❸北面：古代君主坐北面南，臣子朝见君主则面朝北，所以对人称臣称为北面。此处齐景公言自己无仁德，故要朝北向晏子请教，以示谦虚及对晏子的尊重。　❹终问：求根究底地问。终，穷究，彻底。　❺缦密：绵密，精微细密。　❻麄苴：粗疏之义。不：原无此字，据《指海》本及上下文意补。　❼戚：亲近。　❽交游朋友从：与朋友交往。　❾穷：困窘。　❿要：求，取。　⑪专：独自掌握和占有。　⑫附：追随，协作。

景公问君子常行曷若晏子对以三者第十六

题 解

　　齐景公询问君子的日常行事。晏子阐述了君子在服饰、言辞、行为处事三个方面应遵循的准则，强调君子入朝时服饰要合乎礼仪，言论要符合道义，行为要合乎正道等，体现了晏子对君子品德和行为规范的理解，倡导了遵循礼制、坚守道义、公正行事的价值观。

【原 文】

　　景公问晏子曰："君子常行曷若①?"

【译 文】

　　齐景公问晏子说："君子平日的品行是怎样的?"

晏子对曰："衣冠不中，不敢以入朝；所言不义，不敢以要②君；行己不顺③，治事不公，不敢以莅众④。衣冠无不中，故朝无奇僻之服；所言无不义，故下无伪上之报；身行顺，治事公，故国无阿党之义。三者，君子之常行者也。"

晏子回答说："衣冠不符合礼制，就不敢穿戴着上朝；所说的话不符合道义，就不敢以此强求君王听从；自身行为不规范，处理事情不公正，就不敢以此管理百姓。穿戴的衣服、帽子没有不符合礼制的，因此朝堂之中没有奇异怪诞的服饰；所说的话没有不符合道义的，因此臣下向君主的汇报不会存在欺骗；君子自身行事符合正道，治理事务公正，因此国内没有阿附结党的私情。这三个方面，就体现了君子平日的品行。"

注释

❶ 曷若：即"若何"，像什么样。曷，疑问代词，什么。若，像，如，好像。　❷ 要（yāo）：要挟，这里意指强谏，迫使君王听从自己的意见。　❸ 顺：服从，合乎规范。　❹ 莅众：统治、管理百姓。

景公问贤君治国若何晏子对以任贤爱民第十七

题解

齐景公向晏子请教贤明的君主怎样治理国家。晏子从施政、行为、品德等几个方面详细阐述了贤君治理国家的一系列理念和措施，如任用贤能、爱护百姓、赏罚公正等，为景公建构出了上下和谐、崇尚贤能、百姓安乐的理想治国图景，传达了其以民为本、公正治国、君臣各司其职的思想。

【原文】

景公问晏子曰："贤君之治国若何？"

晏子对曰："其政任贤，其行爱民；其取下节，其自养俭；在上不犯下，在治不傲穷；从邪害民者有罪，进善举过者有赏。其政，刻上而饶下^①，赦过而救穷；不因喜以加赏，不因怒以加罚；不从欲以劳民，不修怨^②而危国。上无骄行，下无谄德；上无私义，下无窃权；上无朽蠹之藏^③，下无冻馁之民；不事骄行而尚司，其民安乐而尚亲。贤君之治国若此。"

【译文】

齐景公问晏子道："贤明的君主是怎么治理国家的？"

晏子回答说："贤明的君主在政治上任用贤人，行为上爱护民众；向臣民索取时有节制，对自己的奉养很俭省；居于上位的不侵犯下属的利益，国家安定时不轻视处境困窘的国家；对放纵邪恶残害民众的人加以处罚，对向君主进献良言检举过失的人给予奖赏。他们的政治，对上严格，对下宽容，赦免无心的过失，救济走投无路的人；不因为自己高兴就额外奖赏，不因为自己愤怒就加重惩罚；不放纵自己的欲望而使民众劳累，不与诸侯结怨而使国家陷入危险。君主没有骄纵的行为，臣下没有巴结奉承的品性；在上的君主不讲私义，在下的臣子不敢私下弄权；君主没有腐朽虫蛀的储藏，基层没有受冻挨饿的民众；君主不做骄纵的事情而崇尚同心同德，民众安居乐业而崇尚相亲相爱。贤明的君主就是这样治理国家的。"

注释

❶ 刻上：对上严苛。刻，苛刻，严苛。饶下：对下宽容。饶，宽恕，宽容。
❷ 不修怨：原为"不修怒"，苏舆云："'修怒'疑当作'修怨'（《左传》'修怨于诸侯'，义同此）。'怨''怒'形近而伪。"故改为"不修怨"，即不与诸侯结怨。 ❸ 朽蠹之藏：腐朽虫蛀的储藏。

景公问明王之教民何若晏子对以先行义第十八

题 解

　　齐景公询问晏子贤明的君王如何教化百姓。晏子详细阐述了贤明的君王教化百姓的理念与方法，指出首先要做到政令明确、以身作则，其次要修养道德、践行道义，统一百姓的思想与习俗等。这种阐释体现了晏子以民为本、以身作则、公正治国的思想，对维护社会秩序、促进社会和谐具有非常重要的意义。

【原 文】

　　景公问晏子曰：“明王之教民何若？”

　　晏子对曰：“明其教令，而先之以行义；养民不苛，而防之以刑辟①。所求于下者②，必务于上③；所禁于民者，不行于身。守于民财，无亏之以利；立于仪法，不犯之以邪。苟所求于民，不以身害之，故下从其教也④；称事以任⑤民，中听以禁邪，不穷之以劳，不害之以罚⑥，苟所禁于民，不以事逆之，

【译 文】

　　齐景公问晏子道：“贤明的君王是怎么教化民众的？”

　　晏子回答说：“宣明教谕与法令，而自己率先实行来彰显道义；对待百姓不苛刻，用刑法来防范邪辟。要求臣民做到的事情，自己一定做到；禁止臣民做的事情，自己也不会做。守护民众的财产，不因自己的私利而损害民众的利益；制定礼仪法度，不以邪僻的行为去违犯。如果对民众有所索求，不因为自身的欲求去伤害他们，因此臣民就顺从君王的教化；衡量事情的大小来使用民力，公正地断案来禁止邪恶的行为，不过度劳役民众，不用不公正的刑罚迫害民众，如果对民众有所禁止，君主也不

故下不敢犯其上也。古者百里而异习，千里而殊俗，故明王修道，一民同俗⑦，上爱民为法⑧，下相亲为义，是以天下不相遗。此明王教民之理也。"

以任何事由违反，因此臣民就不敢冒犯君王了。古代百里之内就有不同的习惯，千里之内就有不同的风俗，所以贤明的君王修行治国之道，统一民风民俗，君王以爱护臣民为准则，臣民以相亲相爱为道义，所以天下的人互不轻视。这就是贤明的君王教化民众的道理。"

注释

❶ 刑辟（pì）：刑法，法律。　❷ 所求于下者：要求臣民做到的事情。　❸ 必务于上：原为"不务于上"，王念孙《读书杂志》引王引之云："'不务于上'，义不可通。'不务'当作'必务'，此涉上下文诸'不'字而误也。《群书治要》亦作'不务'，则唐初本已然。"又《指海》本作"必"，故今改"不"为"必"。❹ 故下从其教也：原为"故下之劝从其教也"，多"之劝"二字，于上下文意不通，今据《群书治要》及《指海》本改。　❺ 任：任用，役使。　❻ 不害之以罚：原为"不害之以实"，《指海》本作"不害之以罚"。王念孙认为此句当作"不害之以罚"："案'害之以实'，义不可通。'实'本作'罚'，谓不以刑罚害民也。'穷之以劳，害之以罚'，皆虐民之事。《群书治要》正作'不害之以罚'。"故今改"实"为"罚"。　❼ 一民同俗：使百姓的思想和习俗统一起来。　❽ 法：准则。

景公问忠臣之事君何若晏子对以不与君陷于难第十九

题解

齐景公询问晏子忠臣如何事奉君主。晏子阐明了理性的君臣关系，即君主需明智纳谏，臣子需务实谋国，以正反对比的论证手法强调使君"纳善"是忠臣的本质，是通过进谏使君主免于危难，并非盲从或牺牲，大大突破了传统忠君观的局限。

【原文】

景公问于晏子曰："忠臣之事君也何若?"

晏子对曰："有难不死①，出亡不送②。"

公不说，曰："君裂地而封之，疏爵③而贵之。君有难不死，出亡不送，可谓忠乎?"

对曰："言④而见用，终身无难，臣奚死焉?谋而见从，终身不出，臣奚送焉?若言不用，有难而死之，是妄死⑤也;谋而不从，出亡而送之，是诈伪也。故忠臣也者，能纳⑥善于君，不能与君陷于难。"

【译文】

齐景公问晏子道："忠臣是怎样事奉君主的?"

晏子回答说："君主有危难忠臣不为之而死，君主逃往国外忠臣不会跟随。"

景公很不高兴，说："君主分割土地赏赐臣子，分封爵位而使臣子显贵。君主有难而臣不为君主死，出逃而臣不追随，这能称为忠吗?"

晏子回答说："忠臣的善言被采用，君主终生都不会有灾难，臣子为什么要为之死呢?忠臣的良谋被听从，君主终生不会逃亡，臣子有什么可跟随的呢?如果善言不被采纳，君主有了危难臣子就为之而死，这是无意义的死;良谋不被听从，以致君主出国逃亡而去追随，这是虚伪的行为。因此说忠臣，能使君主接受善言，而不能与君主同陷于危难。"

注释

❶不死:指不为君王而死。　❷送:跟随，陪伴。　❸疏爵:分封爵位。
❹言:进言。　❺妄死:意为死得毫无意义。妄，虚妄。　❻纳:接受。

景公问忠臣之行何如晏子对以不与君行邪第二十

题解

　　齐景公向晏子询问忠臣如何行事。晏子针对任人唯亲、结党营私等时弊，提出忠臣要"不掩君过，谏乎前"，要直言纠正君主过失，并以排比铺陈从不同角度对"忠"进行多维界定，指出"忠"的实质是"补过"与"务实"，体现了晏子超越时代的政治伦理观及其量才任用、公正无私的政治理念。

【原 文】

　　景公问晏子曰："忠臣之行何如?"

　　对曰："不掩君过，谏乎前①，不华乎外；选贤进能，不私乎内；称身就位，计能定禄；睹贤不居其上，受禄不过其量；不权居②以为行，不称位③以为忠；不掩贤以隐长，不刻下以谀上；君在不事太子，国危不交诸侯；顺则进，否则退，不与君行邪也。"

【译 文】

　　齐景公问晏子道："忠臣的品行是怎样的?"

　　晏子回答说："不掩盖君主的过错，当面劝谏，不会在外宣扬君主的过失；选拔贤良推荐能人，不偏私于内亲；衡量自身德行以担任合适的官职，考量自己的能力以接受应得的俸禄；看到比自己贤能的人就不居于他的上位，接受俸禄不超过自己应得的数量；不把职位高低作为行事的准则，不把官位高低作为尽忠的标准；不压制贤人导致他们的优点被隐瞒，对下不苛刻以便对上阿谀奉承；国君在位时不事奉太子，国家危险时不去结交诸侯；符合道义就任职，政治昏暗就退隐，不依附君主行邪僻之事。"

❶前：当面。 ❷权居：衡量官位高低。居，位，官位。 ❸称位：与职位相符，意即官位的高低。

景公问佞人之事君何如晏子对以愚君所信也第二十一

题 解

齐景公向晏子询问奸佞之人如何事奉君主。晏子通过对奸佞之人的表里、言行、取舍的对比，详细陈述其行径，如外饰言行、内藏功利，迎合君欲、结纳近臣，贪禄伪辞、好利薄施，言辞强辩、行为不实等，生动揭示了佞人"愚君之所信"的本质，是其对君主选贤任能、辨奸远佞的政治劝谏。

【原 文】

景公问："佞人之事君如何？"

晏子对曰："意难，难不至也①。明言行之以饰身，伪言无欲以说人，严②其交以见其爱。观上之所欲，而微为之偶③；求君逼迩，而阴为之与④。内重爵禄，而外轻之以诬⑤行；下

【译 文】

齐景公问道："谗佞之人是怎样事奉君主的？"

晏子回答说："奸佞之人表面上假装为难，却不会使自己真正陷入困境。他们公开的言行只不过用来掩饰自己，假装自己无欲无求来取悦他人，严格地取舍自己的交往对象来表现自身的喜好。他们观察君主的喜好，暗暗地投其所好；巴结君主亲近的人，私下里与他们结成党羽。他们内心十分看重爵位和俸禄，表面上却用虚假的行为来表示轻视；卑下地事奉君主的左

事左右，而面示正公以伪廉。求上采听，而幸以求进。傲禄以求多，辞任以求重。工乎取，鄙乎予；欢乎新⑥，慢乎故⑦；吝乎财，薄乎施。睹贫穷若不识，趋利若不及。外交以自扬，背亲以自厚。积丰义⑧之养，而声矜恤之义⑨。非誉乎情，而言不行身。涉时所议，而好论贤不肖。有之己，不难非之人；无之己，不难求之人。其言强梁而信⑩，其进敏逊而顺⑪。此佞人之行也，明君之所诛，愚君之所信也。"

右近臣，表面上却以虚假的清廉来显示正直奉公。希望君主采纳听从自己的意见，想以此得到提拔。轻视俸禄是为了求得更多，辞去任职是为了得到重用。他们擅长索取，轻视施予；对待新贵很热情，对待老友旧臣却很怠慢；对钱财很悭吝，施予给别人的极少。他们对于贫穷的人装作不相识，争相取利唯恐赶不上。在外结交他国诸侯以显扬自己，背叛亲友以便自己得到重利。表面上熟知礼仪来滋养身心，满口怜悯体恤的大义之言。非议和称誉都出于私意，说的话又不能身体力行。涉及时人所议论的话题，就喜欢评论别人的好坏。他们自己所具备的，就轻易地责备别人不具备；自己不具备的，却轻易地要求别人具备。他们的持论强横武断不容置疑，求取官职时则机敏谦逊而顺当。这就是奸佞之人的所作所为，这些人是圣明的君主所要责罚的，是愚昧的君主所宠信的。"

注 释

❶意难，难不至也：前"难"为"假装为难"，后"难"指"困境"。意为表面做出为难的样子，却不会真正陷入困境。故此二句意为奸佞之人的心思深密难测，猜不到其真正意图。按，此二句文义难通，可能原文有误，这里勉强索解，仅供参考。　❷严：严密，严格，意指选择严格。　❸微：暗中。偶：合，迎合。　❹阴：暗中。与：党羽，朋党。　❺诬：欺骗，虚假，伪装。　❻新：指刚得势的新贵。　❼故：指失势的老友旧臣。　❽丰义：礼仪。于省吾认为："'丰义'乃'礼仪'二字之古文。《说文》：'丰，行礼之器也。'"　❾声：声称，口头上说。矜：怜悯。　❿强梁：强横武断。信：不容置疑，肯定。

⓫ 敏：聪敏，机敏。逊：谦逊，恭谦。

景公问圣人之不得意何如晏子对以不与世陷乎邪
第二十二

> **题　解**
>
> 　　齐景公询问圣人不得意时的情态。晏子阐述了圣人在政治黑暗、不得意时"洁身守道"，坚持道义与廉洁，而得意时则以"世治政平"为目标，顺应自然、轻徭薄赋、安乐百姓。晏子既批判了无道之君，又期待明君治国，揭示了"圣人之道"的核心在于顺应与守义，体现了其"以民为本""君臣共治"以实现天人、君民和谐的政治理想，以及对圣人人格操守的推崇。

【原　文】

　　景公问晏子曰："圣人之不得意何如？"

　　晏子对曰："上作事反天时，从政逆鬼神，藉敛殚百姓；四时易序①，神祇②并怨；道忠者不听，荐善者不行；谀过者有赏③，救失者有罪。故圣人伏匿隐处，不干长上④，洁身守道，不与世陷乎邪，是以卑而不失义，

【译　文】

　　齐景公问晏子道："圣人不得意的时候是怎样的？"

　　晏子回答说："君主做事违反自然规律，处理政事违背鬼神的意志，征收赋税耗尽了百姓；春夏秋冬改变了次序，天神地神一起埋怨；忠言不被听信，举荐的贤良不被任用；阿谀掩过的人得到奖赏，挽救失误的反而有罪。所以圣人藏身隐居，不向君主求取官职，洁身自好严守道义，不与世俗同流合污，因此身份卑微而不丧失道义，劳苦困乏而不失其廉洁。这就是圣人不得意

瘁⑤而不失廉。此圣人之不得意也。"

"圣人之得意何如?"

对曰:"世治政平。举事调⑥乎天,藉敛和乎百姓,乐及其政,远者怀其德;四时不失序,风雨不降虐⑦;天明象而赞⑧,地长育而具物;神降福而不靡⑨,民服教而不伪;治无怨业,居无废民⑩。此圣人之得意也。

的时候。"

景公问:"圣人得意的时候是怎样的呢?"

晏子回答说:"国家得到治理、政治清平。举办事情与自然规律相协调,征收赋税符合百姓的意愿,百姓喜欢君主的政令,远方的人向往他的德政;春夏秋冬四时运转正常,风调雨顺不降灾害;上天显示吉祥的征兆来赞美,大地长育万物;神灵降福而不停止,民众服从教导不作伪;政治清平没有郁结烦乱之事,民众安居没有闲置无业之人。这就是圣人得意的时候。"

注 释

❶ 四时易序:春夏秋冬的运行失去了秩序,意指气候时令异样、反常。　❷ 神祇(qí):天地之神。天曰神,地曰祇。　❸ 赉(lài):赏赐。　❹ 长(zhǎng)上:君主。　❺ 瘁(cuì):劳累,困病。这里指处境困顿。　❻ 调:协调,和谐。　❼ 虐:原作"雪",据《指海》本及上下文意改。　❽ 象:征兆。赞:赞美,称扬。　❾ 靡:尽,停止。　❿ 废民:无业之民。

景公问古者君民用国不危弱晏子对以文王第二十三

题 解

齐景公询问古代君主"用国""君民"不危不衰的方法。晏子以对比论证与历史例证,借古讽今明确反对"以邪莅国、以暴和民",也批判"修道以要利"的功利主义，他推崇周文王的德政典范，"修德不以要利"，修养德行不谋私利，以坚守道义赢得诸侯、百姓信服而国家安定强大，从而揭示了治国之道的核心在于正邪之辨与德行坚守。

【原　文】

景公问晏子曰："古者君民而不危，用国而不弱，恶乎失之^①？"

晏子对曰："婴闻之，以邪莅国、以暴和民^②者危；修道以要利、得求而返邪者弱。古者文王，修德不以要利，灭暴不以顺纣，干崇侯之暴而礼梅伯之醢^③，是以诸侯明乎其行，百姓通乎其德，故君民而不危，用国而不弱也。"

【译　文】

齐景公问晏子道："古时君主统治民众而没有危难，治理国家而不会贫弱，现在的君主为何做不到呢？"

晏子回答说："我听说，君主以邪恶的行为统治国家、以残暴的手段治理民众会遇到危险；君主标榜道德以求取私利、得到好处后又继续做邪恶的事国家会贫弱。古时候的周文王，修养德行而不以此求得利益，诛灭残暴而不让其顺从纣王，敢于反对崇侯虎的暴行，礼敬被纣王剁成肉酱的梅伯，因此诸侯都知道他的品行，百姓都了解他的德行，所以他统治民众就没有危险，治理国家也不会让国家贫弱。"

注　释

❶恶乎：何所。失：失去，意指今日达不到古人治国的这种效果。王念孙认为上文两个"不"字为衍文，黄以周认为"失"当作"法"，陶鸿庆认为"失"盖"先"字之误。备之以供参考。　❷和民：使民和顺安定。　❸干：干涉，冒犯。崇侯：人名，即崇侯虎，商纣王的宠臣，为人阴险残暴。梅伯：人名，纣王臣子，纣王把他杀害并制成肉酱，分送给诸侯，文王为之流泪。醢：此处指

古代的一种酷刑，把人杀死后剁成肉酱。

景公问古之莅国者任人如何晏子对以人不同能
第二十四

题 解

齐景公向晏子询问古代明君如何任人用才。晏子以类比手法"以事喻理"，针对当时贵族政治任人唯亲、苛责贤能之弊，提出"谄谀不迩乎左右，阿党不治乎本朝"，圣明的君主要远离奸佞、禁止结党、任用贤才，而且要用人之长，不求全责备，传达了晏子"因材施用"的人才观及"亲贤远佞"的政治理论。

【原 文】

景公问晏子曰："古之莅国治民者，其任人何如？"

晏子对曰："地不同生①，而任之以一种，责其俱生不可得；人不同能，而任之以一事，不可责遍成。责焉无已②，智者有不能给③；求焉无餍，天地有不能赡④也。故明王之任人，谄谀不迩乎左右，阿党不治乎本朝；任人之长，不强其

【译 文】

齐景公问晏子道："古代统治国家治理民众的君主，他们是怎么任用人才的？"

晏子回答说："土地的性质不同，种上同一种植物，要求它们都能生长是不可能的；人的才能不同，而让他们都做同一件事，不能要求他们都能成功。要求没有止境，再聪明的人也有不能满足要求的时候；求取没有穷尽，天地也有不能充分供应的时候。所以贤明的君王用人，谄媚阿谀的人不能留在身边，结党营私的人不能管理本朝的政事；任用人之所长，不强求人之所短，任用他所

短，任人之工，不强其拙。此任人之大略也。"

精通的方面，不强求他所不能的。这就是用人的大致情况。"

注 释

❶ 地不同生：土地的性质不同。生，通"性"，性质，性能。　❷ 无已：不止，无止境。　❸ 给：充足，满足。　❹ 赡：富足，足够。

景公问古者离散其民如何晏子对以今闻公令如寇仇第二十五

题 解

齐景公向晏子询问古代昏庸的君主离散百姓、丧失国家的行为。晏子列举了古代亡国君主的种种行为，如国贫而好大喜功，智薄而独断专行，亲谗谀而疏贤人，沉湎享乐、严刑少赏、不施德政等，并直言百姓视景公之令如仇敌，警示齐景公执政之弊的严重性及其面临的亡国之危，强调了作为君主德政惠民的重要性。

【原 文】

景公问晏子曰："古者离散其民而陨失①其国者，其常行何如？"

晏子对曰："国贫而好大，智薄而好专；贵贱无亲

【译 文】

齐景公问晏子道："古代那些使自己的臣民离散而丧失自己国家的人，他们的寻常行为是怎么样的呢？"

晏子回答说："国家贫困却好大喜功，智力浅薄却喜欢独断；对贵戚和平民都不亲近，对待大臣无礼仪；重视谄

焉，大臣无礼焉；尚谗谀而贱贤人，乐简慢而玩百姓；国无常法，民无经纪②；好辩以为智，刻民以为忠③；流湎④而忘国，好兵而忘民；肃⑤于罪诛，而慢于庆赏；乐人之哀，利人之难；德不足以怀人，政不足以惠民；赏不足以劝善，刑不足以防非。亡国之行也。今民闻公令如寇仇，此古离散其民陨失其国所常行者也。"

媚阿谀的人而轻视贤德的人，喜欢怠慢失礼的人而轻视百姓；国家没有恒常的法律，民众没有可遵循的法度秩序；把巧言善辩当作智慧，把苛虐民众当作忠诚；流连沉湎于享乐而忘记了国家大事，喜好打仗而忘记了民众的疾苦；对于罪罚诛杀很严厉，对于庆功赏赐却显得怠慢；以别人的哀痛为快乐，从别人的危难中获利；品德不足以使人感念，政令不足以施惠于民；奖赏不足以劝导向善，刑罚不足以防止恶行。这都是亡国的行为。如今民众一听到您的政令就如遇到了贼寇，这就是古代使自己的民众离散而丧失自己国家的人的寻常行为。"

注 释

❶ 陨失：丧失，失落。　❷ 经纪：法度秩序。　❸ 好辩以为智，刻民以为忠：原为"好辩以为忠"，王念孙《读书杂志》云："《群书治要》作'好辩以为智，刻民以为忠'，是也。今本脱'智刻民以为'五字，则文不成义。"今据补。　❹ 流湎：流连沉湎于享乐，放纵无度。　❺ 肃：严，严厉。

景公问欲和臣亲下晏子对以信顺俭节第二十六

题 解

　　齐景公向晏子询问如何与臣民亲近。晏子指明君臣和谐之法及君民亲近之策，重在信、顺、俭、节。君要对臣守信、赦过、少责、远谗，对民要少征敛、合理用民、体恤百姓等。景公听从建议并付诸实践，体现了晏子德政治国的理念及其劝谏的实效。

【原文】

景公问晏子曰："吾欲和民亲下，奈何?"

晏子对曰："君得臣而任使之，与言信，必顺其令，赦其过；任大无多责焉，使迩臣无求嬖焉；无以嗜欲贫其家，无信①谗人伤其心；家不外求②而足，事君不因人而进，则臣和矣。俭于藉敛，节于货财；作工不历时③，使民不尽力；百官节适，关市省征；山林陂泽，不专其利；领民治民，勿使烦乱；知其贫富，勿使冻馁，则民亲矣。"

公曰："善! 寡人闻命矣。"故令诸子无外亲谒，辟④梁丘据无使受报；百官节适，关市省征，陂泽不禁；冤报者过⑤，留狱者请焉⑥。

【译文】

齐景公问晏子道："我想与臣民亲近，应该怎么做?"

晏子回答说："君主得到臣子而任用他们，与他们交谈言而有信，一定要听从他们的善言，赦免他的过错；任用大臣不要求全责备，不要对近臣宠幸偏爱；不因为放纵自己的嗜好和欲望而使臣民贫穷，不要听信小人的谗言而伤了他们的心；家庭开销不用向外求助而得以满足，事奉君主不依靠私人关系而得到举荐晋升，这样臣子就与您和谐融洽了。减省赋税，有节制地使用财物；兴建工程不超过时限，役使民众不要用尽民力；百官设置适当，减省关卡集市的税收；山林池泽，不独享其带来的利益；领导治理民众，不要使他们烦困、受到扰乱；了解他们的贫富状况，不要让他们受冻挨饿，这样民众就与您亲近了。"

景公说："好! 我听明白您的教诲了。"因此下令儿子们不准接受外人的攀附和拉拢，罢免梁丘据不让他受理案件；百官设置适当，减省关卡集市的税收，山林水泽不再禁止百姓进入；判罚不当的案件重新审理，久拖的狱讼请求侦办。

注 释

❶ 信：原作"亲"，《指海》本注曰："黄以周曰：'亲'，元刻作'信'。"今据改。　❷ 外求：求之于外，意指俸禄之外的索求。　❸ 作工：劳动，意指兴建各种劳役工程。历：超过。　❹ 辟：驱除。此处意为罢免。　❺ 冤报：谓判罪不当导致人受冤屈。过：意指重新审理。　❻ 留狱：被留下的狱讼，意即久拖未审的狱讼。请：请求，意指请求侦办。

景公问得贤之道晏子对以举之以语考之以事第二十七

题 解

齐景公向晏子询问选取贤才之道。晏子提出"举之以语，考之以事"，即通过言论观察其识见，以实际事务检验其能力，并强调明君当精简官职、注重实务，凸显了"听其言、观其行"辨贤任能的思想，体现了晏子以实践为核心的选贤观。

【原 文】

景公问晏子曰："取人得贤之道何如？"

晏子对曰："举之以语，考①之以事，能谕②，则尚而亲之，近而勿辱③。以取人，则得贤之道也。是以明君居上，寡其官而多④其行，拙于文而工于事，言不中不言，行不法不为也。"

【译 文】

齐景公问晏子道："选取人能得到贤才的方法是什么？"

晏子回答说："根据他的言论加以选拔，根据他所做的事来考察他，能晓喻事理，就尊重亲近他，亲近但不失礼数。以此来选取人才，就是得到贤臣的方法。因此贤明的君主主政时，减少冗官而多看重行为，不重视华丽的言辞而看重办事能力，言语不合道义就不说，行为不符合法则就不做。"

❶考：考察。　❷谕：知晓。　❸辱：羞辱。此处引申为失礼。　❹多：推崇，注重。

景公问臣之报君何以晏子对以报以德第二十八

题　解

　　齐景公向晏子询问臣子应以何报答君主。晏子对比"有道之君"与"无道之君"，明确指出臣子报君的原则及面对不同君主的态度，认为臣子一定要以德行回报君主，要服从有道之君的命令，要谏诤无道之君的不义，还强调君臣可以相互选择，体现了晏子对臣子独立人格的追求和对道义的坚守。

【原　文】

　　景公问晏子曰："臣之报其君何以？"

　　晏子对曰："臣虽不知，必务报君以德。士逢①有道之君，则顺其令；逢无道之君，则争其不义。故君者择臣而使之，臣虽贱，亦得择君而事之。"

【译　文】

　　齐景公问晏子道："臣子用什么报答君主呢？"

　　晏子回答说："臣下虽然愚昧，但知道一定要努力用德行来报答君主。士人如果遇上有道义的君主，就顺从他的命令；如果遇到没有道义的君主，就对他不道义的行为进行劝谏。所以君主要挑选臣子来指使，臣子即使微贱，也应当挑选君主来事奉。"

❶逢：遇到。

景公问临国莅民所患何也晏子对以患者三第二十九

题解

齐景公关注国家治理中的潜在问题，询问治理国家与百姓的忧患。晏子深入分析忧患并提出解决之道，他指出有"三患"，即忠臣不被信任、信臣不够忠诚、君臣异心，强调明君要戒除"三患"，使忠臣得信、信臣尽忠、君臣同心，如此则可治国安民，体现了其对君臣关系的深刻洞察。

【原文】

景公问晏子曰："临国莅民，所患何也?"

晏子对曰："所患者三：忠臣不信，一患也；信臣不忠，二患也；君臣异心，三患也。是以明君居上，无忠而不信，无信而不忠者。是故君臣同欲①，而百姓无怨也。"

【译文】

齐景公问晏子道："治理国家统治民众，所忧患的是什么呢?"

晏子回答说："所忧患的有三件事：忠诚的臣子不被信任，这是第一件；被信任的臣子却不忠诚，这是第二件；君主和臣子不能同心同德，这是第三件。所以贤明的君主居于上位，没有忠诚却不被信任的臣子，也没有被信任却不忠诚的臣子。因此君臣同心，而百姓没有抱怨。"

注释

❶ 欲：想法，欲望。

景公问为政何患晏子对以善恶不分第三十

题 解

　　齐景公向晏子询问为政之患。晏子指出治理国家的忧患在于不能分辨善恶，同时提出察善之法，即君主要审慎选择身边的近臣，强调了君主近臣的品行会影响国家治理，深化了我们对善恶之分重要性的认识，以小见大地揭示了善恶之分与为政之间的紧密联系，体现了晏子在治国理政方面的敏锐洞察力。

【原 文】

　　景公问于晏子曰："为政何患？"

　　晏子对曰："患善恶之不分。"

　　公曰："何以察之？"

　　对曰："审择左右。左右善，则百僚各得其所宜，而善恶分。"

　　孔子闻之曰："此言也信①矣！善进，则不善无由入矣；不善进，则善无由入矣。"

【译 文】

　　齐景公问晏子道："治理国家有什么忧患？"

　　晏子回答说："忧患善良与邪恶分不清。"

　　景公说："怎样去考察善恶呢？"

　　晏子回答说："谨慎地选择身边的人。近臣忠善，那么百官会各自处于他们所适宜的位置，那善与恶就分清了。"

　　孔子听到这话后说："这话说得太正确了！良善的人得以进用，不善的人就没有机会做官了；不善的人得以进用，良善的人就没有机会做官了。"

注 释

　❶信：的确，正确。

内篇问下第四

景公问何修则夫先王之游晏子对以省耕实第一

题 解

齐景公向晏子询问古代君主出游的盛景，意在效仿。晏子直言阐明，古代天子到诸侯之地叫巡狩、诸侯到天子处叫述职，古代君主"春省耕""秋省实"之游、豫均为助益百姓。晏子善于劝谏、以民为本，他指出景公出游则是"贫苦不补，劳者不息"，劳民伤财，使景公虚心受谏、知错能改而赈济慰问贫民与老人。

【原 文】

景公出游，问于晏子曰："吾欲观于转附、朝舞①，遵②海而南，至于琅琊③。寡人何修④，则⑤夫先王之游？"

晏子再拜曰："善哉！君之问也。闻天子之诸侯为巡狩⑥，诸侯之天子为述职⑦。故春省⑧耕而补不足者谓之游，秋省实⑨而助不给者谓之豫。夏谚曰：'吾

【译 文】

齐景公外出巡游，向晏子发问说："我想到转附、朝舞两座山去观赏，沿着海边一直往南，到达琅琊。我要怎么做，才能效法古代先王巡游呢？"

晏子拜了两拜说："您的这个问题问得太好了！我听说天子到诸侯那里去叫作巡狩，诸侯到天子那里去叫作陈述职守。因此春天出巡探察耕种情况并补助那些贫困、耕种田地不充分的人叫作巡游，秋天出巡探察农作物收成情况并补助那些粮食收成不足、无法自给自足的人叫作豫。夏朝有谚语说：'我们的君主春天不外出巡

君不游，我曷以休⑩？吾君不豫，我曷以助？一游一豫，为诸侯度⑪。'今君之游不然，师行而粮食⑫，贫苦不补，劳者不息。夫从南历时而不反谓之流⑬，从下⑭而不反谓之连，从兽⑮而不归谓之荒，从乐⑯而不归谓之亡。古者圣王无流连之游，荒亡之行。"

公曰："善。"命吏计公掌之粟，藉长幼贫氓之数。吏所委发廪出粟⑰，以予贫民者三千钟；公所身见瘝老者七十人⑱，振赡之，然后归也。

游四方，我们怎么能够停止耕作去休息呢？我们的君主秋天不巡察四方，我们从哪里得到帮助呢？一次巡游、一次探察，这已经成为诸侯的法则。'如今您出游却不是这样的，您出行随从众多、规模浩大，沿途消耗当地百姓大量粮食，贫困的百姓得不到补助，劳苦的百姓无法休息。长时间在外巡游而不返回叫作流，纵情泛舟游玩而不返回叫作连，过度打猎而不返回叫作荒，过度贪图享乐而不返回叫作亡。古时的圣王没有流连忘返的巡游，也没有荒废无度的行为。"

齐景公说："好。"下令让官吏统计公家粮仓的粮食，登记老幼贫民的数量。官吏受命开仓放粮，给贫民百姓的粮食共计三千钟；景公亲眼见到的衰弱多病的老人有七十人，都给予赈济供养，然后才回去。

注 释

❶ 转附、朝舞：均为山名。《孟子·梁惠王下》引齐景公问晏子句，赵岐注云："皆山名也。"焦循《孟子正义》云："齐景欲观乎转附、朝儛，转附即之罘也，朝儛即成山也。" ❷ 遵：循，沿着。 ❸ 琅琊：地名。 ❹ 何修：怎么做。 ❺ 则：效法。 ❻ 之：到。巡狩：巡察狩猎，这里指天子去诸侯封地巡行视察。 ❼ 述职：诸侯向天子陈述职守。述，陈述。职，职事，职守。《孟子·梁惠王下》："述职者，述所职也。" ❽ 省（xǐng）：察看。 ❾ 实：农作物的果实，这里指收成。 ❿ 休：停息，停下。 ⓫ 度：法度，准则。 ⓬ 师行而粮食：意为景公出行，随从众多，因此会沿途消耗当地百姓大量粮食。 ⓭ 从

南：过度放纵自己去南边游玩。这里泛指在外巡游。一说"南"作"高"。历时：长时间。　⑭下：低处，这里指水上泛舟游玩。　⑮兽：猛兽，这里是狩猎的意思。　⑯乐：玩乐，贪图享乐。　⑰吏所委：官吏受委托，这里指代表朝廷。发廪出粟：开仓放粮。发，打开。　⑱身：亲身，亲自。癃（lóng）：年老衰弱多病。

景公问桓公何以致霸晏子对以下贤以身第二

题　解

齐景公疑惑求解，向晏子询问齐桓公好酒贪乐、饮食奢侈为何还能称霸诸侯。晏子指出，不仅要知晓桓公个人生活的小过，更要明其用人理政的大节，他能改变旧俗、礼贤下士、见贤"不留"、使能不怠、重视人才、善用人才，所以百姓拥戴他、诸侯敬畏他。

【原　文】

景公问于晏子曰："昔吾先君桓公，善饮酒穷乐①，食味方丈②，好色无别③。辟若此，何以能率诸侯以朝天子乎？"

晏子对曰："昔吾先君桓公，变俗以政，下贤以身。管仲，君之贼④者也，知其能足以安国济功，故迎之于鲁郊⑤，自御⑥，礼之于庙⑦。异

【译　文】

齐景公问晏子说："从前我的先君桓公，喜爱饮酒，穷极享乐，美味的食物摆满长宽各一丈的大桌子，喜爱女色不分亲疏。荒淫邪僻到如此程度，他是怎么能够率领诸侯朝拜周天子的呢？"

晏子回答说："从前我们的先君桓公，用政治改变民俗，礼贤下士。管仲，本来是桓公的敌人，桓公知道他能够安邦定国、成就功业，因此就在鲁国边境把他迎回齐国，并亲自为他驾车，在庙堂之上给予极大的礼遇。又有一

日，君过于康庄⑧，闻宁戚⑨歌，止车而听之，则贤人之风也，举以为大田⑩。先君见贤不留⑪，使能不怠⑫，是以内政则民怀之，征伐则诸侯畏之。今君闻先君之过，而不能明其大节。桓公之霸也，君奚疑焉？"

天，桓公正走在大道上，听见宁戚的歌声，停下车来仔细聆听，认为他有贤人的风范，便提拔他为大田之官。桓公见到贤才不会埋没，任用能人也不怠慢，因此，在内治理政务民众都感念他，在外征伐诸侯都惧怕他。如今您只知道先君的过错，却不能明晰他的大节。对于桓公能称霸这件事，您还有什么疑问吗？"

注释

❶穷乐：过度享乐。　❷方丈：长宽各一丈的面积。《孟子·尽心下》："食前方丈，侍妾数百人。"　❸无别：无差别，不分亲疏。这里主要是说齐桓公好色乱伦之事，《公羊传·庄公二十年》何休解诂云："齐侯亦淫诸姑姊妹，不嫁者七人。"　❹贼：敌人，仇敌。管仲与齐桓公早期是敌对关系。齐襄公去世之后，齐襄公的两个弟弟公子纠和公子小白争夺君位。管仲当时是公子纠的谋臣，为助公子纠上位，管仲曾经伏击公子小白（齐桓公），射中了他的衣带钩。公子小白假装身亡，骗过管仲后率先回齐国即位，是为齐桓公。因此，管仲和齐桓公早期确实是仇人。　❺鲁郊：鲁国的边境。　❻御：驾车。　❼庙：宗庙，朝堂。　❽康庄：四通八达的大道。　❾宁戚：春秋时期卫国人，有奇才而不遇，家贫贩牛于齐，因在齐国郊外作歌被桓公听见，桓公爱其才，举为客卿。　❿大田：古代官名，田官之长。　⓫留：滞留，搁置，这里引申为埋没。　⓬怠：怠慢。

景公问欲逮桓公之后晏子对以任非其人第三

题 解

　　齐景公渴望成就霸业，以"从车千乘"询问晏子能否赶上齐桓公的功业。晏子则对比指出桓公"左有鲍叔，右有仲父"，贤臣辅佐，而景公"左倡右优，谗谀环绕"，强调了君主治国称霸的核心要素是贤才而非外在的物质条件，告诫景公应重"人"而非重"车"，应亲贤臣、远小人以成霸业，反映了晏子任人唯贤、尚用重实的治国思想。

【原 文】

　　景公问晏子曰："昔吾先君桓公，从①车三百乘，九合②诸侯，一匡天下③。今吾从车千乘，可以逮先君桓公之后乎？"

　　晏子对曰："桓公从车三百乘，九合诸侯，一匡天下者，左有鲍叔④，右有仲父。今君左为倡⑤，右为优⑥，谗人⑦在前，谀人⑧在后，又焉可逮桓公之后者乎？"

【译 文】

　　齐景公问晏子说："从前我的先君桓公，统领三百辆战车，就能够多次会盟诸侯，安定天下。如今我统领一千辆战车，可以凭此赶上先君桓公吗？"

　　晏子回答说："桓公之所以统领三百辆战车，能够多次会盟诸侯，安定天下，是因为他左边有鲍叔牙，右边有管仲。如今您左边是唱歌跳舞的艺人，右边是表演杂技的艺人，前面是善进谗言的人，后面是阿谀奉承的人，又怎么能赶上桓公呢？"

注释

❶ 从：使……跟从，即统领之义。　❷ 合：汇合，这里指会盟。　❸ 一匡天下：安定天下。匡，纠正，匡正。《史记·齐太公世家》："寡人兵车之会三，乘车之会六，九合诸侯，一匡天下。"张守节正义云："匡，正也。一匡天下，谓定襄王为太子之位也。"　❹ 鲍叔：鲍叔牙。春秋时齐国大夫，以知人著称。❺ 倡：唱歌跳舞的艺人。　❻ 优：表演杂技的艺人。　❼ 谏人：善进谏言的人。❽ 谀人：阿谀奉承的人。

景公问廉政而长久晏子对以其行水也第四

题解

　　齐桓公请教晏子廉正而治国长久之道，晏子以具体可感的"水""石"为喻，指出廉正治国要以柔处世，对比揭示出两种本质不同的"廉正"。"水"式廉正体现为"清浊皆用"，既坚守原则，又顺应时势，治世灵活务实，故得长治久安。而"石"式廉正体现为"内外皆坚"，缺乏变通，廉正一味强硬、不知权变以致速亡。

【原　文】

　　景公问晏子："廉政①而长久，其行②何也？"

　　晏子对曰："其行水也。美哉水乎清清③！其浊无不雩途④，其清无不洒除，是以长久也。"

【译　文】

　　齐景公问晏子："廉洁正直而能长久处世的人，他的品行是怎么样的？"

　　晏子回答说："他的品行大概是水吧。清洁明澈的水多么美好啊！浑浊的时候可以污染一切，清澈的时候可以洗涤一切，所以能长久。"

公曰："廉政而遬⑤亡，其行何也？"

对曰："其行石也。坚哉石乎落落⑥！视之则坚，循⑦之则坚，内外皆坚，无以为久，是以遬亡也。"

景公又问："廉洁正直却很快消亡的人，他的品行是怎么样的？"

晏子回答说："他的品行大概是石头吧。数量巨大的石头多么坚硬啊！看着就很坚硬，摸着也很坚硬，里里外外都坚硬，是无法长久的，所以很快就消亡了。"

注　释

❶廉政：廉洁正直。政，通"正"，正直。　❷行：品行。　❸清清：清洁明澈之貌。　❹雩（yú）途：污染涂抹。孙星衍云："《说文》：'污，涂也。''雩途'即'污涂'，谓涂墍。"　❺遬：通"速"，快速。　❻落落：多之貌。《老子》云："不欲琭琭如玉，落落如石。"　❼循：通"揗"，抚摩。《汉书·李广苏建传》："而数数自循其刀环。"颜师古注云："循，谓摩顺也。"

景公问为臣之道晏子对以九节第五

题　解

齐景公请教晏子为臣之道，晏子提出了九条蕴含多重伦理规范的道德准则。其中有"荐善""居贤"的对君之忠，有"通善""不据肥利之地为私邑"的对民之责，有"不私""不伐""不苟"的对己之修，构建了以"公心""守礼""务实"为核心的臣道体系，奠定了后世"贤臣""清官"的价值标准，也体现出公私分野、对立统一的辩证思维。

【原文】

景公问晏子曰："请问为臣之道。"

晏子对曰："见善必通①，不私其利；庆善②而不有其名；称身居位，不为苟进③；称事受④禄，不为苟得⑤；体贵侧贱⑥，不逆其伦；居贤不肖，不乱其序；肥利之地，不为私邑；贤质⑦之士，不为私臣；君用其所言，民得其所利，而不伐其功。此臣之道也。"

【译文】

齐景公问晏子说："请您告诉我做臣子的基本准则。"

晏子回答说："见到好的事物一定要推而广之，不私自享有其中的好处；荐善举贤而不刻意博取名声；衡量自身的综合实力以处于最合适的职位，不苟且进取以求爵位；衡量事绩以接受最合理的俸禄，不拿取不当得的；正确区分尊卑秩序，不混淆伦理纲常；合理安置贤能与不贤之人，不颠倒次序；肥沃且有丰厚利润的土地，不占为自己的城邑；贤能质朴的士人，不把他们笼络为自己的家臣；君主采纳他的建议，民众从他那里得到好处，他却不夸耀自己的功劳。这就是做臣子的基本准则。"

注释

❶ 见善必通：见到好的事物一定要推而广之。通，传达，推广。《易·系辞上》："推而行之谓之通。"　❷ 庆善：当作荐善。王念孙《读书杂志》云："'庆'本作'荐'。'不有其名'，谓不以荐善自居也。……《群书治要》正作'荐善'。"　❸ 苟进：苟且进取，以求爵位。　❹ 受：原为"授"，《指海》本注曰："'受'原误'授'，卢校改与《治要》合。"今据改。　❺ 苟得：不当得而得。　❻ 体贵侧贱：列位分其尊卑。侧，同"厕"，厕列，列入。　❼ 贤质：贤能质朴。

景公问贤不肖可学乎晏子对以强勉为上第六

题 解

　　齐景公请教晏子人性修养与后天学习的关系。晏子引经据典，以自然物象"高山""景行"化为道德高度与行为准则的象征，阐明其"劝学"与"修身"思想，指出"贤不肖"可通过"学"与"行"而转化。他不仅强调"学"，更强调"行"，主张唯有坚持行善而且持之以恒，才能学以成贤，体现了先秦诸子"知行合一"的实践理性。

【原文】

　　景公问晏子曰："人性有贤不肖，可学乎？"

　　晏子对曰："《诗》云'高山仰止，景行行止'①之者，其人也。故诸侯并立，善而不怠者为长；列士并学，终善者为师。"

【译文】

　　齐景公问晏子说："人的本性有贤良和不贤之分，可以通过学习改变吗？"

　　晏子回答说："《诗经》说'高山令人仰望，大道引人前进'，秉持该信念的人就是值得我们学习的人。因此，在诸侯并立的时代，不断向善且从不懈怠的人就会成为霸主；众多士人在一起学习，始终向善坚持到底的人就会成为老师。"

注 释

　　❶高山仰止，景行行止：出自《诗经·小雅·车舝（xiá）》。郑玄笺云："古人有高德者，则慕仰之；有明行者，则而行之。"本意是高山令人仰望，大道引人前进，后比喻对崇高境界的向往、对卓越目标的追求。

景公问富民安众晏子对以节欲中听第七

题 解

　　齐景公向晏子询问怎样能使百姓富足安乐。晏子深刻指出"节欲则民富""中听则民安"，认为统治者治国的关键在于君主的自律（节欲）与施政的公正（中听），这是实现"民富众安"的核心，体现了晏子反对苛政、重视民生的为政品格。

【原 文】

　　景公问晏子曰："富民安众难乎？"

　　晏子对曰："易。节欲则民富，中听①则民安。行此两者而已矣。"

【译 文】

　　齐景公问晏子说："让民众富裕安定很难吗？"

　　晏子回答说："很简单。您如果节制自己的私欲，民众就富裕了；您如果治狱得当，民众就安定了。您践行这两个要求就行了。"

注 释

　　❶中听：指治狱得当。孙星衍曰："中听，听狱得中也。"又，《尚书·吕刑》："民之乱，罔不中听狱之两辞。"伪孔传云："民之所以治，由典狱之无不以中正听狱之两辞。"

景公问国如何则谓安晏子对以内安政外归义第八

题 解

　　齐景公求教晏子国家如何才称得上安定，晏子提出的安国之道可分为三个方面：一是要政治清明，如广开言路、吏治公正；二是要社会均衡，如阶层调和、民生保障；三是要施政有度，如赏罚适中、外交守义。这充分体现了晏子将"德政"与"礼义"相统一，将民本思想与道义精神相融合的政治思想。

【原 文】

　　景公问晏子曰："国如何则可谓安矣？"

　　晏子对曰："下无讳言[1]，官无怨治[2]；通人不华[3]，穷民不怨。喜乐无羡赏，忿怒无羡刑。上有礼于士，下有恩于民。地博不兼小，兵强不劫[4]弱。百姓内安其政，外归其义。可谓安矣。"

【译 文】

　　齐景公问晏子说："国家要怎样才可以称为安定呢？"

　　晏子回答说："臣民畅所欲言，官吏治理有方，没有使百姓生怨的事；通达显贵的人不奢华，窘迫的民众不抱怨。君主高兴的时候不过分赏赐，愤怒的时候不滥用刑罚。君主在上礼遇士人，在下施恩于民。国土博大却不兼并小国，兵力强盛却不侵略弱国。国内的百姓安心于这个国家的政治，别国的诸侯也归服于这个国家的仁义。这样就可以称为安定了。"

注释

❶ 讳言：有所顾忌而隐讳不说的言论。　❷ 官无怨治：谓官吏治理有方，没有使百姓生怨的事。　❸ 通人不华：通达显贵的人不奢华。通人，本指学识渊博之人，这里指显贵的人。　❹ 劫：掠夺，侵略。

景公问诸侯孰危晏子对以莒其先亡第九

题 解

　　齐景公询问晏子诸侯国谁最有灭亡之危。晏子以极其简洁的语言揭示诸侯国关系的实力博弈与生存现实，深刻指出莒国因依附于距离较远的国家，自身实力过弱而濒于灭亡，警示弱国对内应强固国力，对外应审时度势，要自重自强、勿蹈覆辙。

【原 文】

　　景公问晏子曰："当今之时，诸侯孰危?"

　　晏子对曰："莒其先亡乎!"

　　公曰："何故?"

　　对曰："地侵①于齐，货竭②于晋，是以亡也。"

【译 文】

　　齐景公问晏子说："当今天下局势，哪个诸侯国最危险?"

　　晏子回答说："大概是莒国先灭亡吧!"

　　景公说："为什么?"

　　晏子回答说："莒国国土与齐国接近，但它把所有财货都贡于晋国，所以莒国会先灭亡。"

注 释

❶侵：侵逼，这里指接近。　❷竭：全，悉数。

晏子使吴吴王问可处可去晏子对以视国治乱第十

题 解

晏子出使吴国，吴王请教晏子"可处""可去"的国家是怎样的。晏子微言大义，指出应以"君臣伦理、政治清明"作为标准来判断国家是否值得效力，强调君子要辅佐治世之君，远离"暴君""乱国"，彰显了晏子"择君而事""出处进退"的政治伦理与价值选择，凸显了他对民生与法治的重视，也隐含着对"暴君""乱国"的批判。

【原 文】

晏子聘于吴，吴王曰："子大夫以君命辱在弊邑之地①，施觌②寡人，寡人受觌矣，愿有私问焉。"

晏子巡遁③而对曰："婴，北方之贱臣也，得奉君命，以趋于末朝④，恐辞令不审⑤，讥于下吏，惧不知所以对者。"

吴王曰："寡人闻夫子久矣，今乃得见，愿终其问。"

【译 文】

晏子访问吴国，吴王说："您作为上邦大夫奉君命屈尊来到敝国，给我带来了赏赐，我接受赏赐，希望可以私下里请教您一些问题。"

晏子迟疑不决地回答道："我，北方的微贱之臣，幸得奉国君之命来到贵国列在朝廷的末席，唯恐回答不严谨，被您的下属官吏嘲笑，诚惶诚恐，不知该怎么回答您。"

吴王说："我早就听说过您了，今天终于见到，希望能把我想问的都问出来。"

晏子避席对曰："敬受命矣。"

吴王曰："国如何则可处⑥，如何则可去⑦也？"

晏子对曰："婴闻之，亲疏得处其伦，大臣得尽其忠，民无怨治，国无虐刑，则可处矣。是以君子怀⑧不逆之君，居治国之位⑨。亲疏不得居其伦，大臣不得尽其忠，民多怨治，国有虐刑，则可去矣。是以君子不怀暴君之禄，不处乱国之位。"

晏子离开座位回答说："恭敬不如从命，您问吧。"

吴王说："一个国家要怎样才值得留下，怎样才应该离开？"

晏子回答说："我听说，和国君不论亲疏都能够不违伦常，大臣们能够各尽忠心，民众对于国家的治理没有怨言，国家不设残暴的酷刑，那么就可以留下。因此君子向往不违背正道的国君，愿意在安定的国家做官。如果国君任人唯亲，违背伦常，大臣们无法尽忠，民众对于社会治理怨声载道，国家滥用酷刑，那么可以离开了。因此君子不会感念暴君的俸禄，不在混乱不定的国家做官。"

注 释

❶ 以：因为。辱：谦辞，屈尊。　❷ 施贶（kuàng）：对他人赠与的敬称。贶，赠，赐。《说文》："贶，赐也。"　❸ 巡遁：即"逡巡"，迟疑不敢向前的样子。这里意在表达晏子回答吴王问题时的恭敬态度。《指海》本作"逡遁"。❹ 末朝：谦辞，朝廷的末席。　❺ 审：周密，严谨。　❻ 处：相处，留下，共事。　❼ 去：离开。　❽ 怀：向往。　❾ 位：位置，这里指官位。

吴王问保威强不失之道晏子对以先民后身第十一

题 解

吴王向晏子询问如何保持国家强盛而不衰败。晏子阐明应"先民而后身，先施而后诛"，强调君主要以民为本，先施恩后惩罚，做到以法禁暴，强不凌弱，军队要为民除患，不以武力侵兼他国，强调君主要注重民生、公正治国，如此才能维持国家强盛而不衰弱，体现了晏子的政治智慧和民本思想。

【原　文】

晏子聘于吴，吴王曰："敢问长保威强勿失之道若何？"

晏子对曰："先民而后身，先施而后诛；强不暴弱，贵不凌贱，富不傲贫；百姓并进，有司不侵，民和政平；不以威强退人之君，不以众强兼人之地。其用法，为时禁暴①，故世不逆其志；其用兵，为众屏患②，故民不疾其劳。此长保威强勿失之道也。失此者危矣！"

吴王忿然③作色，不说。晏子曰："寡君之事毕矣，婴无斧锧④之罪，请辞而行。"遂不复见。

【译　文】

晏子访问吴国，吴王说："请问长期保持威势强盛而不衰落的方法是什么？"

晏子回答说："先考虑民众的利益再考虑个人利益，先给予恩赐再考虑责罚；强大的不去欺负弱小的，高贵的不去欺凌低贱的，富裕的不傲视贫困的；百姓都有被提拔为官员的机会，相关官吏不去侵犯民众，民众安宁，政治清平；不用威势强行逼退别国之君，不用大量的强兵去兼并别国的土地。运用法律的目的是适时禁止暴行，制止暴乱，因此世人不会违背国君的意志；使用军队是为民众消除祸患，因此民众不会怨恨这样的劳役。这就是长期保持威势强盛而不衰落的方法。失去了这些就危险了！"

吴王愤然变了脸色，很不高兴。晏子说："我们国君派遣我的事做完了，我并未犯下杀头之罪，请允许我向您辞行。"于是不再与吴王相见。

注 释

❶ 时：适时地。禁暴：禁止暴行，制止暴乱。　❷ 屏患：消除祸患，平定祸乱。　❸ 忿然：愤怒之貌。　❹ 斧锧（zhì）：古代斩人的刑具。斧锧之罪，即杀头的罪。

晏子使鲁鲁君问何事回曲之君晏子对以庇族第十二

题 解

鲁昭公质疑晏子为何要事奉邪曲之君。晏子以家族祭祀重任为由，回应即便君主邪曲也"不敢择君"，展现了他在其位谋其政的政治伦理观。鲁昭公对晏子的称赞，更进一步突出了晏子仁德无私、谦逊忠直的政治品格。

【原文】

晏子使鲁，见昭公，昭公说曰："天下以子大夫语寡人者众矣①，今得见而羡乎所闻，请私而无为罪②。寡人闻大国之君，盖回曲③之君也，曷为以子大夫之行，事回曲之君乎？"

晏子逡循对曰："婴不肖，婴之族又不若婴，待④婴而祀先者五百家，故婴不敢择君。"

【译文】

晏子出使鲁国，拜见鲁昭公，昭公很高兴地说："天下告诉我关于您事迹的人很多，如今得以见到您，远远超出我所听闻的那样，我想私下向您请教，请您不要怪罪。我听说大国的君主，大概都是邪曲不正的君主，您这样的品行，为什么要事奉邪曲不正的君主呢？"

晏子迟疑不决地回答道："我不是贤才，我的族人又不如我，依靠我祭祀祖先的就有五百家，因此我不敢选择其他君主。"

晏子出，昭公语人曰："晏子，仁人也。反亡君⑤，安危国，而不私利焉；僇崔杼之尸，灭贼乱之徒⑥，不获名焉；使齐外无诸侯之忧，内无国家之患，不伐功焉；錭然不满⑦，退⑧托于族。晏子可谓仁人矣！"

晏子出去以后，鲁昭公对左右的臣子说："晏子，真是个仁人啊。抵制臣子为君主陪葬的既定礼仪，安定陷入危险的国家，却没有从中获取私利；把崔杼的尸体示众，剿灭犯上作乱的贼人，却没有从中获取美名；他让齐国在外没有其他诸侯侵扰的忧患，在内没有国家动乱的隐患，却从不夸耀功绩；他毫不自满，谦逊地说留在齐国是为了族人。晏子真是个仁人啊！"

注　释

❶子大夫：古代国君对大夫、士或臣下的美称。语（yù）：告诉。　❷无为罪：不要怪罪。　❸回曲：邪曲。苏舆云："'回曲'犹言'邪曲'。"　❹待：依靠。　❺反亡君：就上下文意而言，此句可译为抵制臣子为君主陪葬的既定礼仪。反是抵制的意思。《左传·襄公二十五年》："晏子立于崔氏之门外，其人曰：'死乎？'曰：'独吾君也乎哉？吾死也？'曰：'行乎？'曰：'吾罪也乎哉？吾亡也？'曰：'归乎？'曰：'君死，安归？君民者，岂以陵民，社稷是主；臣君者，岂为其口实，社稷是养。故君为社稷死，则死之；为社稷亡，则亡之。若为己死而为己亡，非其私昵，谁敢任之？且人有君而弑之，吾焉得死之？而焉得亡之？将庸何归？'门启而入，枕尸股而哭。"（本书下卷有同句）这里说的是古代有君主去世臣子陪葬的既定礼仪。齐庄公死后，晏子理应殉葬，但晏子不拘泥于既定礼仪，具体问题具体分析，认为齐庄公因违背道德被杀，非舍身于社稷，故臣子不必陪葬，也不必因此逃亡，可见晏子思想的先进性。《古文观止》卷二《晏子不死君难》亦载此事。　❻灭贼乱之徒：剿灭为恶作乱的人。这里指庆封专权，晏子参与了剿灭庆封的事件。此乱平定后，景公封给晏子城邑，晏子推辞不受。　❼錭（chēn）然不满：不自满。　❽退：退让，谦逊。

鲁昭公问鲁一国迷何也晏子对以化为一心第十三

题解

鲁昭公就鲁国虽举全国谋划仍不免混乱的疑虑向晏子请教。晏子指出鲁国的问题在于君主身边缺乏持有不同意见及真正贤能之人。他引经据典，谏言圣王明君应任用善良贤能之人，这样才能了解实情，避免迷惑，强调治国需重视人才、广纳异见、内外兼察，展现了圣王用贤之道。

【原文】

晏子聘于鲁，鲁昭公问焉："吾闻之，莫三人而迷。今吾以鲁一国迷虑①之，不免于乱，何也？"

晏子对曰："君之所尊举而富贵，入所以与图身②，出所以与图国③。及左右逼迩④，皆同于君之心⑤者也。犇⑥鲁国化而为一心，曾⑦无与二，其何暇有三？夫逼迩于君之侧者，距⑧本朝之势，国之所以治⑨也；左右谗谀，相与塞善，行之所以衰也；士者持

【译文】

晏子访问鲁国，鲁昭公问他："我听说，处理事情时如果不与三个及以上的人共同商讨就会迷惑。如今我与整个鲁国一起考虑谋划，怎么还是难以免除混乱，这是为什么呢？"

晏子回答说："因您所提拔重用而富贵显赫的人，他们在朝廷只知道迎合您的意思，以期为自身生存、发展考虑，在外也只是按照您的想法办理国家大事。包括您的左右近臣，都是和您想法一样的人。全鲁国的人都和您一个想法，尚没有第二个人，哪里又有第三个人呢？您的左右近臣在您身边，势力与朝堂相当，国家因此治理成如今这样；左右近臣都是谗谀奉承之人，他们相互阻塞好的建议，国家的德行也因此衰败；士大夫们尸位素餐，在外

禄⑩，游者养交⑪，身之所以危也。《诗》曰：'芃芃棫朴，薪之槱之；济济辟王，左右趋之。'⑫此言古者圣王明君之使以善也。故外知事之情，而内得心之诚，是以不迷也。"

游说的士人结交权贵，君主自身就因此陷入危险了。《诗经》有言：'茂盛的棫朴，堆积在一起以备焚烧；庄严的君主，左右大臣都跟随他共襄盛事。'这是说古代圣明的君主能够善用人才。所以对外他们能够知晓事物的实际情况，对内能够得到臣子内心的真诚相待，因此就不会迷惑了。"

注 释

❶虑：考虑，谋划。　❷图身：为自身生存、发展考虑。　❸与图国：和君主一起考虑，处理国事。这里的意思是按照君主的想法考虑国家大事。　❹左右逼迩：左右近臣。逼迩，靠近，这里指近臣。　❺心：心思，这里是想法、观点、思想的意思。　❻犞：据俞樾《诸子平议》，"犞"当作"挢"，《说文》云："挢，举手也。"此处"挢"即"举"意，意为全体。"'挢鲁国化而为一心'，犹云'举鲁国化而为一心'。"　❼曾：竟，尚。　❽距：通"拒"，抵抗，抗衡，相当。　❾治：根据上下文意，可以理解为治理得不好，治理成这个样子。俞樾《诸子平议》谓盖"殆"字之误。　❿持禄：保住俸禄就可以，不为国家考虑。这里说的是士大夫们尸位素餐。　⓫养交：结交权贵。《管子·明法》："小臣持禄养交，不以官为事，故官失其能。"　⓬"芃芃（péng）棫（yù）朴"四句：出自《诗经·大雅·棫朴》，此篇赞美周文王能够合理地运用人才，故贤才众多。整句意思是茂盛的棫朴，砍下来堆积在一起以备焚烧；庄严的君主，左右大臣都跟随他共襄盛事。芃芃，草木茂盛的样子。槱（yǒu），堆积木柴，以备燃烧。《说文》："槱，积火燎之也。"济济，庄严威武之貌。辟王，君王，一说为周文王。

鲁昭公问安国众民晏子对以事大养小
谨听节俭第十四

题解

鲁昭公请教晏子"安国众民"之道。晏子阐明了其以民为本、注重国际关系平衡的治国安民之策，即"傲大贱小则国危，慢听厚敛则民散"，对外应尊奉大国、养护小国，对内要重视民众意见、征收赋税有节制，这样才能国家安定、人口增多。

【原文】

晏子聘于鲁，鲁昭公问曰："夫俨然①辱临敝邑，窃甚嘉之，寡人受贶，请问安国众民②如何？"

晏子对曰："婴闻傲大贱小则国危，慢听③厚敛则民散。事大养小，安国之器也；谨听节俭④，众民之术也。"

【译文】

晏子访问鲁国，鲁昭公问晏子说："夫子您如此庄重地屈尊莅临鄙国，我私下感到十分荣幸，我接受贵国的恩赐，想向您请教怎么做才能使国家安定、人口增加呢？"

晏子回答说："我听说傲视大国看轻小国，国家就会陷入危险；怠慢刑狱案件，赋税太重，民众就会离去。尊奉大国养护小国，是使国家安定的手段；谨慎处理刑狱案件、征收赋税有节制，是使人口增加的办法。"

注释

❶ 俨然：严肃庄重的样子。　❷ 安国众民：国家安定，人口增加。安，

使……安定。众，使……数量增加。 ❸慢听：怠慢案件。听，治理、审理案件。 ❹节俭：俞樾《诸子平议》云："'俭'乃'敛'字之误。"故译为征收赋税有节制。

晏子使晋晋平公问先君得众若何
晏子对以如美渊泽第十五

题解

晋平公询问出使晋国的晏子其先君齐桓公如何得民心，又问及庄公与今君。晏子以形象生动的比喻谏言"君子如美渊泽"，以鱼水相依喻君民关系，指出君主应注重自身品德修养、关心民众、包容万物，做到这些，民众就归附。同时晏子对比两代君主凸显"节用亲民"方可长治久安的治国真谛，彰显了晏子对君主德行及治国方式的深刻思考。

【原文】

晏子使晋，晋平公飨之文室①。既静②矣，晏以③。平公问焉，曰："昔吾先君④得众若何？"

晏子对曰："君飨寡君，施⑤及使臣，御在君侧，恐惧⑥不知所以对。"

平公曰："闻子大夫数矣，今乃得见，愿终闻之。"

【译文】

晏子出使晋国，晋平公以飨礼在豪华的宫殿迎接晏子。结束之后，晋平公又设宴款待他。平公问晏子说："从前咱们的先君齐桓公是怎么备受百姓拥护爱戴的呢？"

晏子回答说："您把宴请国君的礼节，延展到我这个使臣的身上，况且我现在又事奉在您身边，诚惶诚恐，不知道如何回答这个问题啊。"

晋平公说："我曾多次听说过您，今天才得以相见，希望能听听您的看

晏子对曰："臣闻君子如美渊泽⑦，容之，众人归之，如鱼有依，极其游泳之乐；若渊泽决竭⑧，其鱼动流。夫往者维雨乎，不可复已。"

公又问曰："请问庄公与今孰贤？"

晏子曰："两君之行不同，臣不敢不知也⑨。"

公曰："王室之正也⑩，诸侯之专制也，是以欲闻子大夫之言也。"

对曰："先君庄公不安静处，乐节饮食，不好钟鼓⑪，好兵作武，士与同饥渴寒暑。君之强，过人之量，有一过不能已焉⑫，是以不免于难。今君大宫室，美台榭，以辟⑬饥渴寒暑，畏祸敬鬼神。君之善，足以没身，不足以及子孙矣。"

法。"

晏子回答说："我听说君子就像美好的深渊大泽一样，什么都能容纳，众人都归附于他，就像鱼儿有了依附，极度享受在水里游泳的快乐；如果深渊大泽决堤枯竭，里面的鱼儿将会随水流而去。它们大概会去雨水多的地方吧，不会再回来了。"

晋平公又问晏子说："请问齐庄公和当今齐国国君齐景公谁更贤明？"

晏子说："两任君主的行为和品行不同，我不敢妄自评判。"

晋平公说："周王室名存实亡，诸侯专权，我想听听您的见解。"

晏子回答说："我们的先君齐庄公不安于平静处世，乐于节制饮食，不喜欢钟鼓音乐，喜欢兴兵动武，并且与士兵同饥同渴、同寒同暑。君主的强大毅力，是远超常人的，但是他有一个过错不能原谅，因此无法免除杀身之祸。当今的君主喜欢庞大的宫殿、华美的楼台，来躲避饥渴寒暑，畏惧祸患敬重鬼神。景公是善良的，足以平稳地度过这一生，但不能福泽子孙啊。"

注 释

❶ 飨（xiǎng）：即飨礼，古代一种隆重的宴饮宾客之礼。黄以周云："礼，主君飨宾，亲进醴，其礼严肃。飨毕又宴，宾辞让，请用臣礼。"文室：雕梁画

栋的宫室，这里意在说明招待晏子的宫殿很豪华，反映出晋平公对晏子的重视。
❷ 静：通"竫"，停止。《说文》云："竫，亭安也。"　　❸ 晏以：黄以周云："晏以，当作'以宴'。"即举行飨礼完毕之后，又设宴招待晏子。　　❹ 吾先君：作"吾先君"，语殊不伦。黄以周云："问齐桓公也。'吾'下当有'子'字。"作"吾子先君"，是。即您的先君，这里指齐桓公。　　❺ 施：给予，延展。　　❻ 恐惧：诚惶诚恐，十分惶恐。　　❼ 美渊泽：美好的深渊大泽。　　❽ 决竭：决堤枯竭。　　❾ 臣不敢不知也：从卢文弨说，"知"上"不"字当衍。　　❿ 王室之正也：刘师培云："案'正'上疑脱'不'字。"据刘说，当作"王室之不正也"。王室不正，乃有后文"诸侯之专制"。　　⓫ 钟鼓：钟和鼓，借指音乐。　　⓬ 有一过不能已焉：有一过，应指齐庄公与崔杼的妻子棠姜有私情。已，停止，这里指原谅。　　⓭ 辟：通"避"，躲避。

晋平公问齐君德行高下晏子对以小善第十六

题 解

　　晋平公就齐君德行高低追问来使的晏子。晏子起初婉言"小善"，后又坦言齐君没有可称赞的德行，凸显了晏子忠臣不讳、诚实刚直、守义敢言的品格。本章赞赏了敢于直谏、刚正不阿的臣子，也展现出其对君主及国家的重要性。

【原 文】

　　晏子使于晋，晋平公问曰："吾子之君，德行高下如何？"晏子对以"小善"。

　　公曰："否，吾非问'小

【译 文】

　　晏子出使晋国，晋平公问晏子说："您的君主，德行是高尚还是低劣呢？"晏子以"还行吧"对答。

　　晋平公说："不是，我不是想问

善'，问子之君德行高下也。"

晏子蹴然曰："诸侯之交，绍而相见①，辞之有所隐也。君之命质②，臣无所隐，婴之君无称焉。"

平公蹴然而辞送，再拜而反曰："殆哉吾过！谁曰齐君不肖！直称③之士，正在本朝也。"

'还行吧'，我是想问您的君主的德行是高尚还是低劣。"

晏子不安地回答道："诸侯的交往，通过介绍而相见，所以言辞必须隐晦。您的命令如此直白，我也不用有所隐晦了，我的君主没有什么值得称赞的。"

平公不安地辞送了晏子，拜了两拜后回来说："危险了！我的过错啊！谁说齐君不是贤人！正直敢言的大臣，就在他的朝堂之上。"

注 释

❶ 绍而相见：通过介绍而相见。这里指国与国之间的外交十分正式。　❷ 质：朴素，直白。　❸ 直称：正直敢言。

晋叔向问齐国若何晏子对以齐德衰民归田氏第十七

题 解

晋国叔向询问出访晋国的晏子齐国现在如何，晏子回答后叔向回以晋国现状。二人的对话深刻揭示了当时齐国和晋国的政治危机：齐国国君暴虐而田氏慈爱惠民，田氏终将夺权；晋国公室衰微、政治腐败。两者对于齐、晋两国现状的分析展现了晏子深思齐国命运的政治远见，也显现了叔向对晋国公室衰落的无奈与忧虑，传达了得民心者得天下、政权腐败必衰的思想。

【原文】

晏子聘于晋，叔向①从之宴，相与语。叔向曰："齐其何如？"

晏子对曰："此季世②也，吾弗知，齐其为田氏乎！"

叔向曰："何谓也？"

晏子曰："公弃其民，而归于田氏。齐旧四量③：豆、区、釜、钟，四升为豆，各自其四，以登于釜，釜十则钟④。田氏三量⑤，皆登一⑥焉，钟乃巨矣。以家量贷⑦，以公量⑧收之。山木如市，弗加于⑨山；鱼盐蜃蛤⑩，弗加于海。民参其力，二入于公，而衣食其一；公积朽蠹⑪，而老少冻馁；国都之市，屦贱而踊⑫贵；民人痛疾，或燠休之⑬。昔者殷人诛杀不当，僇民无时⑭，文王慈惠殷众，收恤无主，是故天下归之。无私与，维德之授。今

【译文】

晏子访问晋国，叔向同他一起宴饮，两人相互交谈。叔向说："齐国现在怎么样？"

晏子回答说："齐国已经到末世了，我不知道会怎样，齐国大概会属于田氏吧！"

叔向说："怎么这么说呢？"

晏子说："齐国的君主抛弃了他的子民，子民已经归附田氏了。齐国旧时有四种计量单位：豆、区、釜、钟，以四为进制单位，即四升为一豆，四豆为一区，四区为一釜，到了釜以后，十釜为一钟。田氏私家有升、豆、区三个计量单位，升、豆、区皆增加一个单位，即五升为一豆，五豆为一区，五区为一釜，到钟的时候，容量已经很大了。田氏用私家的计量单位给百姓借贷粮食，用齐国统一的计量单位收回百姓归还的粮食。山上砍的树木在市场上买，价格不会比在山上高；在海里打捞的盐和海鲜，价格不会比在海边高。民众付出的劳力分成三份，有两份拿去充公，只留一份来维持民众日常的吃穿用度；国家储存的财物大多都腐烂生虫了，而老老少少的民众在受冻挨饿；在国都的市场上，因为刑罚严酷，导致普通鞋子的价格低而假腿的价格高；民众十分痛恨齐国，田氏就不断地安慰抚恤民众。当年商朝诛杀不当，随意残害民众，而周文王仁慈爱护殷商民众，收养体恤无家可归的

公室骄暴，而田氏慈惠，其爱之如父母，而归之如流水，无获民，将焉避？箕伯、直柄、虞遂、伯戏⑮，其相胡公、太姬⑯，已在齐矣。”

叔向曰：“虽吾公室，亦季世也。戎马不驾，卿无军行，公乘⑰无人，卒列无长⑱。庶民罢弊，宫室滋侈；道殣⑲相望，而女富溢尤。民闻公命，如逃寇仇。栾、郤、胥、原、孤、续、庆、伯⑳，降在皂隶㉑。政在家门㉒，民无所依，而君日不悛㉓，以乐慆㉔忧。公室之卑，其何日之有！谗鼎之铭曰：‘昧旦丕显㉕，后世犹怠。’况日不悛，其能㉖久乎？”

晏子曰：“然则子将若何？”

叔向曰：“人事毕矣，待天而已矣！晋之公族尽矣。肸闻之，公室将卑，其宗族枝叶先落，则公从之。

人，因此全天下的人都归附他。民众不会私下无端地归附谁，主要看当政者的德行。如今齐国公室骄横残暴，而田氏仁慈且施予民众恩惠，民众爱戴他就像对待父母一样，归附他像流水一样，想让田氏不获得民心，又从哪里去阻止呢？箕伯、直柄、虞遂、伯戏等田氏远祖，以及田氏的始祖胡公和太姬，已经准备降临齐国宗庙，享受祭祀了。”

叔向说：“即使是晋国的公室，现在也到末世了。战马不能驾车，卿大夫也没有擅长军事的，兵车也没有士兵驾驭，军队没有长官指挥。百姓十分疲惫，而宫中却十分奢靡；道路上饿死的人一个挨着一个，君主的爱妃却极其富裕。民众听到朝廷的命令，就像躲避仇敌一样。栾、郤、胥、原、孤、续、庆、伯这些晋国的老派贵族，如今都沦落为低贱的仆役了。大权都把持在当政权臣手上，民众没有依靠，君主却不知悔改，用快乐掩盖忧患。晋国公室如此卑微，还能存在几天呢！谗鼎上的铭文云：‘祖先早期辛勤创立基业，后代仍然会因懒怠而败坏。’况且君主每天不思悔改，这哪里能长久呢？”

晏子说：“既然这样，那您怎么办呢？”

叔向说：“尽人事，听天命吧！晋国公室的族人都快衰亡了。我听说，一个公室将要没落的时候，他的宗族就像大树的枝叶一样先行凋落，然后公室接着就衰败

肸之宗十一族，维羊舌氏在而已，肸又无子，公室无度，幸而得死㉗，岂其获祀焉?"

了。我的宗族原来有十一个部族，现在仅剩羊舌氏一族还在了，我又没有儿子，公室也没有法度，能得到善终就是幸运的了，哪里还希望被后人祭祀啊?"

注　释

❶ 叔向：羊舌氏，名肸（xī），春秋时晋国大夫。　❷ 季世：末世。古人排次序，常用伯、仲、叔、季。季处于最末，因此季世当为末世。　❸ 量：计量单位。　❹ 四升为豆，各自其四，以登于釜，釜十则钟：总的意思是以四为进制单位，即四升为一豆，四豆为一区，四区为一釜，到了釜以后，十釜为一钟。❺ 三量：升、豆、区三个计量单位。　❻ 登一：加一，即五升为一豆，五豆为一区，五区为一釜。　❼ 家量：田家自己的计量单位。贷：借。　❽ 公量：齐国统一的计量单位。　❾ 加于：高于。　❿ 蜃（shèn）蛤（gé）：大蛤和蛤蜊。❶❶ 朽蠹：腐朽生虫。　❶❷ 踊：古代受过刖刑的人用以连接脚的装置，类似于现在的假腿。意在说明齐国刑罚过于严酷，受刑的人多，买踊的人多了，价格就贵了。　❶❸ 或：有的，指田氏。燠（yù）休（xǔ）：抚慰，体恤。　❶❹ 僇（lù）：通"戮"，杀戮。无时：任何时候，这里指随意、任意。　❶❺ 箕伯、直柄、虞遂、伯戏：舜的后代，是田氏的远祖。　❶❻ 相：这里是"祖"字之误。胡公：田氏的始祖。太姬：胡公的妃子。　❶❼ 公乘：王室或诸侯国的兵车。❶❽ 卒列无长：军队没有长官指挥。卒，古代军队百人为一卒。　❶❾ 殣：饿死。❷⓪ 栾、郤、胥、原、狐、续、庆、伯：晋国的老派贵族。　❷❶ 皂隶：古代低贱的仆役。　❷❷ 家门：与公室相对，指当政大臣家里。意在说明权力在当政大臣的手里。　❷❸ 不悛：不知悔改。　❷❹ 慆（tāo）：通"韬"，隐藏，掩盖。　❷❺ 昧旦丕显：天还未亮的时候光大发扬的德业，这里指祖先早期辛勤创立基业。　❷❻ 竜（néng）：同"能"。　❷❼ 得死：善终。

叔向问齐德衰子若何晏子对以进不失忠退不失行第十八

题解

　　叔向向晏子询问齐国德衰时的应对之策。晏子以鲜明的对比阐释了自己事奉明君与惰君的不同原则，强调君子事君要"进不失忠，退不失行"，既不迎合君主而"隐忠"，也不谋私利而"伤廉"，体现了晏子的君臣相处之道及在复杂政治环境中应有的忠诚、正直、廉洁的品格节操。

【原 文】

　　叔向问晏子曰："齐国之德衰矣，今子何若？"

　　晏子对曰："婴闻，事明君者，竭心力以没其身，行不逮①则退，不以诬持禄；事惰君者，优游②其身以没其世，力不能③则去，不以谀持危。且婴闻，君子之事君也，进不失忠，退不失行。不苟合以隐忠，可谓不失忠；不持利以伤廉，可谓不失行。"

　　叔向曰："善哉！《诗》

【译 文】

　　叔向问晏子说："齐国的德运已经衰败了，如今您怎么办？"

　　晏子回答说："我听说，事奉明君的时候，全心全力终其一生，如果自己德行达不到了就自行隐退，不能以欺骗的方式来持有俸禄；事奉昏庸惰政的君主，独善其身度过这一世，无能为力的时候就离去，不能以阿谀奉承的方式来维持已经陷入危险的地位。况且我听说，君子事奉君主，做官时不能失去忠心，隐退时不能丧失德行。不苟且迎合君主而隐没自己的忠心，这就叫作不失忠心；不为了保有自己的利益而有伤廉洁的节操，这就叫作不失德行。"

　　叔向说："您说得太好了！《诗经》

有之曰：'进退维谷④。'其
此之谓欤！"

有言：'进退维谷。'大概就是您所说的
这个意思吧！"

注 释

❶ 逮：达到。　❷ 优游：生活得十分闲适。"优游其身"此处可引申为独善
其身。　❸ 力不能：无能为力。　❹ 进退维谷：见《诗经·大雅·桑柔》。

叔向问正士邪人之行如何晏子对以使下顺逆第十九

题 解

　　叔向询问晏子正直之士与奸邪之人的品行如何。晏子对比阐述了正直
之士在不同境遇的行为准则及结果，如忠于君主、关爱百姓、重义于友、
不谋私利等，也刻画了奸邪之人的丑行及恶果，传达了晏子倡导正直、摒
弃奸邪的价值观，彰显了其为人、处世、事君的行为准则。

【原 文】

　　叔向问晏子曰："正士
之义，邪人之行，何如？"

　　晏子对曰："正士处
势临众不阿私①，行于国
足养而不忘故②。通则事
上，使恤其下；穷则教
下，使顺其上。事君尽礼

【译 文】

　　叔向问晏子说："正直之士的道义，邪
僻之人的品行，是什么样的？"

　　晏子回答说："正直之士居于高位、临
于众人之上却不徇私，在国家到处奔走仅仅
能养活自己的时候也不忘初心。通达显贵的
时候事奉君主，使他体恤臣民；穷困潦倒的
时候也引导臣民，使他们顺从君主。他们事
奉君主的时候尽礼效忠，不赚取不正当的爵

行忠，不正爵禄。不用则去而不议。其交友也，谕身③义行，不为苟戚④，不同则疏而不悱。不毁进于君，不以刻民尊于国。故用于上则民安，行于下则君尊；故得众上不疑其身，用于君不悖于行。是以进不丧己⑤，退不危身，此正士之行也。邪人则不然。用于上则虐民，行于下则逆上；事君苟进不道忠，交友苟合⑥不道行；持谀巧以正禄，比⑦奸邪以厚养；矜爵禄以临人，夸体貌以华世⑧；不任于上则轻议，不笃于友则好诽。故用于上则民忧，行于下则君危。是以其事君近于罪，其交友近于患，其得上辟于辱，其为生偾于刑⑨。故用于上则诛，行于下则弑。是故交通⑩则辱，生患⑪则危，此邪人之行也。"

位和俸禄。不被重用的时候就离开而不会议论是非。他们结交朋友，懂得诚信，践行道义，不保有不正当的亲密关系，双方意见不合、志向不同就自行疏远，也不会诋毁对方。不通过毁谤他人的方式而进用于君主，不通过刻薄待民的方式显贵于国家。所以正直之士被朝廷起用时能使民众安定，在民间到处奔走时也能使君主尊贵；所以他们在得到众人的爱戴时，君主也不会怀疑他们，在被君主任用时也不会违背自己的品行。可以说他们在朝为官时不会丧失自己的信念，隐退为民时也不会使自己陷入危险的境地，这就是正直之士的品行。邪僻之人就不是这样了。被君主任用时虐待民众，在民间奔走时悖逆君主；事奉君主时苟且求进而不遵忠义之道，与朋友交往只知阿谀迎合而不讲究道义；依靠阿谀巧技来获得俸禄，竞相为奸作恶来得到丰厚的利益；自负于高官厚禄，在众人面前居高临下，以自己的体态容貌来向世人炫耀；不被君主任用就轻率地议论是非，不与朋友深交就喜欢诋毁。所以邪僻之人被君主重用民众会有忧患，在民间奔走君主会有危险。所以他们事奉君主就面临犯罪，与朋友相交就面临忧患，他们位居高位就喜欢羞辱他人，掌握生杀大权会偏重刑罚。所以他们被君主任用会诛杀无辜，奔走于民间会弑君犯上。因此和他们交往会受到羞辱，和他们一起生活、共同经历患难会处于危险的境地，这就是邪僻之人的品行。"

注 释

❶ 处势：处于有权势的高位。临众：职位在众人之上。　❷ 足养：仅仅能供养自己。故：根本，初心。　❸ 谕身：懂得诚信。身，通"信"，诚信。　❹ 苟戚：不正当的亲密关系。　❺ 己：原为"亡"，王念孙《读书杂志》云："案，'进不丧亡'文不成义，'亡'当为'己'字之误也。"今据改。　❻ 苟合：不依道义行事，只知阿谀迎合。　❼ 比：竞相。　❽ 体：原作"礼"，今据上下文意及明活字本改。华世：向世人炫耀。　❾ 为生：掌握生杀大权。偾（fèn）：激动，奋起，此处可引申为偏重。　❿ 交通：结交。　⓫ 生患：一起生活，共同经历患难。

叔向问事君徒处之义奚如晏子对以大贤无择第二十

题 解

叔向询问晏子事君和闲处时的规范和准则。晏子详细论述了事奉君主时不同层次臣子的表现，强调贤能之人要具备不欺君、不背民的良好道德与"安国""导民""怀众"等能力，而君主要明辨善恶、惩处恶行，传达了晏子对贤能、良好品行的推崇及对"傲上""乱贼""乱国"之行的批判。

【原 文】

叔向问晏子曰："事君之伦①，徒处之义，奚如？"

晏子对曰："事君之伦，知虑足以安国，誉厚②足以导民，和柔足以怀众③，不廉

【译 文】

叔向问晏子说："事奉国君的规范，闲居独处的准则，是怎样的？"

晏子回答说："事奉国君的规范就是智谋足以安定国家，良好的声誉足以引导民众，温和柔顺足以容纳众人，不以廉洁事君的本分来博取名声，没有背

上④以为名，不倍民以为行，上也；洁于治己，不饰过以求先⑤，不谗谀以求进，不阿以私，不诬⑥所能，次也；尽力守职不怠，奉官从上不敢惰，畏上故不苟，忌罪故不辟⑦，下也。三者，事君之伦也。及夫大贤，则徒处与有事无择也，随时宜者也。有所谓君子者，能不足以补上，退处不顺上，治唐园⑧，考菲履⑨，共恤上令⑩，弟⑪长乡里，不夸言，不愧⑫行，君子也。不以上为本，不以民为忧，内不恤其家，外不顾其身游⑬，夸言愧行，自勤⑭于饥寒，不及丑侪，命之曰狂僻之民，明上之所禁也。进也不能及上，退也不能徒处，作穷于富利之门，毕志⑮于畎亩之业，穷通行无常处之虑，佚⑯于心，利通不能，穷业不成，命之曰处封⑰之民，明上之所诛⑱也。有智不足以补君，有能不足以劳民，俞⑲身徒处，谓之傲上；苟进不择

叛民众的行径，这是上等；保持廉洁，约束自己，不修饰过错来争取先进，不依靠说人坏话、阿谀奉承来得到提拔，不为亲朋好友徇私，不夸大自己的能力，这是次等；尽力做好自己的本职工作不敢懈怠，事奉君主不敢懒惰，敬畏君主不做苟且之事，害怕刑罚而不犯法，这是下等。以上三端，是事奉君主的规范。对于那些大贤之人来说，闲居独处和做官是没有区别的，他们懂得因时制宜。那些人们口中的君子，能力不足以补益君主，于是选择隐退，不再事奉君主，经营池塘和园圃，编制草鞋，不违背君上的政令，尊重长辈，邻里和睦，不夸大言辞，没有怪异的行为，这就是君子。那些不以君主为根本，不为民众担忧，在内不体恤自己的家人，在外不顾及自己的朋友，夸大言辞，行为怪异，只在意自己的温饱，不关心同类人的处境的人，就可以称之为狂妄邪僻的人，这是贤明的君主所禁忌的。做官时不能顾及君主，不做官时也不能闲居独处，困窘潦倒，致富无门，只能全心全意以耕种为业，这类人不论困窘还是通达都不会有长远的打算，心思放荡，通达的时候不能利人，困窘的时候无法立业，可称之为固步自封的人，是贤明的君主所要严重责罚的。有智慧却不能补益君主，有能力却不能为民众效劳，苟且懈怠，闲居独处，这叫作轻视君主；不择手段地苟且求进，不择手段地

所道，苟得不知所恶，谓之乱贼；身无以与君，能无以劳民，饰徒处之义⑳，扬轻上之名，谓之乱国。明君在上，三者不免罪。"

叔向曰："贤不肖，性夫！吾每有问，而未尝自得也。"

谋利而不知该有所摒弃，这叫作乱臣贼子；自身无法事奉君主，没有能力来为民众效劳，不断美化自己闲居独处的价值与意义，以轻视君主来宣扬自己的名声，这就叫作祸乱国家。贤明的君子在位时，这三种人都会被治罪。"

叔向说："贤或不贤，是由本性决定的！我每每有疑问，都不曾自己获得答案。"

注 释

❶ 伦：规范，法则，下句"义"字义同。　❷ 誉厚：良好的声誉。　❸ 怀众：容纳众人。　❹ 廉上：在朝堂之上保持廉洁。　❺ 先：先进，典范。　❻ 诬：欺骗，这里指夸大。　❼ 辟（bì）：犯罪。　❽ 唐园：池塘和园圃。唐，通"塘"，池塘。　❾ 考：完成，此指编制。菲履：麻鞋，草鞋。　❿ 共恤上令：恭敬体恤君主的政令。共，通"恭"，恭敬。共恤，遵守，不违背。　⓫ 弟：同"悌"，孝悌，尊敬。　⓬ 愧：通"傀"，怪异的意思。　⓭ 游：交游，这里指朋友。　⓮ 勤：担心，在意。　⓯ 毕志：全心全意。　⓰ 佚：放荡。　⓱ 处封：处于边疆，消息滞后。这里引申为固步自封。　⓲ 诛：严格责罚。　⓳ 俞：当为"偷"，懈怠苟且。　⓴ 饰徒处之义：美化自己闲居独处的价值与意义。饰，修饰，美化。

叔向问处乱世其行正曲晏子对以民为本第二十一

题 解

叔向询问晏子乱世中士人面对坚守正道与权变妥协两难困境时，如何平衡"守道"与"持民"。晏子辩证地提出以民利为根本的权变原则，认为士人在乱世中要打破"正"与"曲"二元对立，要做到位卑不失尊、委曲不失正，强调持民则不会遗道、遗民则没有正行，解决了乱世中士人道德实践的困境，体现了晏子务实的政治智慧。

【原文】

叔向问晏子曰："世乱不遵道①，上辟不用义②。正行则民遗③，曲行则道废。正行而遗民乎？与持民而遗道乎？此二者之于行何如？"

晏子对曰："婴闻之，卑而不失尊，曲而不失正者，以民为本也。苟持民矣，安有遗道？苟遗民矣，安有正行焉？"

【译文】

叔向问晏子说："世道混乱不遵循事物本有的发展规律，君主邪僻不施仁义。保持正直的品行就会失去民众，曲意行事就会废弃道义。是坚持品行正直而失去民众呢？还是保有民众而失去道义呢？这两者之间应当如何选择自己的行为呢？"

晏子回答说："我听说，地位低下却不会失去尊贵的德行，曲意行事却不会失去正直的品行，这就要求我们始终以民众为根本。如果保有了民众，道义怎么会丢失呢？如果失去了民众，哪里还算拥有正直的品行呢？"

注释

❶遵道：遵循事物本有的发展规律。　❷义：仁义。　❸遗：失去，丢失。

叔向问意孰为高行孰为厚晏子对以
爱民乐民第二十二

题 解

叔向请教晏子思想与行为的高低贵贱。晏子指出"意莫高于爱民""行莫厚于乐民"，即最高尚的"意"是爱护百姓，最仁厚的"行"是使百姓安乐。随即他又指出最下等的"意"是苛责百姓，最卑贱的"行"是祸及自身，深刻传达了晏子爱民、乐民的民本思想及其对不良思想行为的痛斥。

【原文】

叔向问晏子曰："意①孰为高？行孰为厚？"

对曰："意莫高于爱民，行莫厚于乐民。"

又问曰："意孰为下？行孰为贱？"

对曰："意莫下于刻民，行莫贱于害身②也。"

【译文】

叔向问晏子说："哪种思想最高尚？哪种行为最仁厚？"

晏子回答说："没有比爱护民众更高尚的思想，没有比使民众快乐更仁厚的行为。"

叔向又问："哪种思想最卑下？哪种行为最低贱？"

晏子回答说："没有比对民众刻薄更卑下的思想，没有比祸害自身更低贱的行为。"

注 释

❶ 意：意志，这里指思想。　❷ 害身：祸害自身。

叔向问啬吝爱之于行何如晏子对以
啬者君子之道第二十三

题 解

　　叔向求教晏子"啬、吝、爱"的本质区别。晏子以对比与层递论阐释了君子与小人在财物取舍及处世原则上的差异。他认为君子之"啬"与小人之"吝""爱"不同，君子之"啬"表现为量入为出、合理节用，构建了君子以"适度"与"道义"为标尺的"节制而不偏执"的财富观，体现了晏子重义轻利、反对贪婪偏执的思想观念。

【原 文】

　　叔向问晏子曰："啬[1]、吝、爱之于行何如？"

　　晏子对曰："啬者，君子之道；吝、爱者，小人之行也。"

　　叔向曰："何谓也？"

　　晏子曰："称财多寡而节用之，富无金藏，贫不假贷[2]，谓之啬；积多不能分人，而厚自养，谓之吝；不能分人，又不能自养，谓之爱。故夫啬者，君子之道；吝、爱者，小人之行也。"

【译 文】

　　叔向问晏子说："啬、吝、爱在行为上各有什么表现？"

　　晏子回答说："啬，是君子的准则；吝、爱，是小人的行径。"

　　叔向说："怎么理解这句话呢？"

　　晏子说："衡量财物的多少而有节制地使用，富足时不私藏财物，贫困时不向人借贷，这就叫作啬；财物积累很多却不分给他人，供养自己的钱财却十分丰厚，这就叫作吝；既不愿意把钱财分给别人，又不舍得用钱财来供养自己，这就叫作爱。所以说啬，是君子的准则；吝、爱，是小人的行径。"

注 释

❶啬：小气，此处是节俭之意。　❷假贷：借贷。

叔向问君子之大义何若晏子对以
尊贤退不肖第二十四

题 解

　　叔向请教晏子君子应秉持之大义。晏子从为人处世、性格修养、对待他人、不同境遇等方面全面、辩证、系统地阐述了"君子之大义"，如与人和谐相处但不随波逐流，性格温和但不软弱，品行高洁而"不以明污"等，体现了晏子所倡行的君子的高尚德行和处世原则。

【原 文】

　　叔向问晏子曰："君子之大义何若？"

　　晏子对曰："君子之大义，和调而不缘①，溪盎而不苛②，庄敬而不狡③，和柔而不铨④，刻廉而不刿⑤，行精而不以明污，齐尚而不以遗罢⑥，富贵不傲物⑦，贫穷不易行，尊贤而不退不肖。此君子之大义也。"

【译 文】

　　叔向问晏子说："君子的大义是什么样的？"

　　晏子回答说："君子的大义应该是，与人和谐相处而不随波逐流，明察秋毫而不过分苛责，庄严稳重而不过于急切，温和柔顺而不卑屈求全，严正清白而不伤害他人，品行高洁而不因此来揭露别人的污点，崇尚平等而不遗弃弱势群体，富裕的时候不自命不凡、轻视他人，贫穷的时候不改变自己的品行，尊重贤才而不排斥不贤的人。这就是君子的大义。"

注 释

❶ 和调：和同协调，这里指与人和谐相处。不缘：不盲目顺从，不随波逐流。缘，沿，顺着。　❷ 谿盎而不苛：孙星衍云："'谿'当为'谿'，言谿刻也。'盎'即'觖'假音，《说文》：'觖，早知也。''谿盎而不苛'，言不矜明察。"今从孙说，译为明察秋毫却不过分苛责。　❸ 狡：急切。《文选·洞箫赋》注曰："狡，急也。"　❹ 铨（quán）：通"踡"，即"蜷"之义，身体弯曲，此处引申为卑屈求全。　❺ 刻廉：严正清白。刿：刺伤，伤害。　❻ 齐尚：即尚齐，意思是崇尚平等。罢：弱势群体。《荀子·非相》杨倞注曰："罢，弱不任事者。"　❼ 傲物：自命不凡，轻视他人。

叔向问傲世乐业能行道乎晏子对以狂惑也第二十五

题 解

　　叔向求教晏子"傲世乐业"能否行道。晏子以辩证思维深刻批判了"傲世乐业"的极端行为，从行道的权变与原则统一、极端避世的虚伪性、"道"的实践价值等方面，深入辨析了"行道"的真正内涵，指出"古之能行道者"于治世中坚守正道、乱世中权变求存以求"世治""身安"，确立了"行道"需兼顾权变与原则、个人与社会的实践哲学，体现了晏子务实的为政品格。

【原 文】

　　叔向问晏子曰："进不能事上，退不能为家，傲世乐业①，枯槁②为名，不疑其所守者，可谓能行其道③

【译 文】

　　叔向问晏子说："做官不能事奉君主，隐退不能照顾家庭，轻视世俗、安于现状，以清贫憔悴来博取名声，从来不怀疑自己所坚守的事物与做法，这样乎？"

晏子对曰："婴闻，古之能行道者，世可以正则正，不可以正则曲。其正也，不失上下之伦；其曲也，不失仁义之理。道用，与世乐业；不用，有所依归④。不以傲上华世，不以枯槁为名。故道者，世之所以治，而身之所以安也。今以不事上为道，以不顾家为行，以枯槁为名，世行之则乱，身行之则危。且天之与地，而上下有衰⑤矣。明王始立，而居国为制矣，政教错⑥，而民行有伦矣。今以不事上为道，反天地之衰矣；以不顾家为行，倍先圣之道矣；以枯槁为名，则世塞政教之途矣。有明上，可以为下⑦；遭乱世，不可以治乱。说若道，谓之惑；行若道，谓之狂。惑者狂者，木石之朴⑧也，而道义未戴⑨焉。"

的人能称得上奉行自己的人生之道吗？"

晏子回答说："我听说，古时候能奉行自己人生之道的人，世道可以匡正就匡正，不能匡正就委曲求全。当匡正世道的时候，不会失去上下尊卑的伦理；当委曲求全的时候，也不会失去仁义的原则。制定的政策得到实行，就与世人共事同乐；得不到实行，就独善其身，精神也有所寄托。不以傲视君主来向世人炫耀，也不以清贫憔悴来博取名声。因此他们的人生之道，使国家能够得到治理，自身也能够安定。如今以不事奉君主为人生之道，以不顾及家庭为正确的行为，以清贫憔悴来博取名声，这样的主张推行于社会会引起大乱，推行于个人会使之陷入危险。况且天高地卑，本来就有高低上下的等级秩序。贤明的君王即位之后，就要开始采取政策治理国家，政治教化一经施行，民众的行为会符合伦理纲常。如今以不事奉君主为人生之道，这违反了天高地卑的等级秩序；以不顾家庭为正确的行为，这就违背了圣贤的规范；以清贫憔悴来博取名声，世上政治教化的途径就阻塞了。有贤明的君主，这类人就无法成为好的臣子；适逢乱世，这类人就无法治理祸乱。赞同此道，叫作糊涂；施行此道，叫作狂乱。又糊涂又狂乱，就像木头、石块一样朴实无华，是不能担负道义的。"

注 释

❶ 傲世乐业：轻视世俗，安于现状。乐业，乐于所从事的工作，此处即指安于现状。　❷ 枯槁：面色憔悴，这里指因贫困而憔悴。　❸ 行其道：奉行人生之道。　❹ 依归：有归处，这里指独善其身有所寄托。　❺ 衰（cuī）：等级。　❻ 错：通"措"，施行。　❼ 可以为下：当作"不可以为下"。王念孙《读书杂志》云："'可以为下'，上亦当有'不'字。言此反天地之衰，倍先圣之道，塞政教之途者，有明上则足以危身，遭乱世则足以惑世，故曰'有明上不可以为下，遭乱世不可以治乱'。'遭乱世不可以治乱'即上文所云'世行之则乱'也，'有明上不可以为下'即上文所云'身行之则危'也。今本脱去'不'字，则义不可通。"今从之。　❽ 木石之朴：像木头、石块一样朴实无华，这里指不明礼义的人。　❾ 戴：加在头、面、颈、手等处，此处引申为承载、担负。

叔向问人何若则荣晏子对以事君亲忠孝第二十六

题 解

　　叔向请教晏子人怎样才能称得上荣耀。晏子从家庭与社会伦理、个人品德修养、社会责任与能力等多个层面对"荣"进行了阐释，强调孝顺父母、忠于君主、和于兄弟，不隐瞒过错、不贪求所得等，全面系统地建构起"荣"之体系，彰显了晏子所倡行的道德观和价值观。

【原文】

　　叔向问晏子曰："何若则可谓荣矣？"

　　晏子对曰："事亲孝，无悔往行；事君忠，无悔往辞。

【译文】

　　叔向问晏子说："要怎么样才能称得上荣耀呢？"

　　晏子回答说："事亲至孝，对过去的行为不会感到后悔；事君至忠，对过

和于兄弟，信于朋友。不謟①过，不责得。言不相坐②，行不相反。在上治民，足以尊君；在下苴修③，足以变人。身无所咎④，行无所创⑤。可谓荣矣。"

去的言辞不会感到后悔。与兄弟和睦，对朋友诚信。不隐瞒过错，不贪求所得。言语前后一致，行为前后相同。做官的时候治理民众，让他们懂得尊敬君主的道理；不做官在家修身养性的时候，也能够引人向善。自身没有什么过错，行为没有什么缺失。这就称得上荣耀了。"

注 释

❶ 謟（tāo）：隐瞒。 ❷ 坐：盖"差"字之讹，二字篆文相似。这里是前后有差距、前后不一致的意思。 ❸ 苴修：修身。 ❹ 咎：过失，罪过。 ❺ 创：创伤，此处引申为缺失。

叔向问人何以则可保身晏子对以不要幸第二十七

题 解

叔向求教于晏子"人何以保身"。晏子针对当时礼崩乐坏的困境，阐明了士人"保身"的根本原则。他提出了以"明哲""匪懈""不要幸"为核心的处世之道，即明白事理、勤勉尽责、拒绝侥幸，强调人要以道德自律与理性判断于困境中保全自我，辩证看待"得失"和"保身"，体现了晏子经世致用的务实精神。

【原 文】

叔向问晏子曰："人何以

【译 文】

叔向问晏子说："人要怎么样才算

则可谓保其身?"

　　晏子对曰:"《诗》曰:'既明且哲,以保其身;夙夜匪懈,以事一人。'① 不庶几②,不要幸③,先其难乎而后幸,得之时④其所也,失之非其罪也,可谓保其身矣。"

得上保全自身?"

　　晏子回答说:"《诗经》说:'既明白事理又富有智慧,就可以保全自身;白天黑夜都不松懈,以此来事奉君主一人。'没有非分之想,不侥幸求得恩宠,先历经艰难而后有幸得到,得到这个时候该得到的,即使得不到也不是罪过,这就算得上保全自身了。"

注 释

　　❶ "既明且哲"四句:出自《诗经·大雅·烝民》。整句的意思是既明白事理又富有智慧,就可以保全自身;白天黑夜都不松懈,以此来事奉君主一人。❷ 庶几:表示希望的语气词,或许可以,这里指非分之想。　　❸ 要幸:侥幸求得恩宠。　　❹ 时:时候,这里指合适的、正确的。

曾子问不谏上不顾民以成行义者
晏子对以何以成也第二十八

题 解

　　曾子求教于晏子"不谏上、不顾民能否成义"。晏子批判了"隐退成行义"的虚伪性,即"上不谏上,下不顾民,退处山谷"是自身无能却以隐退逃避责任、不愿谏君的托辞。他强调了真正的"行义"是以"谏上""顾民"即劝谏君主、关怀百姓为前提的,彰显了晏子"忠君爱民""以行证言"的思想。

【原文】

曾子问晏子曰："古者尝有上不谏上，下不顾民，退处山谷，以成行义者也？"

晏子对曰："察其身，无能也，而托乎不欲谏上，谓之诞意①也。上惛乱，德义不行，而邪辟朋党，贤人不用，士亦不易其行，而从邪以求进。故有隐有不隐，其行法士也？乃夫议上，则不取也。夫上不谏上，下不顾民，退处山谷，婴不识其何以为成行义者也。"

【译文】

曾子问晏子说："古代有那种上不劝谏君主，下不顾念百姓，隐居在山谷之间，而成就品德道义的人吗？"

晏子回答说："依我看，这类人本身就没有什么能力，却找借口推托说不想劝谏君主，真是荒诞啊。君主昏庸，不施行道德仁义，而和邪僻小人结交，不任用贤才，真正的士人也不会因此更改自己的行为，但是他们这类人就会追随邪僻小人以求升官。所以他们这类人隐退或者不隐退，都与自身利益有关，这值得士人们效法学习吗？况且他们还议论君主，这是不可取的。这种上不劝谏君主，下不顾念民众，隐居在山谷之间的人，我不知道他们凭什么来成就品德道义。"

注释

❶ 诞意：诞妄、荒诞的意思。

梁丘据问子事三君不同心晏子对以一心可以事百君第二十九

题解

梁丘据质疑晏子何以能"事三君"。晏子通过"一心"与"三心"、

"顺爱不懈"与"强暴不忠"、"事百君"与"事一君"的鲜明对比批驳了"忠君必从君心"的错误认知，明确指出了真正的"顺"是基于"一心"即"顺爱不懈"、顺应道义、爱护百姓的本心，而不是盲从君主个人，而"三心"是缺乏原则的投机，展现了晏子"忠道高于忠君"、以道义为终极依归的事君之道。

【原 文】

梁丘据问晏子曰："子事三君①，君不同心，而子俱顺焉，仁人固多心乎？"

晏子对曰："晏闻之，顺爱不懈，可以使百姓；强暴不忠，不可以使一人。一心可以事百君，三心不可以事一君。"

仲尼闻之，曰："小子②识之！晏子以一心事百君者也。"

【译 文】

梁丘据问晏子说："您事奉过三位君主，每位君主的心思各不相同，而您都能顺应他们，难道仁德的人心思本来就很多吗？"

晏子回答说："我听说，温顺仁爱而不懈怠的人，可以治理千家万户；强横暴虐且不忠诚的人，连一个人都没法管理好。一颗始终如一的忠心可以事奉百位君主，三心二意连一个君主也事奉不了。"

孔子听闻后，说："弟子们要记住！晏子是用一颗忠心来事奉百位君主的。"

注 释

❶ 子事三君：您事奉了三位君主。指晏子历经三朝，事奉了齐灵公、齐庄公、齐景公三位君主。　❷ 小子：学生，弟子。识（zhì）：记住。

柏常骞问道无灭身无废晏子对以养世君子第三十

题解

　　柏常骞请教晏子正道难行如何道身两全。晏子指出要在"正道难容"与"隐道不忍"的困境中做到"道不灭、身不废"，要践行以中庸权变为核心的"养世君子"之道，"省行而不伐，让利而不夸，陈物而勿专，见象而勿强"，要行事低调、不居功、不专断、不勉强，展现了晏子务实而不功利、坚守而不僵化的思想品性。

【原 文】

　　柏常骞去周之齐，见晏子曰："骞，周室之贱史①也，不量其不肖②，愿事君子。敢问正道直行则不容于世，隐道危行则不忍③。道亦无灭，身亦无废者，何若？"

　　晏子对曰："善哉！问事君乎？婴闻之，执二法裻④，则不取也；轻进苟合，则不信也；直易无讳，则速伤也；新始好利，则无敝⑤也。且婴闻养世⑥之君

【译 文】

　　柏常骞离开周都来到齐国，拜见晏子说："我柏常骞，是周王室卑贱的史官，不自量力，希望能事奉在您这样的君子左右。冒昧请教您，如果秉持正道、行为正直，就不会为这个世界所接纳；不顾正道，行为危险，又于心不忍。怎么做才能不丧失道义，还不会使自身废弛呢？"

　　晏子回答说："好啊！您问的大概是事奉君主的道理吧？我听说，刚愎自用、骄傲自大的人，就不会被取用；轻易升官、苟且附和的人，就不会被信任；直言不讳，很快就会受到伤害；不依古圣之道，一味革新，喜爱利益，就会有极大的弊端。况且我听说安身处世，造福社会的君子，追随有权势的不是为了升官，追随

子，从重⑦不为进，从轻⑧不为退，省行而不伐，让利而不夸，陈物而勿专⑨，见象而勿强。道不灭，身不废矣。"

地位低下的也不是为了隐退，反省自己的行为而不自我夸大，让利于民而不炫耀，客观地陈述事物而不专断，观察各种现象而不勉强。这样就可以做到不丧失道义，不使自身废弛了。"

注　释

❶ 贱史：职位低下的史官。　❷ 不量其不肖：谦辞，与"不揣鄙陋"类似，即还没有掂量自己不贤的程度。这里是不自量力的意思。　❸ 隐道：隐藏正道，意思是不顾正道。不忍：不忍心。　❹ 执二法裾：或作"执一浩倨"。孙星衍云："《家语》作'浩倨者则不亲'，王肃注：'浩裾，简略不恭之貌。''法'，或当为'浩'。"卢文弨《群书拾补》"执二"条云："李本作'一'，当从之。"黄以周云："'法裾'，当依《家语》作'浩裾'。'裾'与'倨'通。'执一浩裾'，谓刚愎自用。"意思是刚愎自用，骄傲自大。　❺ 无敝：当作"无不敝"。作"无敝"解，即没有坏处，与上下文意不合。《孔子家语》："就利者则无不敝。"敝，通"弊"，坏处，弊端。无不敝，表示有很大的弊端。　❻ 养世：安身处世，造福社会。　❼ 从重：追随权力大的。　❽ 从轻：追随地位低下的。❾ 陈物：客观地陈述事物。专：主观专制，专断。

内篇杂上第五

庄公不说晏子晏子坐地讼公而归第一

题 解

　　齐庄公不喜欢晏子，当众责难，在宴饮时让乐人"三奏"歌讽。晏子觉悟后坐地讼公"众而无义，强而无礼，好勇而恶贤"，直指失德之患"祸必及身"，并因谏言不用而辞官归隐，彰显了晏子"义礼为纲"的政治理念，展现了其不恋权位、唯道是从、洁身自好的人格追求。其后，齐庄公果然因崔杼之难而丧身。

【原 文】

　　晏子臣于庄公，公不说。饮酒，令召晏子。

　　晏子至，入门，公令乐人奏，歌曰："已哉已哉！寡人不能说也，尔何来为？"

　　晏子入坐，乐人三奏，然后知其谓己也。遂起，北面坐地。

　　公曰："夫子从席①，曷为坐地？"

　　晏子对曰："婴闻讼夫②坐

【译 文】

　　晏子做齐庄公的臣子，庄公不喜欢他。饮酒时下令召来晏子。

　　晏子到来，进了门，庄公命令乐工奏乐，演奏的歌曰："算了算了！我得不到喜悦，你来做什么？"

　　晏子入座，乐工连续三次演奏了这首乐曲，晏子才知道说的是自己。于是起身，脸朝北坐在地上。

　　庄公说："先生您陪我就席，为什么坐在地上？"

　　晏子回答说："我听说争辩是非的人要坐在地上，今天我要和您辨明是非，怎敢不坐在地上？我听说，拥

地，今婴将与君讼，敢毋坐地乎？婴闻之，众而无义，强而无礼，好勇而恶贤者，祸必及其身，若公者之谓矣。且婴言不用，愿请身去。"遂趋而归，管籥③其家者纳之公，财在外者斥④之市，曰："君子有力于民，则进爵禄，不辞贵富；无力于民而旅食⑤，不恶贫贱。"遂徒行而东，耕于海滨。居数年，果有崔杼之难。

有众人却不讲道义，恃强而不讲礼节，崇尚勇力而厌恶贤德的人，灾祸必定降临于身，说的就是您这样的人。况且我的话不被您采用，希望您允许我辞去官职。"于是疾步而回，把锁在家中的东西交给庄公，把在外面的财产拿到市场上变卖掉，说："君子能为民出力，就加官晋爵，不推辞富贵；不能为民出力就寄食于外，不厌恶贫贱。"于是徒步东去，耕作于海滨。过了几年，齐国果然发生了崔杼杀庄公的祸乱。

注 释

❶ 从席：陪同就席。　❷ 讼夫：争论是非的人。　❸ 管籥（yuè）：锁匙。籥，同"钥"。　❹ 斥：斥卖，变卖。　❺ 旅食：客居，寄食。

庄公不用晏子晏子致邑而退后有崔氏之祸第二

题 解

晏子为庄公臣时，秉承"社稷高于君主"的政德观，"用则留，不用则退"，至爵邑尽失"终而笑"，并预见庄公必遭祸难。及崔杼弑君，晏子却"依礼而不失其正"，拒死拒逃，"袒免"凭吊，彰显了晏子的政治敏感性与"以道事君"的独立人格。

【原　文】

晏子为庄公臣，言大用，每朝，赐爵益邑；俄而①不用，每朝，致②邑与爵。爵邑尽，退朝而乘，喟然③而叹，终而笑。其仆曰："何叹笑相从④数也？"晏子曰："吾叹也，哀吾君不免于难；吾笑也，喜吾自得也，吾亦无死矣。"

崔杼果弑庄公。晏子立崔杼之门，从者曰："死乎？"晏子曰："独吾君也乎哉？吾死也？"曰："行乎？"曰："独吾罪也乎哉？吾亡也？"曰："归乎？"曰："吾君死，安归？君民者，岂以陵民，社稷是主；臣君者，岂为其口实⑤，社稷是养。故君为社稷死，则死之；为社稷亡，则亡之。若君为己死而为己亡，非其私昵，孰能任之？且人有君而弑之，吾焉得死之？而焉得亡之？将庸何归？"

【译　文】

晏子是齐庄公的臣子，他的建议都得到采用，每次上朝，庄公都赐予他爵位、增加他的食邑；不久后晏子的建议不被采用，每次上朝，庄公都收回他的一些食邑与爵位。爵位和食邑被收光了，他退朝乘车回家，感慨地叹息，最后笑了起来。他的仆人问："您为什么多次叹息又紧跟着大笑呢？"晏子说："我叹气，是哀怜君主难免于灾祸；我笑，是庆幸我能悠然自得，我也不会因此而死了。"

崔杼果然杀了庄公。晏子站在崔杼门前，随从问："你想为君主而死吗？"晏子说："难道庄公只是我的君主吗？我为什么要死？"随从问："您要逃亡吗？"晏子说："难道这是我一个人的罪过吗？我为什么要逃亡？"随从问："您要回去吗？"晏子说："我的君主死了，我怎么可以回去？作为民众的君主，岂能凌驾于民众之上，君主的责任是治理国家；作为君主的臣子，岂能只是为了自己的俸禄，臣子的责任是造福国家。所以如果君主是为国家而死，臣子就应当为他而死；如果是为国家逃亡，臣子就应当随他逃亡。如果君主是为了自己的私事而死、为了自己的私事而逃亡，除了他私下偏爱的人，谁能承担这个责任呢？况且有人事奉君主却把自己的君主杀了，我岂能为此而死？又岂能为此而逃亡？我又将回到哪儿去呢？"

门启而入，崔子曰："子何不死？子何不死？"晏子曰："祸始，吾不在也；祸终，吾不知也，吾何为死？且吾闻之，以亡为行者，不足以存君；以死为义者，不足以立功。婴岂其婢子⑥也哉？其缢而从之也？"遂袒免⑦，坐，枕君尸而哭，兴，三踊⑧而出。人谓崔子必杀之，崔子曰："民之望也，舍之得民。"

大门开了，晏子进去，崔杼说："您为什么不殉死？您为什么不殉死？"晏子说："祸乱开始时，我不在场；祸乱结束时，我也不知情，我为什么要殉死？况且我听说，视逃亡为忠君行为的人，不足以保全君主；视殉死为符合道义的人，不足以建立功勋。我难道是君主的侍妾吗？难道要跟着君主自缢吗？"于是袒衣免冠，坐下，伏在庄公的尸体上放声大哭，站起身来，踩了三次脚后出了门。有人劝说崔杼一定要杀掉晏子，崔杼说："他在民众中享有声望，放了他能得民心。"

注 释

❶ 俄而：不久。　**❷** 致：归还。这里意指齐庄公削减晏子的封爵和食邑。
❸ 喟然：叹气的样子。喟，通"喟"。　**❹** 相从：跟随。　**❺** 口实：意指俸禄。
❻ 婢子：古代称侍妾为婢子。　**❼** 袒免：袒衣免冠。此为古代丧礼，凡五服以外的远亲，无丧服之制，唯脱上衣，露左臂，脱冠扎发，用宽一寸的布从颈下前部交于额上，又向后绕于髻，以示哀思。　**❽** 踊：跳跃，此处指类似跳跃的样子，即踩脚。

崔庆劫齐将军大夫盟晏子不与第三

题 解

　　崔杼弑庄公后立景公，联合庆封在太宫胁迫齐国将军、大夫等盟誓效忠，否则将遭杀戮。晏子直面"戟钩颈""剑承心"而不惧威逼，以"劫刃失志非勇，回利背君非义"而"求福不回"，明志得免，展现了晏子道义至上、据礼守义的高洁品格与行止循礼、超越生死的豁达人生观。

【原文】

崔杼既弑庄公而立景公，杼与庆封相之，劫诸将军大夫及显士庶人于太宫之坎上①，令无得不盟者。为坛三仞，坎其下，以甲千列环其内外，盟者皆脱剑而入。维晏子不肯，崔杼许之。有敢不盟者，戟钩②其颈，剑承③其心。令自盟曰："不与崔、庆而与公室者，受其不祥。"言不疾、指不至血者死，所杀七人。

次及晏子，晏子奉杯血，仰天叹曰："呜呼！崔子为无道，而弑其君，不与公室而与崔、庆者，受此不祥。"俯而饮血。崔杼谓晏子曰："子变子言，则齐国吾与子共之；子不变子言，戟既在脰④，剑既在心，维子图之也。"晏子

【译文】

崔杼杀了齐庄公之后立齐景公为君，他和庆封共同为相辅佐景公，胁迫诸位将军、大夫和名士、百姓到太庙的祭坎上，命令这些人不得不与他们结盟。设立了三仞高的祭坛，在坛下挖了很深的坑，里里外外有千名甲士列队环绕，参加结盟的人解下佩剑进入。唯独晏子不肯解剑，崔杼允许他佩剑进入。有敢不结盟的人，就用戟钩着他的脖子，剑抵着他的胸口。命令他们自己发誓说："不归顺崔杼、庆封而归顺王室的，会遭受灾祸。"说话吞吞吐吐的、手指没有见血的就被处死，被杀害的已有七人了。

按次序轮到晏子起誓，晏子手捧装着血的杯子，仰天长叹道："呜呼！崔杼做了不讲道义的事情，杀了君主，不归顺王室而归顺崔杼、庆封的人，就要遭受灾祸。"说罢低头喝了血。崔杼对晏子说："如果你改变你的话，我就和你一起享有齐国；如果你不改变你的话，戟就会架在你的脖颈上，剑就会指向你的胸口，希望你好好考虑。"晏子

曰："劫吾以刃，而失其志，非勇也；回⑤吾以利，而倍其君，非义也。崔子，子独不为夫《诗》乎？《诗》云：'莫莫葛藟，施于条枚；恺悌君子，求福不回。'⑥今婴且可以回而求福乎？曲刃钩之，直兵推之，婴不革矣⑦。"

崔杼将杀之，或曰："不可。子以子之君无道而杀之，今其臣有道之士也，又从而杀之，不可以为教矣。"崔子遂舍之。晏子曰："若大夫为大不仁⑧，而为小仁⑨，焉有中⑩乎！"趋出，援绥而乘⑪。其仆将驰，晏子抚其手曰："徐之！疾不必生，徐不必死。鹿生于野，命县于厨。婴命有系矣。"按之成节⑫而后去。《诗》云："彼己之子，舍命不渝。"⑬晏子之谓也。

说："用利刃劫持我，让我失去气节，这不是勇武的表现；用利益让我改变主张，而背叛君主，这是不道义的表现。崔杼，你没读过《诗经》吗？《诗经》上说：'茂密葛藤长又柔，蔓延缠绕树梢头；平易近人好君子，不违祖德把福求。'如今我难道可以改变主张以求福吗？弯曲的利刃钩着我的脖子，笔直的利剑推进我的胸口，我也不改变我的志向。"

崔杼想要杀掉晏子，有人说："不可以。您是因为您的君主无道而杀了他，如今他的臣子是有道义的人，您随后又杀了他，不足以教导百姓。"崔杼于是放了晏子。晏子说："你这位大夫已经做了大不仁的事，再做小有仁义的事，怎么称得上是合适的呢！"晏子说完快步走出，拉着绳子上车走了。他的仆人要驾车奔驰，晏子按着他的手说："慢慢走！快跑不见得一定能活命，慢走也不见得一定会死。鹿生长在荒野，性命却系在厨子的手上。我的命也悬在他人手中。"于是车子按着轻稳的节奏离开。《诗经》上说："他是这样一个人，肯舍命保节操。"这说的就是晏子啊。

注释

❶太宫：太庙，祭拜祖先之地。坎：坑穴。　❷钩：原作"拘"，黄以周云："'拘'当依《后汉·冯衍传》注作'钩'，下云'曲刃钩之'。《御览》四

百八十、三百七十六并作'载钩'。"黄说是，故改为"钩"。　❸承：抵着。
❹胆（dòu）：脖颈。　❺回：掉转方向，改变，违背。　❻"莫莫葛藟"四句：
出自《诗经·大雅·旱麓》，译为"茂密葛藤长又柔，蔓延缠绕树梢头；平易近
人好君子，不违祖德把福求"。莫莫，枝叶茂盛之貌。施，蔓延。条枚，枝干。
不回，不违背，即遵从礼法之意。　❼曲刃钩之，直兵推之，婴不革矣：《左
传·襄公二十五年》记载与此不同："丁丑，崔杼立而相之，庆封为左相。盟国
人于大宫，曰：'所不与崔、庆者……'晏子仰天叹曰：'婴所不唯忠于君、利
社稷者是与，有如上帝。'乃歃。"　❽大不仁：意指弑君。　❾小仁：意指不
杀晏子。　❿中：中正，恰当。　⓫援：原作"授"，《指海》本注曰："'授'
字误意，林引吕氏文作'援'。"今据改。绥：车上的绳子。　⓬成节：指车子
有节奏地缓慢行驶。　⓭彼己之子，舍命不渝：出自《诗经·郑风·羔裘》，可
译为"他是这样一个人，肯舍生命保节操"。意指晏子可舍生命来保全节操。

晏子再治阿而见信景公任以国政第四

题解

晏子初治阿邑秉公执法而遭诋毁被免，复任后"反常理政"，他以前后
治阿的反差，深刻揭批"三邪（淫民、惰民、贵强）毁于外，二谗（左
右、贵人）毁于内"的吏治之弊，"不直谏而令君自悟"，终使景公相知而
任以国政，展现了晏子辨奸察佞的吏治观及以退为进的讽谏艺术。

【原文】

景公使晏子为东阿
宰①，三年，毁闻于国。景
公不说，召而免之。晏子谢
曰："婴知婴之过矣，请复

【译文】

齐景公让晏子任阿邑的邑宰，三年时
间，诋毁之声就传遍全国。景公很不高
兴，召来晏子罢免了他。晏子谢罪说：
"我知道我错在哪了，请再让我治理阿邑，

治阿，三年而誉必闻于国。"景公不忍，复使治阿。三年而誉闻于国。

景公说，召而赏之②。景公问其故，对曰："昔者婴之治阿也，筑蹊径③，急门闾之政④，而淫民恶之；举俭力孝弟，罚偷窳⑤，而惰民恶之；决狱不避，贵强恶之；左右所求，法则予，非法则否，而左右恶之；事贵人体不过礼，而贵人恶之。是以三邪毁乎外，二谗毁于内，三年而毁闻乎君也。今臣谨更之，不筑蹊径，而缓门闾之政，而淫民说；不举俭力孝弟，不罚偷窳，而惰民说；决狱阿贵强，而贵强说；左右所求言诺，而左右说；事贵人体过礼，而贵人说。是三邪誉乎外，二谗誉乎内，三年而誉闻于君也。昔者婴之所以当诛者宜赏，今所以当赏者宜诛，是故不敢受。"

景公知晏子贤，乃任以

三年后赞扬之声一定能传遍全国。"景公不忍，让晏子再次治理阿邑。三年后赞扬之声传遍全国。

景公很高兴，召来晏子要奖赏他（，晏子推辞不接受）。景公询问原因，晏子回答说："当初我治理阿邑时，堵塞小路，严管乡里守备防盗事务，邪恶的人就厌恶我；举荐节俭、勤劳、孝顺、友爱的人，惩治苟且懒怠的人，于是懒惰的人就厌恶我；审理案件不回避，于是权贵豪强就厌恶我；君主身边的人有所要求，合法的就给予，不合法的就不给予，于是君主左右的人就厌恶我；事奉达官贵人不超越礼制，于是达官贵人就厌恶我。所以在外有三种邪僻之人诋毁我，在内有两种善进谗言之人诋毁我，三年后诋毁之声就传到您耳边了。现在我谨慎地改变了之前的做法，不堵塞小路，放松乡里守备防盗之事，于是邪恶的人高兴了；不举荐节俭、勤劳、孝顺、友爱的人，不惩罚苟且懒怠的人，于是懒惰的人高兴了；审理案件时偏袒权贵豪强，于是权贵豪强高兴了；君主身边之人的要求全都答应，于是君主身边的人高兴了；事奉达官贵人超越礼制，于是达官贵人高兴了。在外有三种邪僻之人赞扬我，在内有两种善进谗言之人赞扬我，三年后赞扬之声就传到您耳边了。过去我所做的应该受到惩罚的事实际应当受到奖赏，如今我所做的应当受到奖赏的事实际应当受到处罚，因此我不敢受赏。"

景公知道晏子贤能，就将治理国家的

国政，三年而齐大兴。 | 政事交给晏子，三年后齐国大为兴盛。

注释

❶东：黄以周云："《御览》二百六十六、又四百二十四引并无'东'字，标题云'晏子再治阿'亦无'东'字。"据黄说，"东"字为多余之字。阿：邑名，春秋时齐之阿邑。宰：邑宰，主宰一邑事务的长官。　❷召而赏之：孙星衍云："《艺文类聚》此下有'辞而不受'四字，疑此脱。"　❸筑蹊径：堵住小路。蹊径，小路。　❹门闾之政：意指乡里守备防盗之事。门闾，乡里。　❺偷懧(yǔ)：苟且懈怠。

景公恶故人晏子退国乱复召晏子第五

题解

齐景公与晏子论及"衣新人故"，晏子见景公"恶旧"，便借老请辞。景公自以为能，却因势弱于高、国二氏而致百姓大乱，最终临乱思贤只得复召晏子。深谙治国大道的晏子归来后，外服内安，展现了晏子重故任贤的政道观及"道不行则隐"的高尚操守。

【原文】

景公与晏子立于曲潢之上，晏子称曰："衣莫若新，人莫若故。"公曰："衣之新也，信善矣；人之故，相知情。"晏子归，负载，使人辞

【译文】

齐景公与晏子站在曲池之上，晏子称引说："衣服还是新的好，人还是故旧好。"景公说："衣服是新的，确实好；人如果是故旧，就相互知道实情了。"晏子回家，装载行李，派人向景

于公曰："婴故老耄①无能也，请毋服壮者之事。"

公辞行说："晏婴本来就衰老无能，请别再让我承担壮年人所做的事务了。"

公自治国，身弱于高、国②，百姓大乱。公恐，复召晏子。诸侯忌其威，而高、国服其政。田畴垦辟，蚕桑豢收之处不足，丝蚕于燕，牧马于鲁，共贡入朝。

景公亲自治国，权力逐渐弱于高氏、国氏，百姓大乱。景公害怕，又重新召回晏子。诸侯忌惮晏子的威望，高氏、国氏两家信服晏子的施政。田地得到开垦，蚕桑豢养放牧的地方不够，就借燕国养蚕产丝，借鲁地放牧养马，燕、鲁两国共同朝拜齐国。

墨子闻之，曰："晏子知道，景公知穷矣。"

墨子听说了这件事，说："晏子懂得治国之道，景公体会到了自己的困窘。"

注释

❶ 老耄：衰老。耄，七十称"耄"。　❷ 高、国：指高氏和国氏，齐国两个家族，世代为齐国公卿，权势很重。

齐饥晏子因路寝之役以振民第六

题解

齐景公当政时发生饥荒，晏子直接请求赈灾被拒，于是巧借君主"好治宫室"的特点，"以役代赈"，曲线救民，使百姓在劳役中获取赈济，最终"上说乎游，民足乎食"，展现了晏子"依物偶政"、权变利民的政治智慧。

【原文】

景公之时饥①，晏子请为民发粟，公不许。当②为路寝之台，晏子令吏重其赁，远其兆③，徐其日而不趋。三年，台成而民振。故上说乎游，民足乎食。

君子曰："政则晏子欲发粟与民而已，若使不可得，则依物而偶④于政。"

【译文】

齐景公当政时遇到饥荒，晏子请求发放粮食给民众，景公不允许。恰逢修建正殿之台，晏子命令官吏增加修台的工钱，加长运输距离，延缓修台的日期而不催促。三年后，正殿之台建成而且民众得到了救济。因此景公游览得很高兴，民众也得到了充足的粮食。

君子说："从施政方法看，晏子此举只是想给民众发放粮食而已，如果不能实现，就借修台之事使它合乎这一施政方法。"

注 释

❶ 饥：饥荒。　❷ 当：恰逢。　❸ 兆：区域，代指修建路寝的台址。　❹ 偶：偶合，合乎。

景公欲堕东门之堤晏子谓不可变古第七

题 解

齐景公登东门堤坝而见百姓负重难行，就想降低堤坝。晏子直言"贤相佐明君"，他们所立堤坝曾在淄水泛滥时使齐国得以保全，晏子"承古"与"务实"兼顾，力陈"古之重变古常"的道理，反对因一时便利改易古制，凸显了晏子鉴往知来、慎终追远的政治远见及引古论今的劝谏艺术。

【原文】

景公登东门防，民单服①然后上。公曰："此大伤牛马蹄矣，夫何不下六尺哉？"

晏子对曰："昔者吾先君桓公，明君也。而管仲，贤相也。夫以贤相佐明君，而东门防全也。古者不为②，殆有为也③。蚤岁，淄水至，入广门，即下六尺耳，乡④者防下六尺，则无齐矣。夫古之重变古常⑤，此之谓也。"

【译文】

齐景公攀登东门的堤坝时，发现民众都得减衣爬行才能上去。景公说："这样太伤牛马的蹄子了，为什么不把堤坝降低六尺呢？"

晏子回答说："从前我们的先君桓公，是个明君。而管仲，是贤能的宰相。贤能的宰相辅佐圣明的君王，因而东门的堤坝得以修筑完整。古人不降低堤坝，恐怕是有原因的。早年，淄水泛滥，涌入广门，水位正好低于堤坝六尺，先前如果把堤坝降低六尺，齐国就没了。古人不轻易更改常法，说的就是这种情况。"

注释

❶单服：单衣，苏时学《爻山笔话》云："单服，单衣也。言东门堤高，登者必减衣然后能进。"　❷不为：意指不下六尺事。　❸殆：恐怕。有为：有原因的。　❹乡：通"向"，从前。　❺重变古常：重视改变故有的方法，意指不轻易改变故有之法。

景公怜饥者晏子称治国之本以长其意第八

题解

齐景公游寿宫见负薪老人而生恻隐之心，想让官吏供养。晏子就此提出"乐贤而哀不肖"的治国之本，主张"乐贤"与"哀不肖"兼重，谏言君主把对个体的关怀优化为系统性的社会救济制度，最终使得"老弱有养，鳏寡有室"，展现了晏子仁政思想的实践性与系统性。

【原文】

景公游于寿宫①，睹长年负薪者②，而有饥色。公悲之，喟然叹曰："令吏养之！"

晏子曰："臣闻之，乐贤而哀不肖，守国之本也。今君爱老，而恩无所不逮，治国之本也。"公笑，有喜色。

晏子曰："圣王见贤以乐贤，见不肖以哀不肖。今请求老弱之不养、鳏寡③之无室者，论而共秩焉④。"公曰："诺。"于是老弱有养，鳏寡有室。

【译文】

齐景公到寿宫游玩，见到一个背着柴草的老人，脸上有饥饿之色。景公为之悲伤，长叹道："让官吏供养他！"

晏子说："我听说，喜欢贤德的人而怜悯弱者，这是守护国家的根本。如今您怜爱老人，恩泽就无所不至，这是治国的根本。"景公笑了，面有喜色。

晏子说："圣明的君王见到贤德的人就喜欢贤德的人，见到弱者就怜悯弱者。现在我请求给老弱没有供养的人、没有家室的鳏夫寡妇，按照他们的贫困程度供给衣食。"景公说："好。"于是老弱者有所供养，鳏夫寡妇都有了家室。

注释

❶寿宫：齐国宫室名，又名"胡宫"。齐桓公死于此宫。　❷长年负薪者：背着柴草的老人。长年，年纪大的老人。　❸鳏寡：老而无妻或无夫的人。鳏，无妻或丧妻的男人。寡，女子死了丈夫被称作"寡"。　❹论：按照。秩：禄，意指衣食钱粮。

景公探雀鷇鷇弱反之晏子称长幼以贺第九

题解

　　齐景公探视雀巢欲取幼鸟，后因幼鸟体弱而将其放回。晏子知悉后立即觐见，谏言景公以其仁爱弱小合于"圣王之道"，将君主的仁爱由兽及人升华为治国应有的民本情怀，展现了晏子以民为本的仁政思想及其"借事明理、因势导君"的谲谏艺术。

【原文】

　　景公探雀鷇①，鷇弱，反之。晏子闻之，不待时而入见景公②。公汗出惕然③。晏子曰："君何为者也？"公曰："吾探雀鷇，鷇弱，故反之。"晏子逡巡④，北面再拜而贺曰："吾君有圣王之道矣！"公曰："寡人探雀鷇，鷇弱，故反之，其当圣王之道者何也？"晏子对曰："君探雀鷇，鷇弱，反之，是长幼也。吾君仁爱，曾禽兽之加焉，而况于人乎！此圣王之道也。"

【译文】

　　齐景公探取无法自行捕食的幼鸟，见幼鸟体弱，就将它放回鸟窝。晏子听说这件事，没有等待上朝时就入官拜见景公。景公汗流满面、惶恐不安。晏子说："您怎么了？"景公说："我探取幼鸟，幼鸟体弱，因此把它放回去了。"晏子向后退，朝北两拜而祝贺道："我们的君主有圣王之道了。"景公说："我探取幼鸟，幼鸟体弱，因此把它放回去了，这样为什么就称得上具有圣王之道了呢？"晏子回答道："您探取幼鸟，幼鸟体弱，把它放回去，这是长幼之道的体现。我君有仁爱之心，竟连禽兽都被施加了，更何况人呢！这就是圣王之道啊。"

❶ 縠（kòu）：靠母鸟捕食喂养的雏鸟。　❷ 不待时而入见景公：王念孙云："'景公'二字，乃涉上文而衍，今据《群书治要》删。念孙案，'不待时而入见'本作'不时而入见'，'时'即'待'字也。"　❸ 惕（tì）然：惶恐的样子。　❹ 逡巡：迟疑不敢向前的样子，此处指向后退。

景公睹乞儿于涂晏子讽公使养第十

题 解

齐景公途中见乞讨幼童而感叹其"无归"，晏子则趁机谏言"君存，何为无归"，从而"使吏养之"。他将景公对乞儿的怜爱，转化为切实的救济，展现了晏子君责民本的治国理念及因势利导的谲谏智慧。

【原文】

景公睹婴儿[1]有乞于涂者，公曰："是无归矣！"

晏子对曰："君存，何为无归？使吏养之，可立而以闻。"

【译文】

齐景公看到有个幼儿在道路上行乞，说："这孩子无家可归啊！"

晏子回答道："有您在，他怎么会无家可归呢？让官吏抚养他，等他能自立再告诉您。"

❶ 婴儿：指幼小的儿童。

景公惭刖跪之辱不朝晏子称直请赏之第十一

题 解

齐景公白天披发、乘六马、携妇人出宫而失仪，遭到断足的守门人直斥"尔非吾君"并"击马反之"，景公惭而不朝。晏子借机谏言断足守门人"直辞"是"君之福"，强调"直辞"正是君主修正失行的镜鉴，建议赏赐断足守门人以明君主"好善受谏"，将君主之耻化为治国良机，彰显了晏子直谏兴国的政德观及因势利导的劝谏艺术。

【原 文】

景公正昼①被发，乘六马，御妇人以出正闺②。刖跪③击其马而反之，曰："尔非吾君也。"公惭而不朝。

晏子睹裔款而问曰："君何故不朝?"对曰："昔者君正昼被发，乘六马，御妇人以出正闺，刖跪击其马而反之，曰：'尔非吾君也。'公惭而反，不果出，是以不朝。"

晏子入见。景公曰："昔者寡人有罪，被发，乘六马，

【译 文】

齐景公白天披散着头发，乘坐用六匹马拉的车，载着宫中后妃从宫中正门往外走。断足的守门人拍打景公的马让他回去，说："你不是我们的君主。"景公惭愧而不去上朝。

晏子看见裔款后问道："君主为什么不听朝理政?"裔款回答说："先前国君在白天披散着头发，乘坐六匹马拉的车，载着宫中后妃从宫中正门往外走，断足的守门人拍打景公的马让他回去，说：'你不是我们的君主。'景公惭愧而返，没有出宫门，所以不上朝。"

晏子进宫朝见景公。景公说："先前我犯了错，披散着头发，乘坐用六匹马拉的车从宫中正门往外走，断足的守

以出正闺，刖跪击马而反之，曰：'尔非吾君也。'寡人以天子大夫之赐，得率百姓以守宗庙，今见戮于刖跪，以辱社稷，吾犹可以齐于诸侯乎？"

晏子对曰："君勿恶焉。臣闻，下无直辞，上有隐君④；民多讳言，君有骄行。古者明君在上，下多直辞；君上好善，民无讳言。今君有失行，刖跪直辞禁之，是君之福也，故臣来庆。请赏之，以明君之好善；礼之，以明君之受谏。"公笑曰："可乎？"晏子曰："可。"于是令刖跪倍资无征，时朝无事也。

门人拍打我的马，让我返回，并且说：'你不是我们的君主。'我有赖于周天子的恩德和大夫您的恩赐，得以率领百姓守护宗庙，如今被断足守门人羞辱，使国家受到羞辱，我还可以位于诸侯之列吗？"

晏子回答说："您不必厌恶此事。我听说，下边的人没有耿直的话，上边的人会有看不见的罪恶；民众如果有所顾忌而隐讳不说，君主会有骄纵的行为。古代圣明的君主在上，下边就多有耿直的话；君主乐于为善，民众就没有可隐讳的话。如今您有过失的行为，断足守门人直言阻止，这是您的福气，所以我来庆贺。请您赏赐他，以表明君主乐于为善；礼待他，以表明君主接受劝谏。"景公笑着说："这可以吗？"晏子说："可以。"于是齐景公下令给断足守门人加倍的俸禄、免除赋税，一时朝廷相安无事。

注 释

❶ 正昼：白天。　❷ 正闺：宫中正门。　❸ 刖（yuè）跪：断足的人。古代常用断足之人作守门人。刖，古代的一种酷刑，把脚砍掉。　❹ 上有隐君：苏舆云："孙星衍曰：'"隐"，《御览》作"隓"，是。一作"隐恶"。'舆案，一本作'隐恶'是也，与下'骄行'对文。《治要》作'惰君'。"今从苏说，以"隐恶"译。

景公夜从晏子饮晏子称不敢与第十二

题 解

　　齐景公想与臣子夜饮共乐，晏子与穰苴均以"非时夜辱"婉拒，而梁丘据操瑟挈竽行歌出迎，以致景公慨叹"治国"与"乐身"兼得。本章以臣子们迥然不同的行为、语言及"君子"评价的三重对比，彰显了"益友"以道事君而"偷乐之臣"以欲奉君的本质区别，展现了晏子与穰苴"贤臣弼君"的正直操守。

【原文】

　　景公饮酒，夜移于晏子，前驱款门曰①："君至！"晏子被元端②，立于门曰："诸侯得微③有故乎？国家得微有事乎？君何为非时而夜辱④？"公曰："酒醴之味，金石之声，愿与夫子乐之。"晏子对曰："夫布荐席⑤，陈簠簋⑥者，有人，臣不敢与焉。"公曰："移于司马穰苴⑦之家。"

　　前驱款门曰："君至！"穰苴介胄操戟，立于门曰："诸侯得微有兵乎？大臣得微有叛者乎？君何为非时而夜辱？"公曰："酒

【译文】

　　齐景公喝酒，夜里来到晏子家，先行的人敲门说："君主来了！"晏子披着礼服，站在门前说："诸侯莫非有什么变故？国家莫非出了什么大事？您为什么夜里屈驾来到我家呢？"景公说："甜酒的美味，金石的乐声，希望能与先生共享。"晏子回答说："铺设坐席，陈列食器，自有人去做，我不敢参与。"景公说："那就去司马穰苴家吧。"

　　先行的人敲门说："君主来了！"穰苴披甲戴盔，操起长戟，站在门前说："诸侯莫非起兵了吗？大臣莫非叛乱了吗？您为什么夜里屈驾来到我家呢？"景公说："甜酒的美味，金

醴之味，金石之声，愿与将军乐之。"穰苴对曰："夫布荐席，陈簠簋者，有人，臣不敢与焉。"公曰："移于梁丘据之家。"

前驱款门曰："君至！"梁丘据左操瑟，右挈竽，行歌而出。公曰："乐哉，今夕吾饮也！微此二子者，何以治吾国？微此一臣者，何以乐吾身？"

君子曰："圣贤之君，皆有益友，无偷乐之臣。景公弗能及，故两用之，仅得不亡。"

石的乐声，希望能与将军共享。"穰苴回答说："铺设坐席，陈列食器，自有人去做，我不敢参与。"景公说："那就去梁丘据家吧。"

先行的人敲门说："君主来了！"梁丘据左手拿着瑟，右手提着竽，唱着歌走了出来。景公说："今晚我饮酒高兴啊！如果没有晏子、司马穰苴二人，怎么治理好我的国家？如果没有梁丘据，我怎么能快乐？"

君子说："圣德的君主，都有对自己有益的朋友，没有贪图享乐的臣子。景公不及圣德的君主，因此两类臣子都被任用，只能做到不亡国。"

注 释

❶ 前驱：先行的人。款门：敲门。　❷ 元端：古代的礼服。　❸ 得微：即"得无"，也作"得毋"，莫非，岂不是。　❹ 非时：不恰当的时间。夜辱：夜里屈驾。　❺ 布荐席：铺设坐席。布，铺设。荐席，用草编织的坐席。　❻ 簠（fǔ）簋（guǐ）：均为盛黍稷稻粱的礼器。　❼ 司马穰（ráng）苴：田氏，名穰苴，官司马，春秋时齐国大夫，深通兵法。

景公使进食与裘晏子对以社稷臣第十三

题 解

齐景公因朝寒想让晏子进暖食、裘衣，晏子却自称"社稷之臣"而非

"奉馈、茵席之臣"拒绝，宁守"社稷之重"，不贪"侍君之宠"。他还强调阐明"社稷之臣""安社稷、明礼法、制官序、行辞令"的"事国"职责，体现了晏子"以道事君"的精神自觉及其对国家治理系统性建构的深思。

【原 文】

晏子侍于景公，朝寒，公曰："请进暖食。"晏子对曰："婴非君奉馈①之臣也，敢辞。"公曰："请进服裘。"对曰："婴非君茵席②之臣也，敢辞。"

公曰："然夫子之于寡人，何为者也?"对曰："婴，社稷之臣也。"公曰："何谓社稷之臣?"对曰："夫社稷之臣，能立社稷，别上下之义，使当其理；制百官之序，使得其宜；作为辞令，可分布于四方。"

自是之后，君不以礼不见晏子。

【译 文】

晏子陪侍在齐景公身边，早晨寒冷，景公说，"请给我拿热的食物来。"晏子回答说："我不是为君主进奉食物的侍臣，所以不能从命。"景公说："请给我拿皮袍来。"晏子回答道："我不是为君主整理服饰褥垫的侍臣，所以不能从命。"

景公问："那么先生对于我来说，是做什么的呢?"晏子回答说："我是治理国家的臣子。"景公说："什么是治理国家的臣子?"晏子回答说："所谓治理国家的臣子，就是能使国家安定，区分君臣尊卑之义，使其符合规范；制定百官的次序，使其各得其所；制定外交辞令，使之可以传到四方的人。"

从这以后，景公不遵循礼就不见晏子。

注 释

❶ 馈：进食于人。　❷ 茵席：铺褥垫、草席。此处"茵"用作动词。

晏子饮景公止家老敛欲与民共乐第十四

题 解

晏子宴请齐景公时，严辞制止家臣敛财"于氓"购置新酒器的建议，主张"上下同乐"而不可独乐，反对"上乐其乐，下伤其费"，强调节制私欲，关注民生，以小见大地深刻诠释了"民为乐本"的政治哲学。

【原 文】

晏子饮景公酒，令器必新。家老❶曰："财不足，请敛于氓。"

晏子曰："止。夫乐者，上下同之。故天子与天下，诸侯与境内，大夫以下各与其僚，无有独乐。今上乐其乐，下伤其费，是独乐者也，不可！"

【译 文】

晏子请齐景公喝酒，命令酒器一定要是新的。晏子年长的家臣说："钱财不够，请求向百姓征收。"

晏子说："不可以。快乐，应该是上下共同享有。因此天子与天下百姓同乐，诸侯与境内的人同乐，大夫以下的人与自己的同僚同乐，没有独自享乐的。现在在上位的人享受他的快乐，在下的百姓耗费钱财，这是独自享乐，是不可以的！"

注 释

① 家老：古代官吏家臣中的长者。

晏子饮景公酒公呼具火晏子称诗以辞第十五

题 解

晏子陪齐景公饮酒至暮，景公想"具火"夜饮，晏子却"称诗止饮"，引经据典地"以礼匡君"，谏言饮酒要守时止礼，不能失德失容，引导君主遵守礼法以免沉迷于逸乐，最终景公接受谏言并赞誉晏子。本章彰显了晏子"以礼为纲"的治国理念及以礼自持的贤臣风范，也展现了春秋时期"赋诗言志"的谏言传统。

【原 文】

晏子饮景公酒，日暮，公呼具火①，晏子辞曰："《诗》云'侧弁之俄②'，言失德也；'屡舞傞傞③'，言失容也。'既醉以酒，既饱以德'，'既醉而出，并受其福'④，宾主之礼也。'醉而不出，是谓伐德'⑤，宾之罪也。婴已卜⑥其日，未卜其夜。"

公曰："善。"举酒祭之，再拜而出，曰："岂过我哉，吾托

【译 文】

晏子请齐景公饮酒，天晚了，景公叫人点灯，晏子拒绝说："《诗经》言'侧弁之俄'，是言酒后失了德行；'屡舞傞傞'，是言酒后失了仪态。'既醉以酒，既饱以德，既醉而出，并受其福'，这是宾主的礼仪。'醉而不出，是谓伐德'，这是客人的过错。我选择的是白天请您饮酒，没有选择晚上请您饮酒。"

景公说，"好。"举酒祭拜，拜了两次后出门，说道："我把国家

国于晏子也？以其家贫善^⑦寡人，不欲其淫侈也，而况与寡人谋国乎。"

托付给晏子，难道有错吗？"他以贫寒的家境好好款待我，不愿奢侈无度，更何况他与我谋划国事呢。"

注 释

❶ 具火：准备灯火。　❷ 侧弁之俄：出自《诗经·小雅·宾之初筵》，可译为"头上的皮帽歪歪扭扭"，形容人酒后帽子歪戴的丑态。侧弁，歪戴皮帽。俄，倾斜。　❸ 屡舞傞傞：出自《诗经·小雅·宾之初筵》，可译为"舞步凌乱歪斜着身影"。傞傞，醉舞的样子。　❹ "既醉以酒"四句："既醉以酒，既饱以德"二句出自《诗经·大雅·既醉》，可译为"美酒喝得醉醺醺，饱尝您的好恩情"。"既醉而出，并受其福"出自《诗经·小雅·宾之初筵》，可译为"已经醉了就应该告退，大家都托福叫好"。　❺ 醉而不出，是谓伐德：出自《诗经·小雅·宾之初筵》，可译为"喝醉的时候还要狂欢，这种表现是在败坏德行"。　❻ 卜：占卜吉日，引申为选择。　❼ 贫善：原为"货养"，于文意不通。卢文弨云："《说苑》作'贫善'。"今据改。

晋欲攻齐使人往观晏子以礼侍而折其谋第十六

题 解

晋平公想攻打齐国，先派范昭出使以打探齐国政情。范昭宴饮时故意"请君之弃樽""求调成周之乐"，晏子识破范昭挑衅礼制的试探而"彻樽"，太师以"不习天子之乐"而拒乐，范昭回国后禀告晋平公，说齐国有贤臣守礼而不可攻伐。晏子通过宴饮中的"折冲尊俎"，不战而屈人之兵，也彰显了晏子"礼以安国"的邦交智慧。

【原文】

晋平公①欲伐齐，使范昭②往观焉。景公觞之，饮酒酣，范昭曰："请君之弃樽③。"公曰："酌寡人之樽，进之于客。"范昭已饮，晏子曰："彻樽，更之。"樽觯④具矣，范昭佯醉，不说而起舞，谓太师⑤曰："能为我调成周之乐⑥乎？吾为子舞之。"太师曰："冥臣⑦不习。"范昭趋而出。

景公谓晏子曰："晋，大国也，使人来将观吾政。今子怒大国之使者，将奈何？"晏子曰："夫范昭之为人也，非陋而不知礼也，且欲试吾君臣，故绝之也。"景公谓太师曰："子何以不为客调成周之乐乎？"太师对曰："夫成周之乐，天子之乐也。调之，必人主舞之。今范昭人臣，欲舞天子之乐，臣故不为也。"

范昭归，以报平公，曰："齐未可伐也。臣欲试其君，而晏子识之；臣欲犯其礼，而太师知之。"

【译文】

晋平公想要攻打齐国，派范昭到齐国去侦察情况。齐景公设酒席招待范昭，酒喝得正尽兴时，范昭说："请把君主用过的酒樽给我。"景公说："用我的酒樽斟酒，进献给客人。"范昭饮掉这杯酒后，晏子说："撤掉这些酒樽，重新换一套来。"酒具更换完毕，范昭假装喝醉，不高兴地起身跳舞，并对太师说："能为我演奏周王室的乐曲吗？我配合你的乐曲跳舞。"太师说："盲臣我没学过。"范昭快步走了出去。

景公对晏子说："晋国，是个大国，派人来观察我们的国政。如今您惹怒了大国的使者，该怎么办？"晏子说："范昭的为人，非鄙陋不知礼节，他是想要试探我们君臣，因此我拒绝了他。"景公又对太师说："你为什么不为客人演奏周王室的乐曲呢？"太师回答说："周王室的乐曲，是周天子专用的。演奏它，一定要君主配舞。范昭是人臣，却想给天子之乐配舞，所以我不演奏。"

范昭回到晋国，把在齐国的情况报告给晋平公，说："齐国不可讨伐。我想试探齐国的君主，却被晏子识破了；我想冒犯他们的礼节，却被太师知晓了。"

仲尼闻之，曰："夫不出于尊俎⑧之间，而知千里之外，其晏子之谓也。可谓折冲矣！⑨而太师其与焉。"

孔子听说了这件事，说道："不离宴席之间，而退敌于千里之外，说的就是晏子啊！太师也参与了这件事。"

注　释

❶晋平公：春秋时晋国国君，名彪，悼公子。　❷范昭：晋国大夫。　❸弃樽：用过的酒樽。一说"弃"为"卒"字之误，"卒"通"倅"，副。古代君主饮酒，用樽不一，故有副樽。范昭作为晋国使臣，要求用齐国国君使用的酒具为自己斟酒，是一种失礼行为，范昭此举是有意为之，旨在了解齐国是否已经乱礼，以便确定是否可以攻打齐国。　❹觯（zhì）：古代酒器，青铜制，形似尊而小，或有盖。　❺太师：古代乐官之长，掌管乐律。　❻成周之乐：周王室的乐曲。范昭此举仍是越礼行为，亦在了解齐国之政是否已经乱礼。　❼冥臣：失明之臣，乐师的自称。古代乐师之职，通常由盲人担任。　❽尊俎：古代盛酒肉的器皿，也常用为宴席的代称。　❾"而知千里之外"三句：吴则虞认为："此处似作'不出于尊俎之间，而折冲千里之外，其晏子之谓也，可谓知矣'。后'知'与'折冲'易位。因而致讹。"吴说是，译文从此。折冲：使敌人的战车后撤，即制敌取胜。冲，冲车，战车的一种。

景公问东门无泽年谷而对以冰晏子请罢伐鲁第十七

题　解

齐景公伐鲁时抓获东门无泽并询问其鲁国年成，无泽回以"阴水厥，阳冰厚五寸"，看似"答非所问"，景公不解其意。晏子则明了无泽以"冰厚节合"隐喻鲁国政稳民安，于是劝谏景公"伐之不义""礼鲁息怨"以彰显德行。本章以小见大，彰显了晏子"不伐有道"的攻伐理论，及其"以德行邦"的治国理念。

【原文】

景公伐鲁，傅许^①，得东门无泽。公问焉："鲁之年谷何如？"对曰："阴水厥^②，阳^③冰厚五寸。"不知，以告晏子。

晏子对曰："君子也。问年谷而对以冰，礼也。阴水厥，阳冰厚五寸者，寒温节^④，节则刑政平，平则上下和，和则年谷熟。年充众和而伐之，臣恐罢民弊兵，不成君之意。请礼鲁以息吾怨，遣其执^⑤以明吾德。"

公曰："善。"乃不伐鲁。

【译文】

齐景公讨伐鲁国，驻扎在许地，捕获了东门无泽。景公问曰："鲁国一年的收成怎么样？"东门无泽回答说："背阴地方的水都还凝结着，向阳地方的冰有五寸厚。"景公不懂这话的意思，就将其告诉晏子。

晏子回答说："东门无泽真是君子。问他年成而以结冰的情况回答，这是合乎礼的。背阴地方的水都还凝结着，向阳地方的冰有五寸厚，说明寒暑变换符合节令，符合节令了国家刑罚政令就清平，刑罚政令清平了君民就和谐，君民和谐了年成就好。年成好、君民和谐而讨伐它，臣担心会使民众劳累军队溃败，不能完成君主的意愿。请以礼对待鲁国以平息我们的怨恨，送还鲁国的俘虏以彰显我国的仁德。"

景公说："好。"于是没有讨伐鲁国。

注 释

❶傅许：驻扎在许地。傅，通"附"，附着，此处意即驻扎。许，地名。吴则虞言："《北堂书钞》一百五十九，《御览》三十五、又六十八引皆无'傅许'二字。"　❷阴水厥：王念孙云："此文本作'阴冰凝'（句），'阳冰厚五寸'（《海赋》'阳冰不冶'，本此）。'阴冰'者，不见日之冰也；'阳冰'者，见日之冰也。"阴，背阴的地方。　❸阳：向阳的地方。　❹节：符合节令。　❺执：俘虏。

景公使晏子予鲁地而鲁使不尽受第十八

题 解

齐景公赠送鲁君山阴之地，晏子奉命去赠地。鲁君使子叔昭伯循"诸侯交让"之礼"交让争卑""委多受少"，没有全部接受赠地。晏子归后向景公盛赞在"大国贪名、小国贪实"的"通患"之下，鲁国守礼义、戒贪得，"道义殊于世俗"，建议以"重币""厚礼"待鲁，以礼让兴邦交。

【原 文】

　　景公予鲁君地山阴①数百社，使晏子致之。鲁使子叔昭伯受地，不尽受也。晏子曰："寡君献地，忠廉也，曷为不尽受？"

　　子叔昭伯曰："臣受命于君曰：'诸侯相见，交让②，争处其卑，礼之文也；交委多，争受少，行之实也。礼成文于前，行成章于后，交之所以长久也。'且吾闻君子不尽人之欢，不竭人之忠，吾是以不尽受也。"

　　晏子归，报公。公喜，笑

【译 文】

　　齐景公要把泰山以北的住有几千户人家的土地送给鲁国国君，派晏子去送交。鲁国派子叔昭伯接受土地，但没有全部接受。晏子说："我们君主献出土地，是诚心无私的，为何不全部接受？"

　　子叔昭伯说："我接受命令时君主说：'诸侯相见，要相互谦让，争处低位，这符合礼的形式；相互多付出，争相少接受，这是实在的行为。先符合礼仪的形式，行为再落到实处，这是交往之所以长久的原因。'况且我听闻君子不尽夺人之爱，不尽享他人的诚意，因此我不能全部接受。"

　　晏子回国后，向景公汇报。景公很高兴，笑着说："鲁国国君是这样的吗？"

曰："鲁君犹若是乎?"

晏子曰："臣闻大国贪于名，小国贪于实，此诸侯之通患也。今鲁处卑而不贪乎尊，辞实而不贪乎多，行廉不为苟得，道义不为苟合，不尽人之欢，不竭人之忠，以全其交。君之道义，殊于世俗，国免于公患。"

公曰："寡人说鲁君，故予之地，今行果若此，吾将使人贺之。"

晏子曰："不! 君以欢予之地，而贺其辞，则交不亲，而地不为德矣。"

公曰："善。"于是重③鲁之币，毋比诸侯；厚其礼，毋比宾客。君子于鲁，而后明行廉辞地之可为重名也。

晏子说："我听说大国贪图名声，小国贪图实利，这是诸侯的通病。如今鲁国处于卑弱的地位而不贪图显尊，辞绝实利而不贪图多得，行为廉洁不求苟且所得，遵循道义不随便行事，不尽夺人之爱，不尽享他人的诚意，以此来维护国家之间的交往。鲁国国君的道义，与世俗不同，鲁国没有诸侯的通病。"

景公说，"我喜欢鲁国国君，所以给予他土地，他的行为果真是这样，我将派人向他祝贺。"

晏子说："不行! 您因为喜欢才给予他土地，又祝贺他推辞没有全部接受的行为，这样的交往不亲密，给予的那些土地也不算是恩德了。"

景公说："好。"于是赠予鲁国丰厚的礼物，有别于对待其他诸侯；用隆重的礼节对待鲁国来使，有别于其他诸侯国的来使。君子通过鲁国这件事，懂得了行为廉正、辞让土地是可以使国家享有盛名的。

注 释

❶ 山阴：指泰山北面。山，泰山。阴，山的北面。　❷ 交让：相互谦让。交，相互。　❸ 重：厚重，丰厚。

景公游纪得金壶中书晏子因以讽之第十九

题解

齐景公游纪时偶得金壶丹书，景公依字面义解读"食鱼无反，勿乘驽马"，晏子则引申指出其为民本思想与用人之道的双重隐喻，"食鱼无反"警示君主惜民力，"勿乘驽马"是强调君主要亲贤臣、远离不肖之臣。他还指出治国贵在践行道义，批判纪国虽有良言却藏壶不用，以致灭亡。

【原文】

景公游于纪①，得金壶，乃发视之，中有丹书②，曰："食鱼无反，勿乘驽马。"③公曰："善哉，知若言！食鱼无反，则恶其鳋④也；勿乘驽马，恶其取道不远也。"

晏子对曰："不然。食鱼无反，毋尽民力乎！勿乘驽马，则无置不肖于侧乎！"

公曰："纪有书，何以亡也？"

晏子对曰："有以亡也。婴闻之，君子有道，悬之间。纪有此言，注之壶，不亡何

【译文】

齐景公游览纪地，得到了一个金壶，于是打开来看，看到里面有用朱笔书写的文字，其言："食鱼无反，勿乘驽马。"景公说："这话说得好啊！吃鱼不要翻过来，是因为厌恶鱼的腥味；不要乘劣马，是因为厌恶劣马不能走很远的路。"

晏子回答说："不是这样的。吃鱼不翻，是说不要耗尽民众的财力！不乘劣马，是说不要把不贤的人安置在身边！"

景公说："那纪国有这样的丹书，为什么会亡国呢？"

晏子回答说："亡国是有原因的。我听说，君子有道义，会将其悬挂在门间之上。纪国有这样的言论，却藏

待乎？"

在金壶里，不灭亡还等待什么呢？"

注释

❶纪：古纪国。在今山东寿光南纪台村，公元前690年被齐国所灭。《括地志》记载："剧，蕾州县也。故剧城在青州寿光县南三十一里，故纪国。"　❷丹书：朱笔书写的文字。　❸食鱼无反，勿乘驽马：吴则虞云："《御览》八百九十六、《事类赋》注引作：'勿食反鱼，无乘驽马。'"意即不要吃翻过来的鱼，不要乘劣马。驽马：劣马。　❹鳋（sāo）：鱼腥味。

景公贤鲁昭公去国而自悔晏子谓无及已第二十

题解

鲁昭公失国后奔齐，向齐景公悔悟自己少时"不亲贤人、不用谏言"以致深陷谄谀而遭祸。景公问晏子如果令鲁昭公返国，昭公可否成为贤君，晏子以"临难铸兵""噎而掘井"喻指其悔之已晚，错失改正时机，强调政治智慧的核心在于"早觉早行"而非事后嗟叹，彰显了晏子"治国贵早不贵悔"的政治智慧。

【原文】

鲁昭公弃国走齐①，齐公问焉，曰："君何年之少，而弃国之蚤？奚道②至于此乎？"昭公对曰："吾少之时，人多爱我者，吾体③不能亲；人多谏我

【译文】

鲁昭公失国逃亡到齐地，齐景公问他，说："你这么年轻，为何这么早就失去君位？为什么会沦落到这个地步？"鲁昭公回答说："我年轻的时候，有很多爱护我的人，我自己却没

者，吾志不能用。好则内无拂而外无辅④，辅拂无一人，谄谀我者甚众。譬之犹秋蓬⑤也，孤其根而美枝叶，秋风一至，根且拔矣。"

景公辩其言，以语晏子，曰："使是人反其国，岂不为古之贤君乎?"

晏子对曰："不然。夫愚者多悔，不肖者自贤，溺者不问队⑥，迷者不问路。溺而后问队，迷而后问路，譬之犹临难而遽铸兵，噎而遽掘井，虽速亦无及已。"

有亲近他们；有很多规劝我的人，我没能采纳他们的意见。因此内外都没有辅佐我的人，没有一个人辅佐我，阿谀奉承我的人很多。就像秋天的蓬草，草根孤弱但枝叶茂美，秋风一吹，就被连根拔起了。"

景公认为他的话很有道理，就告诉了晏子，说："若使他返回自己的国家，岂不是会成为像古代贤君一样的君主吗?"

晏子回答说："不是这样的。愚昧的人总是后悔，不贤的人总自以为贤良，溺水的人不会事先探路，迷路的人不会事先问路。溺水后再探路，迷路后再问路，就好比大难临头才急忙铸造兵器，被噎着后才急忙挖井，即使再快也来不及了。"

注 释

❶弃国：失国。走：逃亡。　❷奚道：什么原因。　❸体：自身。　❹好则内无拂而外无辅：王念孙云："案'则'本作'以'，'是以'二字，乃推言其所以无辅弼之故，今本作'是则'，亦后人以《说苑》改之。《群书治要》《类聚》《御览》并作'是以'。"拂（bì），通"弼"，辅助，辅佐。　❺秋蓬：秋天的蓬草。因已干枯，易随风飘飞。　❻队：原作"坠"，据《指海》本改。下句"队"字同。队（繁体为"隊"），通"隧"，意为道路。

晏子使鲁有事已仲尼以为知礼第二十一

题 解

晏子使于鲁国时，孔子命弟子观察晏子。子贡质疑晏子"登阶历""堂上趋""授玉跪"等违礼之行，晏子释因鲁君行动急促、俯身授玉卑下，所以才临时调整仪节，强调大礼不可逾越，细节可因时因事权变。最终，孔子以宾客之礼相送。

【原 文】

晏子使鲁，仲尼命门弟子往观。子贡①反，报曰："孰谓晏子习于礼乎？夫礼曰：'登阶不历，堂上不趋，授玉不跪。'②今晏子皆反此，孰谓晏子习于礼者？"

晏子既已有事于鲁君，退见仲尼。仲尼曰："夫礼，登阶不历，堂上不趋，授玉不跪。夫子反此乎？"

晏子曰："婴闻两楹③之间，君臣有位焉，君行其一，臣行其二。君之来速，是以登阶历，堂上趋，以及位也。君

【译 文】

晏子出使鲁国，孔子让学生们前去观摩。子贡回来，向孔子报告说："谁说晏子通晓礼仪？礼言：'登台阶时不能跨越两级，殿堂上不能疾走，授给玉器时不能下跪参拜。'现在晏子都违反了这些礼节，谁说晏子通晓礼仪？"

晏子完成了在鲁国国君处的公事后，退出去见孔子。孔子说："按照礼节，登台阶时不能跨越两级，殿堂上不能疾走，授给玉器时不能下跪参拜。先生违反了这些礼节吗？"

晏子说："我听说两根大柱之间的厅堂上，君主和臣子各有位置，君主走一步，臣子要走两步。君主来的时候走得快，所以我登台阶时越级而走，在殿堂上疾走，是为了及时赶到自己的位置

授玉卑，故跪以下之。且吾闻之，大者不逾闲，小者出入可也。”

晏子出，仲尼送之以宾客之礼，反，命门弟子曰④："不法之礼⑤，维晏子为能行之。"

上。君主授玉器时身子向下低伏，所以我才跪下以保持比他低的位置。况且我听说，大的方面不逾越，小的方面是可以有出入的。"

晏子出门，孔子以对待贵宾的礼节送他，回来后，对门下弟子说："不拘泥于明文规定的礼仪，只有晏子能做到。"

注 释

❶子贡：孔子弟子，姓端木，名赐，字子贡，春秋时卫国人，善辞令，列言语科。　❷登阶不历，堂上不趋，授玉不跪：登台阶时不能跨越两级，殿堂上不能疾走，授给玉器时不能下跪参拜。历，超越。　❸两楹：房屋正厅当中的两根柱子。两楹之间是房屋正中所在，为举行重大仪式和重要活动的地方。　❹反，命门弟子曰：《指海》本注曰："此六字原脱，依《初学记·文部》补。"补后更通文意，据补。　❺不法之礼：原为"不计之义"，据《指海》本及上下文意改。

晏子之鲁进食有豚亡二肩不求其人第二十二

题 解

晏子出使鲁国，制止侍者追查"亡失"的豚肩，并以小见大地阐明治民之道，他提出"量功而不量力，则民尽；藏余不分，则民盗"，强调统治者需量民力行事，不可过度征敛，如果私藏余利而不均分，将使民生匮乏、盗贼滋生，展现了晏子以民为本与薄敛省刑的政治思想。

【原 文】

晏子之鲁，朝食，进馈膳①，有豚焉。晏子曰："去其二肩②。"昼者进膳，则豚肩不具。侍者曰："膳豚肩亡。"晏子曰："释之矣。"侍者曰："我能得其人。"晏子曰："止。吾闻之，量功而不量力，则民尽；藏余不分，则民盗。子教我所以改之，无教我求其人也。"

【译 文】

晏子到鲁国去，早上吃饭时，送来的膳食里有小猪。晏子说："把猪的两只前腿藏起来。"白天送来的膳食中，猪的两只前腿没有了。侍者说："膳食中猪的两只前腿没有了。"晏子说："这事就算了吧。"侍者说："我能捉到这个偷猪腿的人。"晏子说："不必了。我听说，凡事只考虑功效而不考虑劳力，民众的财力会被耗尽；收藏多余的财富而不分给不足者，民众会偷盗。你应该教我怎么改正过失，而不应当教我去寻找那个偷盗的人。"

注 释

❶ 馈膳：烹调膳食。　❷ 去：同"弃"，收藏。肩：四足动物的前腿根部。

曾子将行晏子送之而赠以善言第二十三

题 解

曾子将行时，晏子临别以"慎隐燦""慎所修""求所湛"赠言，以车轮、玉璧、兰本三则哲理性比喻具象化地喻示修身之道，强调了环境对本性的塑造、修养的重要性及择邻就士的必要性，为后世提供了"慎处、慎修、慎交游"的修身范式。

【原文】

曾子将行，晏子送之，曰："君子赠人以轩①，不若以言。吾请以言之？以轩乎？"

曾子曰："请以言。"

晏子曰："今夫车轮，山之直木也，良匠煣②之，其圆中规，虽有槁暴③，不复赢④矣，故君子慎隐煣⑤。和氏之璧⑥，井里之困也⑦，良工修之，则为存国之宝，故君子慎所修。今夫兰本⑧，三年而成，湛⑨之苦酒，则君子不近，庶人不佩；湛之麋醢⑩，而贾匹马矣⑪。非兰本美也，所湛然也，愿子之必求所湛。婴闻之，君子居必择邻，游必就士。择居所以求士，求士所以辟患也。婴闻汩常⑫移质，习俗移性，不可不慎也。"

【译文】

曾子将要离开，晏子给他送行，说："君子赠予人车子，不如赠予人言语。请问我赠予你言语，还是赠予你车子呢？"

曾子说："请赠给我一些良言吧。"

晏子说："现在的车轮，原本是山中笔直的树木，良匠用火烘烤使之弯曲，它的圆度合乎规则，即使风吹日晒变得干枯，也不会再挺直了，所以君子要慎重地对待改变自己本性的事。和氏的玉璧，本是乡间做门槛的普通石头，但经过良匠的加工，就成了镇国之宝，所以君子要慎重地对待自己的修养。现在的兰草根，三年长成，把它浸在苦酒里，君子不会接近它，百姓也不会佩戴它；如果把它浸在麋鹿肉制成的肉酱里，它的价值抵得上一匹马了。这并不是兰草根的质地好，主要是看它浸在何物中，希望你一定好好寻求所浸染的环境。我听说，君子居住时一定要选择好的邻居，交游一定要接近贤士。选择好邻居是为了寻找贤士，求得贤士是为了避开祸患。我听说处在不正常的环境中人的本质会改变，习染于世俗中本性会改变，不可不慎重啊。"

注 释

❶ 轩：古代一种有围棚或帷幕的车。　❷ 煣：用火烤木材使其弯曲。　❸ 槁

暴：风吹日晒而干枯。　❹ 嬴：挺直。孙星衍云："'嬴''挺'声相近。"　❺ 隐
栝：矫揉弯曲竹木等使其平直或成形。此语意指君子要慎重对待改变自己本性
的事。　❻ 和氏之璧：春秋时楚人卞和得一璞玉，献给楚厉王。厉王的玉匠说
是石头，卞和被以欺诳罪斩去左足；后献给继位的武王，又被斩去右足。文王
即位，卞和因蒙冤受屈而抱璞痛哭于荆山之下，文王派人剖璞，终得宝玉。因
称"和氏璧"。　❼ 井里：市井乡里。困：即"梱"，门限，门槛。此句意指和
氏璧之前埋没在人间。　❽ 兰本：兰草的根。　❾ 湛：浸泡。　❿ 麋醢：麋鹿
肉制成的肉酱。　⓫ 贾（jià）：同"价"，价值。匹：相抵，相当。　⓬ 汩常：
意指偏离正常的环境。汩，扰乱。

晏子之晋睹齐累越石父解左骖赎之与归第二十四

题解

晏子在出使晋国途中遇见沦为奴仆的贤者越石父，爱才惜才的晏子
解马以赎。回到住所后的越石父却因初时未被以礼相待怒而请绝，晏子
自省后便以尊礼相待。本章以晏子的识贤、赎贤、敬贤，彰显了晏子
"不役于物、不屈于礼"之重贤礼士品格，以及"贤不居功、过而能改"
的谦逊品德。

【原文】

晏子之晋，至中牟①，睹
弊冠反裘负刍息于涂侧者，以
为君子也，使人问焉，曰：
"子何为者也？"对曰："我越
石父者也。"晏子曰："何为至

【译文】

晏子到晋国去，到了中牟，看到
有个头戴破帽、反穿皮衣、背着草料
在路边休息的人，以为是位君子，派
人询问道："您是什么人？"那人回答
说："我叫越石父。"晏子问："为何
到这来？"回答说："我本为臣子，在

此?"曰:"吾为人臣,仆于中牟,见使将归。"晏子曰:"何为为仆?"对曰:"不免冻饿之切吾身,是以为仆也。"晏子曰:"为仆几何?"对曰:"三年矣。"晏子曰:"可得赎乎?"对曰:"可。"遂解左骖②以赠之,因载而与之俱归。

至舍,不辞而入,越石父怒而请绝。晏子使人应之曰:"吾未尝得交夫子也,子为仆三年,吾乃今日睹而赎之,吾于子尚未可乎?子何绝我之暴也?"越石父对之曰:"臣闻之,士者诎乎不知己,而申③乎知己,故君子不以功轻人之身,不为彼功诎身之理。吾三年为人臣仆,而莫吾知也。今子赎我,吾以子为知我矣。向者子乘,不我辞也,吾以子为忘;今又不辞而入,是与臣我者同矣。我犹且为臣,请鬻于世。"

晏子出,见之曰:"向者见客之容,而今也见客之意。婴闻之,省行④者不引其过,

中牟做奴仆,被派遣后将要回去。"晏子问:"为什么做奴仆呢?"回答说:"无法摆脱自身的饥寒交迫,所以当了奴仆。"晏子问:"做奴仆多久了?"回答说:"三年了。"晏子问:"可以赎身吗?"回答说:"可以。"于是晏子解下车子左边的马赠送给他,然后载着他一起回去了。

到了旅舍,晏子没有打招呼就进去了,越石父很生气地要和晏子绝交。晏子派人回应他说:"我不曾和您交往,您做了三年奴仆,我今日看到您并将您赎出来,我对您还不可以吗?您为何突然要与我绝交呢?"越石父回答说:"我听说,士人没有遇见了解自己的人时会感到委屈,遇见了解自己的人时会得以施展,所以君子不因为对人有功德就看轻别人,也不因为别人对自己有功德就屈身于别人。我做了三年奴仆,却没人了解我。如今您把我赎了出来,我以为您了解我。先前您乘车时,没和我打招呼,我以为是您忘了;如今您又没打招呼就进门,这就和奴役我的人一样了。我还是去做奴仆吧,请把我卖了吧。"

晏子出门,接见越石父说:"先前只见到您的容貌,如今才见到您的意志。我听说,能够反省自身的人就不要去追究他的过错了,能详察实情的人就不要讥讽他的言辞了,我可以向您道歉而不被您所弃吗?我真诚地

察实者不讥其辞，婴可以辞而无弃乎！婴诚革之。"乃令粪洒改席⑤，尊醮⑥而礼之。越石父曰："吾闻之，至恭不修途，尊礼不受摈⑦。夫子礼之，仆不敢当也。"晏子遂以为上客。

君子曰："俗人之有功则德，德则骄。晏子有功，免人于厄，而反诎下之，其去俗亦远矣。此全功之道也。"

改正我的过错。"于是令人洒扫改换坐席，斟酒礼迎越石父。越石父说："我听说，最恭敬的礼待也不必打扫道路，至尊的礼待也不必用傧相相迎。先生如此礼待我，我不敢当啊。"晏子于是尊其为上宾。

君子说："世俗的人对人有功就自以为有德，自以为有德就会自满。晏子对人有功德，使别人免于困厄，而反屈己于人下，他已经离世俗很远了。这就是成就功业的方法啊。"

注　释

❶ 中牟：地名，故址传说不一。《史记》张守节正义曰："相州荡阴县西五十八里，有牟山，盖中牟邑在此山侧也。"其说较近，在今河南鹤壁西。　❷ 左骖：古代驾车三马或四马中左边的马。　❸ 申：舒展，伸展。　❹ 省行：反省自身的行为。　❺ 粪洒：洒扫。改席：改换坐席，以示对客人的尊重。　❻ 尊醮（jiào）：斟酒。醮，古代嘉礼中的一种简单的仪式。尊者对卑者斟酒，卑者接受敬酒后饮尽，不需回敬。　❼ 摈（bìn）：通"傧"，接引宾客。

晏子之御感妻言而自抑损晏子荐以为大夫第二十五

题　解

　　晏子的车夫因自己为齐相驾车而自得，车夫的妻子以"晏子长不满六尺而自下"劝丈夫谦卑修身，揭批其"自足"之失，强调真正的尊贵在于内在德行，使车夫觉悟而"抑损"。晏子察知车夫的变化，问其缘由后识贤任能，荐举车夫为大夫，展现了晏子察行荐贤的任人之道。

【原文】

晏子为齐相，出，其御之妻从门间而窥，其夫为相御，拥大盖，策驷马，意气扬扬，甚自得也。既而①归，其妻请去。夫问其故，妻曰："晏子长不满六尺②，身相齐国，名显诸侯。今者妾观其出，志念深矣，常有以自下③者。今子长八尺，乃为人仆御。然子之意，自以为足，妾是以求去也。"

其后，夫自抑损④。晏子怪而问之，御以实对，晏子荐以为大夫。

【译文】

晏子为齐相时，有一天外出，他车夫的妻子从门缝里往外窥探，看见她的丈夫为国相驾车，扶着大车盖，驾着四匹马拉的车，神气十足，非常自得。不久车夫归来，他的妻子请求离他而去。车夫询问原因，妻子说："晏子身高不足六尺，位居齐国的国相，名声显赫于诸侯。今天我看他出门，志向远大，仍保持着谦逊的态度。而今你身高八尺，给人做奴仆驾车。然而你的内心，自以为满足，因此我请求离你而去。"

此后，车夫变得自制谦卑。晏子感到奇怪就问他，车夫以实情相告，晏子就举荐他当了大夫。

注　释

❶既而：不久。　❷尺：这里是周代的尺寸，一尺相当于现在的七寸左右。
❸自下：谦逊退让，敬重他人。　❹抑损：谦卑，谦逊。

泯子午见晏子晏子恨不尽其意第二十六

题解

燕国游士泯子午身怀治国良策三百篇，千里迢迢到齐国拜访晏子，却因为紧张而无法言说。晏子重贤尚贤，以"礼贤下士"的亲和态度引导泯子午尽抒己见。其后，晏子因泯子午"不说万乘之国""不远千里之途"来访而反思自己或错失更多贤才，展现了晏子求贤若渴的胸怀与谦逊自省的品格。

【原文】

燕之游士①，有泯子午者，南见晏子于齐。言有文章，术有条理，巨可以补国，细可以益晏子者三百篇。睹晏子，恐慎而不能言。晏子假之以悲色②，开之以礼颜，然后能尽其复也。

客退，晏子直席而坐，废朝移时③。在侧者曰："向者燕客侍，夫子胡为忧也？"

晏子曰："燕，万乘之国也；齐，千里之涂也。泯子午以万乘之国为不足说，以千里

【译文】

燕国的游士，有位叫泯子午的，南行到齐国拜见晏子。他的言辞有文采，学说有条理，大的方面可以补益国家，小的方面有益于晏子，这样的文章有三百篇。他看到晏子，惊恐得说不出话来。晏子以温和的样子宽慰他，用礼貌的态度开导他，泯子午才尽情地说出想说的话。

客人退出后，晏子端正地坐在坐席上，好长时间忘了上朝。身边的人问："先前是燕国的客人陪侍在您身边，您为什么感到不安啊？"

晏子说："燕国，是拥有万辆战车的强国；齐，拥有着纵横千里的疆域。泯子午认为拥有万辆战车的国家不

之涂为不足远，则是千万人之上也。且犹不能殚其言于我，况乎齐人之怀善而死者乎！吾所以不得睹者，岂不多矣？然吾失此，何之有也！"

值得游说，纵横千里的疆域还算不上辽阔，他的才能在千万人之上。他尚且不能把要说的话向我说尽，况且那些有良谋而至死不得任用的齐人呢！我所没能见到的这样的人，岂不是很多吗？然而我失去了这些人，还能有什么成就！"

注 释

❶ 游士：古代凭借道德、学说等从事游说活动的人。　❷ 假：宽容，宽饶，此处引申为宽慰。悲色：温和的样子。悲，怜悯，此处可引申为温和。　❸ 废朝移时：意指好长时间忘了上朝。废朝，停止朝会。移时，经历一段时间。

晏子遗北郭骚米以养母骚杀身以明晏子之贤第二十七

题 解

齐人北郭骚家贫，求助晏子以养母孝亲，晏子分粟救助。当晏子受到齐景公猜忌而逃亡时，北郭骚报恩自刎"杀身明贤"，将个人感恩化作"明贤护国"的道义担当，其友人也"为义死节"，使景公极为震惊，亲追晏子回国。本章以恩义与士节的双重彰显，展现了"士为知己者死"的侠义精神与贤士相惜的道德范式。

【原 文】

齐有北郭骚者，结罘罔，捆蒲苇，织履，以养其母，犹

【译 文】

齐国有位叫北郭骚的人，依靠编织捕兽的网，捆扎蒲苇，编织鞋，来

不足。踵门①见晏子曰："窃说先生之义，愿乞所以养母者。"晏子使人分仓粟府金而遗之，辞金受粟。

有间，晏子见疑于景公，出奔，过北郭骚之门而辞。北郭骚沐浴而见晏子曰："夫子将焉适？"晏子曰："见疑于齐君，将出奔。"北郭骚曰："夫子勉②之矣。"晏子上车，太息而叹曰："婴之亡，岂不宜哉？亦不知士甚矣。"

晏子行，北郭子召其友而告之曰："吾说晏子之义，而尝乞所以养母者焉。吾闻之，养及亲者身伉其难③。今晏子见疑，吾将以身死白④之。"着衣冠，令其友操剑，奉笥⑤而从，造⑥于君庭，求复者曰："晏子，天下之贤者也。今去齐国，齐必侵矣。方见国之必侵，不若死，请以头托白晏子也。"因谓其友曰："盛吾头于笥中，奉以托。"退而自刎。

其友因奉托而谓复者曰："此北郭子为国故死，吾将为北

养活母亲，但还是不足以维持生计。于是他就亲自登门拜见晏子说："我私下仰慕先生的道义，希望能乞求些可以供养母亲的东西。"晏子让人分了些粮仓里的粮食和府库里的钱财给他，北郭骚拒绝了钱财接受了粮食。

不久，晏子被齐景公猜忌，出走逃亡，经过北郭骚的家门向他辞行。北郭骚沐浴后拜见晏子说："先生要去哪里？"晏子说："我被景公猜忌，准备出走逃亡。"北郭骚说："先生努力啊。"晏子上车，叹息说："我逃亡，难道不是应该的吗？也是我太不了解士人了。"

晏子走以后，北郭骚叫来他的朋友告诉他说："我仰慕晏子的道义，曾经向他乞求些可以供养母亲的东西。我听说，对于供养过自己亲人的人应当亲身为他抵挡灾难。如今晏子被猜忌，我要用自己的死来为他证明清白。"北郭骚穿上衣服戴上帽子，让他的朋友拿着剑，捧着竹器跟在身后，到了宫廷，对传话的人说："晏子，是天下贤明的人。如今他离开了齐国，齐国必将会受到侵犯。与其看着国家被侵犯，不如先死，请用我的头为晏子证明清白。"于是对他的朋友说："请将我的头颅放在竹器中，捧上托付给君主。"退下自刎。

他的朋友于是捧上竹器托付给传话的人说："北郭先生为了国家的事

郭子死。"又退而自刎。

景公闻之，大骇，乘驲⑦而自追晏子，及之国郊，请而反之。晏子不得已而反，闻北郭子之以死白己也，太息而叹曰："婴之亡岂不宜哉？亦愈不知士甚矣。"

而死，我将为北郭先生而死。"也退下自刎了。

齐景公听说了这事，大为惊骇，亲自乘车去追晏子，追到边境赶上了他，请他回来。晏子不得已而返回，听说北郭先生以死来为自己证明清白，长叹道："我逃亡岂不是应该的吗？我更加不了解士人了。"

注　释

❶ 踵门：登门。　❷ 勉：鼓励，劝人努力。　❸ 及：原作"其"，王念孙云："'养其亲'本作'养及亲'，养及于亲则德莫大焉……《艺文类聚·人部十七》《太平御览·人事部百一十》引此并作'养及亲'。《吕氏春秋·士节篇》《说苑·复恩篇》同。"据王说补。伉其难：意指为晏子抵挡灾难。伉，对等，相称。　❹ 白：使清白。　❺ 笥（sì）：原缺，据《指海》本补。盛饭或衣物的方形竹器。　❻ 造：到，去。　❼ 驲（rì）：古代驿站专用的车，后亦指驿马。

景公欲见高纠晏子辞以禄仕之臣第二十八

题　解

齐景公欲见晏子家臣高纠，晏子却以"为禄仕者，不能正其君"为由婉拒，指明高纠是仅为俸禄而仕的平庸之臣，而不是以匡正君过、践行道义为己任的臣子，彰显了晏子以道自任、非道义不仕的政治原则。

【原文】

景公谓晏子曰："吾闻高纠与夫子游，寡人请见之。"

晏子对曰："臣闻之，为地战者，不能成其王；为禄仕者，不能正其君。高纠与婴为兄弟久矣，未尝干婴之行，特禄仕①之臣也，何足以补君乎！"

【译文】

齐景公对晏子说："我听说高纠和先生交游，我希望见他一面。"

晏子回答道："我听说，为土地而征战的人，不能成就帝王的功业；为了俸禄而为官的人，不能匡正他的君主。高纠和我成为兄弟已经很久了，却未曾批评过我的行为，只是个为俸禄而做官的臣子，怎么能对君主有所补益呢！"

注释

❶ 仕：原缺，据《指海》本补。

高纠治晏子家不得其俗乃逐之第二十九

题解

高纠做晏子家臣三年被辞退。晏子以三条"家俗"回应高纠质询，即闲居要论道砥行、内外要相互劝勉、要尊重贤能，指出高纠因无一践行而被辞退。三条看似简单的"家俗"却将"修身—事君—敬贤"贯而通之，"家俗"与"政德"相映照，治家与事国相统一，彰显了晏子"家俗即政德"的治家理念。

【原文】

　　高纠事晏子而见逐。高纠曰："臣事夫子三年，无得，而卒见逐，其说何也？"

　　晏子曰："婴之家俗有三，而子无一焉。"

　　纠曰："可得闻乎？"

　　晏子曰："婴之家俗，闲处从容不谈议①，则疏；出不相扬美，入不相削行②，则不与；通国事无论，骄士慢知者，则不朝也。此三者，婴之家俗，今子是无一焉。故婴非特食馈之长也，是以辞。"

【译文】

　　高纠事奉晏子而被辞退。高纠说："我事奉先生三年，什么也没得到，最后却被辞退了，这怎么解释呢？"

　　晏子说："我家有三条家俗，而您一条也没有做到。"

　　高纠问："可以说给我听听吗？"

　　晏子说："我的家俗，闲居悠闲时不讨论切磋的，就疏远；外出不互相宣扬美德，在内不互相切磋德行的，就不亲近；不参与国家大事的议论，对贤士骄横、对智者怠慢的人，就不交往。这三条，我的家俗，如今您一条都没做到。我并不只是供人吃喝的人，因此辞退。"

注　释

❶ 谈议：讨论切磋。意指议论学术道德之类的问题。　❷ 削行：切磋德行。

晏子居丧逊答家老仲尼善之第三十

题　解

　　晏子为父亲晏桓子服丧时，丧仪简素，规格低于大夫常礼。当家臣规谏时，晏子以"唯卿为大夫"委婉回应，展现了其以丧礼之诚坚守"义"

的决心，不违本心与礼节，并在礼俗冲突中"逊辞避咎"，显示了晏子对"礼"的理解与灵活诠释，暗合礼"自卑而尊人"的精神内核。

【原　文】

晏子居晏桓子①之丧，粗衰②，斩③，苴经带④，杖，菅屦⑤，食粥，居倚庐⑥，寝苫⑦，枕草。其家老曰："非大夫丧父之礼也⑧。"

晏子曰："唯卿为大夫。"

曾子以闻孔子，孔子曰："晏子可谓能远害矣。不以己之是驳人之非，逊辞以避咎，义也夫。"

【译　文】

晏子为父亲晏桓子服丧，身穿粗麻布做成的丧服，头上腰间扎着麻带子，手执丧杖，脚穿草鞋，吃的是稀粥，居住在倚庐里，睡在草垫子上，以草为枕头。晏子家臣中的老者说："这不是大夫为父亲服丧的礼仪。"

晏子说："只有正卿才服大夫的丧。"

曾子将这件事告诉孔子，孔子说："晏子可以说是懂得远离祸害的人了。他不以自己的正确驳斥别人的错误，而是用谦逊的言辞来避免别人的过失，这就是讲道义啊。"

注　释

❶晏桓子：晏弱，晏婴的父亲。　❷粗衰：古代丧服之一，用粗麻布制成。❸斩：斩衰，五种丧服中最重的一种。用最粗的麻布制成，不缝边，以示无饰。❹苴：麻。经带：古代丧服所有的麻带。系于头上的叫"首经"，系于腰间的叫"腰经"。　❺菅（jiān）屦：古代服丧时穿的一种用菅草编织的草鞋。　❻倚庐：古人为父母守丧时居住的简陋棚屋。　❼苫（shān）：草帘子，草垫子。❽非大夫丧父之礼也：晏子所服，是士人之礼。春秋时有大夫丧父之礼，晏子不想指斥大夫丧父之礼不合乎礼，所以此为自谦之辞。

内篇杂下第六

灵公禁妇人为丈夫饰不止晏子请先内勿服第一

题解

齐灵公喜欢让宫内女子着男装，民间女子知晓后也纷纷效仿，灵公禁而难止。晏子以"悬牛首于门，而卖马肉于内"喻之，指出问题关键在于君主自身的行为示范。灵公接受了晏子的建议，从宫内开始禁止，从而使宫外的风气得以扭转。

【原文】

灵公好妇人而丈夫饰①者，国人尽服之。公使吏禁之，曰："女子而男子饰者，裂②其衣，断③其带。"裂衣断带相望而不止。

晏子见，公问曰："寡人使吏禁女子而男子饰，裂断其衣带相望而不止者，何也？"

晏子对曰："君使服之于内，而禁之于外，犹悬牛

【译文】

齐灵公喜欢让女子穿着男子的衣服，于是都城的女子都跟着这样穿。灵公派官吏去禁止这种风气，说："女子如果有穿着男子衣服的，就撕裂她的衣服，扯断她的衣带。"被撕裂的衣服和扯断的衣带到处都是，但这种风气仍然没有停止。

晏子见齐灵公，灵公问晏子说："我让官吏去禁止女子穿着男子的服饰，被撕裂的衣服和扯断的衣带到处都是，但这种风气仍然没有停止，这是为什么？"

晏子回答说："您让宫内的女子这样装扮，却禁止宫外的女子这样装扮，就像把牛头挂在门上，但是在门内卖马肉一

首于门，而卖马肉于内也。
公何以不使内勿服，则外莫
敢为也。"

公曰："善。"使内勿
服。逾月④，而国莫之服。

样。您为什么不让官内的女子不穿男子的
衣服呢？这样官外的女子也就不敢穿着男
子的服饰了。"

齐灵公说："您说得好啊。"于是禁止
官内的女子穿着男子的服饰。过了几个月，
都城里就没有再穿着男子服饰的女子了。"

注 释

❶丈夫饰：男子的服饰，这里指穿着男子的服饰。　❷裂：使……裂开，撕
裂。　❸断：使……断开，扯断。　❹逾月：王念孙《读书杂志》："'不逾
月'，言其速也。若无'不'字，则非其旨矣。《御览》引此正作'不逾月'，
《说苑》作'不旋月'，文虽小异，而亦有'不'字。"按，王念孙说似不确。
逾月，过了一个月；不逾月，没过一个月。两者都是表示过了一段时间，但时
间都不长，不烦改字。

齐人好毂击晏子绐以不祥而禁之第二

题 解

齐国人喜欢车毂撞击的娱乐方式，官府屡禁不止。晏子巧借民俗心理，
以不祥为名自导毂击行为并弃车示警，做出示范，让百姓认识到车毂相击
的不妥之处，从而使这一不良行为得以禁止。本章通过晏子之作为，揭示
出统治者教化百姓时，自身的表率作用及恰当的教育方式至关重要。

【原文】

齐人甚好毂击①，相

【译文】

齐国人十分喜爱用车轮互相撞击，并

犯②以为乐，禁之不止。晏子患之，乃为新车良马，出与人相犯也，曰："毂击者不祥，臣其祭祀不顺③，居处不敬乎?"下车而弃去之，然后国人乃不为。

故曰："禁之以制，而身不先行，民不能止。故化④其心，莫若教⑤也。"

以车轮相撞为乐，屡禁不止。晏子为此感到忧虑，于是他准备了崭新的车子和优良的马匹，出去与别人相互碰撞，并说："车轮相撞是不吉利的，难道是我平时祭祀的时候不符合礼仪，平常不敬重鬼神所导致的吗?"于是下车丢下车子就离开了，至此之后齐国人就不做互相撞击车轮的事情了。

所以说："用强制的法令、制度来禁止，自身却不率先实践，民众就不会停止。因此要改变民心，就要以身作则，亲自垂范。"

注 释

❶ 毂（gǔ）击：车轮相撞击。毂，车轮中心的圆木，周围与车辐的一端相接，中有圆孔，可以插轴，这里泛指车轮。　❷ 相犯：相互侵犯，即相互碰撞。这里具体指的是车辆的车毂相互撞击。　❸ 顺：遵循礼仪，符合规范。　❹ 化：教化，改变。《说文》："化，教行也。"　❺ 教：言传身教，这里指以身作则，率先垂范。

景公畜五丈夫称无辜晏子知其冤第三

题 解

齐景公在一个挡道的高地上打猎时，离奇地梦到五名男子向他诉冤，将此事告知晏子后，晏子想起齐灵公残杀五名无辜百姓的事。景公知道事情原委后，派人妥善埋葬了五人尸骨，这一行为让百姓看到了君主关注民生的善良仁爱之心，传达了君主为善容易且应心怀仁爱、重视百姓、多做善事从而赢得民心的思想，也体现了对无辜生命的尊重及对公正的追求。

【原文】

景公畋于梧丘^①，夜犹早，公姑^②坐睡，而曋有五丈夫北面韦庐^③，称无罪焉。公觉，召晏子而告其所曋。公曰："我其尝杀不辜，诛无罪邪？"

晏子对曰："昔者先君灵公畋，五丈夫罟^④而骇兽，故杀之，断其头而葬之，命曰'五丈夫之丘'，此其地邪？"公令人掘而求之，则五头同穴而存焉。公曰："嘻！"令吏葬之。

国人不知其曋也，曰："君悯白骨，而况于生者乎？不遗余力^⑤矣，不释余知^⑥矣。"

故曰：君子之为善易矣。

【译文】

齐景公在一个挡道的高地上打猎，天色尚早，景公短暂地坐着打盹，梦见五名男子面朝北站在行宫里，他们自称没有罪。景公醒来后，传召晏子并告诉他自己所梦见的情景。景公说："我曾经滥杀无辜，屠戮过无罪之人吗？"

晏子回答说："曾经我们的先君齐灵公打猎的时候，五名男子因触碰兽网吓跑了野兽，灵公便杀了他们，把他们的头都砍下并埋葬了，命名为'五丈夫之丘'，这里大概就是'五丈夫之丘'吧？"于是景公派人挖掘探求，果然找到五颗人头埋在一个墓穴里。景公说："哎呀！"立即下令让官吏安葬了他们。

齐国人不知道景公的梦，说："君主连白骨都十分怜悯，何况活着的人呢？我们应当把全部力量都使出来，把所有智慧都彰显出来。"

所以说：君主做善事是容易的。

注 释

❶梧丘：挡在路上的高地。《释名·释丘》云："当途曰梧丘。"一说为地名。　❷姑：暂且。　❸韦庐：这里指君主出行时临时在外搭建的行宫。　❹罟：网，这里指捕捉野兽的兽网。　❺不遗余力：竭尽全力的意思，指把全部力量都使出来。　❻不释余知：把所有智慧都彰显出来。释，放下，舍弃。

柏常骞禳枭死将为景公请寿晏子识其妄第四

题　解

　　齐景公因讨厌猫头鹰叫声而不愿登路寝之台，臣子柏常骞假装用白茅屋禳除邪祟，并且谎称能通过祭祀让景公增寿，还以"地动"作为吉兆骗取景公信任。晏子识破骗局，指出地动是星象变化的自然现象，只有依靠清明的政治和高尚的品德并顺应神灵才可以增加寿命，强调君主应将重心放在治理国家与关爱百姓上，传达了晏子重视德政和民生，反对迷信的思想。

【原文】

　　景公为路寝之台，成，而不踊①焉。柏常骞曰："君为台甚急，台成，君何为而不踊焉?"公曰："然。有枭昔者鸣②，声无不为也③，吾恶之甚，是以不踊焉。"柏常骞曰："臣请禳而去。"公曰："何具?"对曰："筑新室，为置白茅④。"公使为室，成，置白茅焉。柏常骞夜用事。

　　明日，问公曰："今昔闻鸮声乎?"公曰："一鸣而不

【译文】

　　齐景公修建了正殿的高台，修成后，却不登台。柏常骞问："您建造高台时十分急迫，修好之后，您怎么不登台呢?"景公说："是这样。夜里总是有猫头鹰鸣叫，它的叫声千奇百怪，我很讨厌它，所以不登台。"柏常骞说："请让臣通过祈祷祭祀的方式来除掉它。"景公说："具体怎么做?"柏常骞回答说："建造一个新的房子，在里面放入白茅。"于是景公派人建造新房子，建造完成后，在房子里放置了白茅。柏常骞在夜间举行祭祀。

　　第二天，柏常骞问齐景公说："昨天晚上听到猫头鹰的叫声了吗?"景公说：

复闻。"使人往视之，鸮当陛，布翌⑤，伏地而死。公曰："子之道若此其明，亦能益寡人之寿乎？"对曰："能。"公曰："能益几何？"对曰："天子九，诸侯七，大夫五。"公曰："子亦有征兆之见乎？"对曰："得寿，地且动。"公喜，令百官趣具骞之所求。

柏常骞出，遭晏子于涂，拜马前。骞辞曰："为禳君⑥鸮而杀之，君谓骞曰：'子之道若此其明也，亦能益寡人寿乎？'骞曰：'能。'今且大祭，为君请寿，故将往以闻。"晏子曰："嘻！亦善能为君请寿也。虽然，吾闻之，维以政与德而顺乎神，为可以益寿，今徒祭，可以益寿乎？然则福兆有见乎？"对曰："得寿，地将动。"晏子曰："骞！昔吾见维星绝⑦，枢星⑧散，地其动，汝以是乎？"柏常骞俯有间，仰而对曰："然。"晏子曰："为之

"叫了一声就没有再听到。"派人去察看，发现猫头鹰在殿前的台阶上，翅膀展开，趴在地上死了。景公说："您的道法如此高明，也能为我增加寿命吗？"柏常骞说："可以。"景公问："能增加多少？"柏常骞回答说："天子增加九年，诸侯增加七年，大夫增加五年。"景公说："您也有什么征兆表现出来吗？"柏常骞回答说："得到增加的寿命后，地就会震动。"景公很高兴，命令百官赶快去把柏常骞的具体要求落到实处。

柏常骞出来之后，在路上遇到了晏子，便在马前拜了一拜。柏常骞告诉晏子说："我为君主祈祷除去了猫头鹰，君主对我说：'您的道法如此高明，也能为我增加寿命吗？'我说：'可以。'今天将举行盛大的祭祀，向上天请求为君主增寿，因此我正准备去把这件事告诉您。"晏子说："哎呀！能为君主增加寿命也很不错。即便这样，我听说，只有依靠仁政和德治并且顺应神灵，才可以增加寿命，如今只是祭祀，就可以增加寿命吗？有什么福兆显现吗？"柏常骞回答说："得到增加的寿命后，地就会震动。"晏子说："柏常骞啊！夜里我看见维星不连在一起了，枢星也离散了，地将要震动了，你以这个为增加寿命的征兆吗？"柏常骞低头沉默了一会儿后，抬起头说："是的。"晏子说："你这样做没什么好处，不做也没什么坏处。你应

无益，不为无损也。汝薄敛，毋费民，且无令君知之。"

该少征收赋税，不要浪费民财，并且你不能让君主知道这个真相。"

注释

❶ 踊：登上。　❷ 枭：猫头鹰，古人认为这种鸟不吉利。昔：通"夕"，夜间。　❸ 声无不为也：可以叫出各种各样的声音，这里的意思是叫声千奇百怪。❹ 白茅：茅草，古代用以祭祀的一种草。《左传·僖公四年》："尔贡包茅不入，王祭不共，无以缩酒，寡人是征。"　❺ 翌：通"翼"，翅膀。　❻ 禳君：据《指海》本，疑"君禳"二字倒。　❼ 维星绝：维星不相连。维星，星名，北斗七星中代表斗柄的三颗星。绝，断，这里指三颗星不连在一起。　❽ 枢星：即天枢星，北斗七星的第一颗星。

景公成柏寝而师开言室夕晏子辨其所以然第五

题解

齐景公新建柏寝宫，乐师开弹琴时，指出"东方之声薄，西方之声扬"，景公追问工匠和司空均未能得到满意的答案。晏子上朝后解释古人建都观星象并无固定朝向，如今朝西是为尊崇周王室，彰显了晏子的博学及其对历史文化的深入理解，也体现了古代对建筑规制所蕴含文化意义的重视，以及对传统与文化的敬畏。

【原　文】

景公新成柏寝之室①，使师开鼓琴。师开左抚宫，右弹

【译　文】

齐景公新建成了柏寝宫，让乐师开来弹琴。乐师开左手弹出宫声，右手弹

商②，曰："室夕③。"公曰："何以知之？"师开对曰："东方之声薄，西方之声扬④。"

公召大匠，曰："室何为夕？"大匠曰："立室以宫矩⑤为之。"

于是召司空，曰："立宫何为夕？"司空曰："立宫以城矩⑥为之。"

明日，晏子朝公。公曰："先君太公以营丘⑦之封立城，曷为夕？"晏子对曰："古之立国者，南望南斗，北戴⑧枢星，彼安有朝⑨夕哉？然而以今之夕者，周之建国，国之西方，以尊周也。"

公蹴然⑩曰："古之臣乎！"

出商声，说："房间有些偏西。"齐景公说："你是怎么知道的？"乐师开回答说："东方的声音低沉，西方的声音高亢。"

景公召来主要负责的工匠，说："修建房子为什么要偏向西边？"主要负责的工匠说："修建房子是以宫殿的标准原则来完成的。"

然后召来司空，说："修建宫殿为什么要偏向西边？"司空说："修建宫殿是以城的标准原则来建造的。"

第二天，晏子来朝见景公。景公问："我们的先君姜太公以营丘的封地建造城墙，为什么要偏西？"晏子回答说："古代建立国都，南边朝着南斗六星，北边顶着北斗七星，哪有偏东偏西的情况呢？我们今天的宫殿之所以偏西，是因为周王朝的都城在我们国都的西边，偏西是为了表示对周王朝的尊崇。"

景公恭敬地说："真像古代的贤臣啊！"

注释

❶柏寝之室：原为"柏寝之台"，因下文围绕"室"展开，且据《指海》本注曰："元刻本作'室'。"现取"室"。　❷左抚宫，右弹商：泛指音律，此处指弹琴。宫、商，五音中的两音，五音包括宫、商、角、徵、羽。　❸夕：夕阳，朝着夕阳的方向。此处指西边。　❹扬：洪亮，高亢。　❺宫矩：建造宫殿的标准、规格。　❻城矩：建造城的标准、规格。　❼营丘：当初吕尚辅佐周武王灭商有功，封于齐，在营丘建都，在今山东临淄北。还有一说营丘在今山东昌乐东南。　❽戴：这里意为顶着。　❾朝（zhāo）：朝阳，朝着太阳升

起的地方。此处指东边。　❿蹴然：此处指恭敬的样子。

景公病水瞢与日斗晏子教占瞢者以对第六

题 解

　　齐景公因水肿病卧床不起，晚上梦到与两个太阳打斗，以失败告终，担忧自己死期将至。晏子足智多谋，暗中指导解梦者以阴阳学说来安慰景公，预言病情将愈。景公康复后赏赐解梦者时得知真相，又想奖赏晏子被其以"臣无功"婉拒。景公赞赏二人不贪功、不蔽能，同时嘉奖了二人。

【原 文】

　　景公病水①，卧十数日。夜瞢与二日斗，不胜。

　　晏子朝，公曰："夕者②瞢与二日斗，而寡人不胜，我其死乎？"晏子对曰："请召占瞢者。"出于闺③，使人以车迎占瞢者。

　　至，曰："曷为见召？"晏子曰："夜者公瞢二日与公斗，不胜。公曰：'寡人死乎？'故请君占瞢，是所为也。"占瞢者曰："请反具书④。"晏子曰："毋反书。公所病者，阴

【译 文】

　　齐景公得了水肿病，卧床十多天。夜里梦见自己和两个太阳打斗，没能获胜。

　　晏子入朝觐见，景公说："昨天夜里梦见和两个太阳打斗，但是我没能获胜，我难道快死了吗？"晏子回答说："让我把解梦者给您请来。"于是晏子站立在小门外，让人用车去迎接解梦者。

　　解梦者到达后，说："因为什么事召见我？"晏子说："昨天晚上景公梦见两个太阳与他打斗，景公没能获胜。景公说：'我要死了吗？'所以请您来解梦，请您来就是为了这件事。"解梦者说："请让我返回查阅一下占梦书。"

也；日者，阳也。一阴不胜二阳，故病将已。以是对。"

占瞢者入，公曰："寡人瞢与二日斗而不胜，寡人死乎？"占瞢者对曰："公之所病，阴也；日者，阳也。一阴不胜二阳，公病将已。"⑤

居三日，公病大愈。公且⑥赐占瞢者，占瞢者曰："此非臣之力，晏子教臣也。"公召晏子，且赐之。晏子曰："占瞢者以占之言对，故有益也；使臣言之，则不信矣。此占瞢之力也，臣无功焉。"

公两赐之，曰："以晏子不夺人之功，以占瞢者不蔽人之能。"

晏子说："不要回去查书了。景公的病，属阴；太阳，属阳。一个阴战胜不了两个阳，说明君主的病将要痊愈了。您就这样回答他。"

解梦者入宫，景公说："我梦见和两个太阳打斗而没有获胜，我要死了吗？"解梦者回答说："您的病，属阴；太阳，属阳。一个阴战胜不了两个阳，您的病将要痊愈了。"

过了三天，景公的病痊愈了。景公将要赏赐解梦者，解梦者说："这不是我的功劳，这是晏子教我的。"景公召来晏子，将要赏赐他。晏子说："解梦者用占梦的话回答您，所以才有效果；假如让我说这些话，您就不会相信了。这是解梦者的功劳，我没有什么功劳。"

景公赏赐了他们两个人，说："因为晏子不抢夺别人的功劳，因为解梦者不掩盖别人的才能。"

注　释

❶病水：得了水肿病。　❷夕者：夜里。　❸闺：小门。　❹反具书：返回查阅一下占梦书，根据占梦书的具体指引来解梦。　❺"公之所病"句：运用阴阳的概念来解释梦境，将景公的病归为阴，太阳归为阳，两阳的能量大于一阴的能量。　❻且：将要。

景公病疽晏子抚而对之乃知群臣之野第七

题 解

　　齐景公背上生毒疮，高子、国子探病时描述毒疮言语直白甚至粗陋，令景公不悦。晏子探病时先净手整席、恭敬抚察，再用"如日""如玉"等美好的事物形容毒疮，使景公慨叹"不见君子，不知野人之拙"，从而展现了晏子作为"君子"言辞行为的文雅、得体，体现了当时对君子品德和修养的推崇。

【原 文】

　　景公病疽在背。高子、国子请①，公曰："职当抚疡。"②高子进而抚疡，公曰："热乎？"曰："热。""热何如？"曰："如火。""其色何如？"曰："如未熟李。""大小何如？"曰："如豆③。""堕④者何如？"曰："如屦辨⑤。"

　　二子者出，晏子请见。公曰："寡人有病，不能胜衣冠以出见夫子，夫子其辱视寡人乎？"晏子入，呼宰

【译 文】

　　齐景公的背上长了毒疮。高子、国子入宫看望景公，景公说："按你们的职位，应当抚摩一下毒疮。"高子上前来抚摩毒疮，景公问："毒疮热吗？"高子说："热。"景公又问："热到什么程度？"高子回答："像火一样。"又问："它的颜色怎么样？"高子回答："像没有成熟的李子。"又问："大小怎么样？"高子回答："像盛放食物的豆一样。"又问："溃裂下陷的地方像什么？"高子回答："像鞋面皮革破了的样子。"

　　高子和国子离开了，晏子觐见。景公说："我患了疾病，无法整齐衣冠出来见您，麻烦您屈尊来看望我吧？"晏子进入，让负责生活细节的人准备可供盥洗

人具盥⑥，御者⑦具巾，刷手温之，发席傅荐⑧，跪请抚疡。公曰："其热何如？"曰："如日。""其色何如？"曰："如苍玉。""大小何如？"曰："如璧。""其堕者何如？"曰："如珪。"

晏子出，公曰："吾不见君子，不知野人⑨之拙也。"

的热水，让侍者准备毛巾，晏子把手洗干净并且泡热，打开席子铺上草垫，跪下来请求抚摩一下景公的毒疮。景公说："毒疮热到什么程度？"晏子回答："像太阳一样。"又问："它的颜色怎么样？"晏子回答："像青色的玉。"又问："大小怎么样？"晏子回答："像玉璧一样。"又问："溃裂下陷的地方像什么？"晏子回答："像珪一样。"

晏子出去后，景公说："如果我没有见到君子，就不会知道粗野之人的笨拙。"

注释

❶ 高子、国子：两大权臣。高氏和国氏是齐国两大贵族，世代为齐国公卿。请：请见，看望。　❷ 职：按职位。抚：抚摩，用指触摸。　❸ 豆：古代盛放食物的器皿。　❹ 堕：同"隳"，毁坏，下陷。这里指毒疮溃裂下陷的地方。　❺ 屦辨（bàn）：指鞋面皮革破了的样子。辨，《尔雅·释器》云："革中绝谓之辨。"郭璞注："中断皮也。"黄以周校勘云："今俗呼屦之破者曰'鞋辨'，音同'办'。"　❻ 宰人：官名，掌管君王用膳的官员。具：备、办。　❼ 御者：侍奉在皇帝身边的人。　❽ 傅荐：铺上草垫。傅，附着，此处引申为铺上。荐，草席，垫子。　❾ 野人：粗野的人。

晏子使吴吴王命傧者称天子晏子详惑第八

题 解

晏子出使吴国时，吴王故意让傧者三次以"天子"名义召见，试图显示自己的权威并羞辱齐国，让晏子出丑。晏子佯装惶恐，机智应对，坚守礼节，反问"吴王人在何处"，迫使吴王不得不以诸侯之礼接见，表现了晏子勇于维护国家及使者尊严的外交智慧。

【原　文】

晏子使吴，吴王谓行人曰："吾闻晏婴，盖北方①辩于辞、习于礼者也。命傧者②曰：'客见，则称天子请见。'"

明日，晏子有事，行人曰："天子请见。"晏子蹴然。行人又曰："天子请见。"晏子蹴然。又曰："天子请见。"晏子蹴然者三。曰："臣受命弊邑之君，将使于吴王之所，以不敏③而迷惑，入于天子之朝。敢问吴王恶乎存？"

然后吴王曰："夫差④请见。"见之以诸侯之礼。

【译　文】

晏子出使吴国，吴王对手下人说："我听说晏婴是齐国能言善辩、通晓礼乐的人。命令迎宾官这样说：'客人来朝见时，就声称天子有请面见。'"

第二天，晏子履职入见吴王，吴王手下人说："天子有请面见。"晏子感到惊恐不安。吴王手下人又说："天子有请面见。"晏子再次感到惊恐不安。又说："天子有请面见。"晏子三次感到惊恐不安。晏子说："我受鄙国君主命令，将出使到吴王所在的地方，因为我愚笨且糊涂，进入了天子的朝廷。斗胆请问吴王在哪里呢？"

然后吴王说："夫差有请面见。"用诸侯的礼仪接待了晏子。

注　释

❶北方：就地理位置而言，齐国在吴国的北边，故此指齐国。　❷傧者：负责迎送贵宾的人。　❸不敏：不聪明，愚笨。自谦之辞。　❹夫差：吴王的名字。

晏子使楚楚为小门晏子称使狗国者入狗门第九

题解

晏子出使楚国时，楚人因其身材矮小故意开小门羞辱晏子和齐国。晏子反讥"出使狗国才走狗门"，迫使对方开正门延入。楚王讥讽齐国无人，晏子以"临淄百姓挥汗成雨"夸耀国力，并反讽"其贤者使使贤王，不肖者使使不肖王"，凭借自己的聪明才智和出色的口才，令楚王自取其辱，体现了晏子机智勇敢、不卑不亢、能言善辩、据理力争的外交才华。

【原文】

晏子使楚。以晏子短，楚人为小门于大门之侧而延晏子。晏子不入，曰："使狗国者，从狗门入；今臣使楚，不当从此门入。"傧者更道，从大门入。

见楚王。王曰："齐无人邪？"晏子对曰："临淄三百闾①，张袂②成阴，挥汗成雨，比肩继踵而在，何为无人？"王曰："然则子何为使乎？"晏子对曰："齐命使，各有所主，其贤者使使贤

【译文】

晏子出使楚国。因为晏子身材矮小，楚国人在大门的旁边开了一个小门而邀请晏子从小门进入。晏子不进门，说："出使狗国的人，才从狗门进入；现在我是出使楚国，不应该从这个门进入。"迎宾的人改变了道路，让他从大门进去。

晏子拜见楚王。楚王说："齐国没有人了吗？"晏子回答说："齐国的国都临淄城有七千多户人家，他们张开衣袖天就阴了，挥洒汗水就像下雨，城里肩并肩、脚挨脚的情形很常见，怎么说齐国没人呢？"楚王说："既然这样，那为什么派您来担任使者呢？"晏子回答说："齐国派出的使者，都各自有合适出使的君主，贤良的人被派遣出访贤良的君王，

王，不肖者使使不肖王。婴
最不肖，故直使楚矣。"

不贤的人被派遣出访不贤的君王。我晏
婴不成器，因此就直接派我出使楚国。"

注 释

❶ 闾：古代二十五家为一闾。　❷ 袂（mèi）：衣袖，袖口。

楚王欲辱晏子指盗者为齐人晏子对以橘第十

题 解

晏子出使楚国时，楚王想羞辱晏子和齐国，故意安排齐人"盗窃"被
审的闹剧，讥讽"齐人固善盗"。晏子以其聪明机智、能言善辩及强烈的爱
国情怀，用"橘生淮南则为橘，生于淮北则为枳"巧妙类比，有力批驳了
楚王对齐国人的污蔑，维护了齐国的尊严，反讽楚国水土使民为盗，令楚
王自取其辱。

【原 文】

晏子将至楚。楚闻之，
谓左右曰："晏婴，齐之习辞
者也，今方来，吾欲辱之，
何以也？"左右对曰："为其
来也，臣请缚一人，过王而
行，王曰：'何为者也？'对
曰：'齐人也。'王曰：'何

【译 文】

晏子将要到达楚国。楚王听说后，
对左右近臣说："晏婴，齐国精通辞令
的人，现在他即将到来，我想羞辱他，
应该用什么办法呢？"左右近臣回答说：
"等到他来的时候，让我们绑一个人，
然后从君王您面前走过，您问：'这是
什么人？'我们就回答说：'齐国人。'
您说：'犯了什么罪？'我们回答说：

坐？'曰：'坐盗。'"

晏子至，楚王赐晏子酒。酒酣，吏二缚一人诣王，王曰："缚者曷为者也？"对曰："齐人也，坐盗。"王视晏子曰："齐人固善盗乎？"

晏子避席对曰："婴闻之，橘生淮南则为橘，生于淮北则为枳①，叶徒相似，其实味不同。所以然者何？水土异也。今民生长于齐不盗，入楚则盗，得无楚之水土使民善盗邪？"

王笑曰："圣人非所与熙②也，寡人反取病③焉。"

'犯了盗窃罪。'"

晏子到了之后，楚王赐给晏子酒。酒喝得正尽头时，两个官吏绑了一个人谒见楚王，楚王说："绑的是什么人？"官吏回答说："是齐国人，犯了盗窃罪。"楚王看着晏子说："齐国的人本来就擅长盗窃吗？"

晏子离开席位恭敬地回答说："我听说，橘子生长在淮河以南就叫橘子，生长在淮河以北就叫枳了，它们只是叶子相似，果实的味道大不相同。这是为什么呢？是因为水土不同。如今这个人生活在齐国不会盗窃，到了楚国就会盗窃，难道是楚国的水土让他变得擅长盗窃吗？"

楚王笑着说："不能和圣明的人开玩笑，我反而是自取其辱了。"

注释

❶ 枳（zhǐ）：植物名，果肉少且味酸。　❷ 熙：通"嬉"，玩笑。　❸ 病：诟病，羞辱。

楚王飨晏子进橘置削晏子不剖而食第十一

题解

晏子使楚时得楚王进橘，晏子不剖连皮吃下，遭楚王质疑刁难。晏子以"赐人主前者，瓜桃不削，橘柚不剖"应对，言下之意是楚王未先明示，自己不敢擅动。对话简洁，以小见大，展现了晏子的机警和聪慧，彰显了其敬君知礼的为臣之道。

【原文】

景公使晏子于楚。楚王进橘，置削①，晏子不剖而并食之。

楚王曰："当去剖。"晏子对曰："臣闻之，赐人主前者，瓜桃不削，橘柚不剖。今者万乘②无教令，臣故不敢剖；不然，臣非不知也。"

【译文】

齐景公派晏子出使楚国。楚王安排给晏子进上橘子，并放了一把削皮的刀，晏子没有剖开而将果皮果肉一起吃了。

楚王说："橘子应当去皮剖开再吃。"晏子回答说："我听说，在君主面前受赏赐的人，瓜桃不削皮，橘子柚子不剖开。如今作为万乘之君的您未下达去皮的命令，因此我不敢剖开；不是这样的话，我不是不知道吃橘子要去皮的。"

注 释

❶削：切、削，这里用作名词，意思是削皮的小刀。　❷万乘：表示地位极其尊贵，这里指代楚王。

晏子布衣栈车而朝田桓子侍景公饮酒请浮之第十二

题 解

齐景公饮酒时，田桓子以晏子衣着、车马简陋朝见君主为由，称其"隐君之赐"，要罚酒。晏子则机智善辩，借辞酒阐述了贤臣对待君赐应有的态度，强调受赐是为"行君令""通君赐"，且应关注国族与国家事务，而非追求个人享受，生动展现了其高尚品德。

【原文】

景公饮酒，田桓子侍，望见晏子，而复于公曰："请浮①晏子。"公曰："何故也？"无宇对曰："晏子衣缁布②之衣、麋鹿之裘，栈轸之车③而驾驽马以朝，是隐君之赐也。"公曰："诺。"

晏子坐，酌者奉觞进之，曰："君命浮子。"晏子曰："何故也？"田桓子曰："君赐之卿位以尊其身，宠之百万以富其家，群臣其爵莫尊于子，禄莫重于子。今子衣缁布之衣、麋鹿之裘，栈轸之车而驾驽马以朝，是则隐君之赐也。故浮子。"

晏子避席曰："请饮而后辞乎，其辞而后饮乎？"公曰："辞然后饮。"晏子曰："君之赐卿位以尊其身，婴非

【译文】

齐景公喝酒时，田桓子在旁边陪侍，他看见晏子来了，就向景公禀报说："请罚晏子饮酒。"景公说："为什么呢？"田桓子回答说："晏子穿着黑色布衣、麋鹿皮做的大衣，坐着用木头做的栈车，驾着劣马来朝见您，这是在隐藏您给他的恩赐啊。"景公说："是啊。"

晏子入座后，斟酒的人捧着酒器走近，说："景公罚您饮酒。"晏子说："为什么呢？"田桓子说："君主赐给您卿相之位是为了让您自身尊贵，给您百万俸禄的恩宠是让您家境富裕，群臣的爵位没有比您更尊贵的，俸禄没有比您更优厚的。如今您穿着黑色布衣、麋鹿皮做的大衣，坐着用木头做的栈车，驾着劣马来朝见君主，这是在隐藏君主的恩赐。因此要罚您酒。"

晏子离开席位恭敬地说："是让我先喝酒再对答呢，还是让我先对答再喝酒呢？"景公说："先对答再喝酒吧。"晏子说："君主赐给我卿相之位来让我自身显贵，我不敢为了显贵而接受，而

敢为显受也，为行君令也；宠以百万以富其家，婴非敢为富受也，为通④君赐也。臣闻古之贤臣，有受厚赐而不顾其国族，则过之；临事守职，不胜其任，则过之。君之内隶⑤，臣之父兄，若有离散，在于野鄙，此臣之罪也。君之外隶⑥，臣之所职⑦，若有播亡⑧，在于四方，此臣之罪也。兵革之不完，战车之不修，此臣之罪也。若夫弊车驽马以朝，意者非臣之罪乎？且臣以君之赐，父之党无不乘车者，母之党无不足于衣食者，妻之党无冻馁者，国之闲士⑨待臣而后举火者数百家。如此者，为彰君赐乎，为隐君赐乎？”

公曰："善！为我浮无宇也。"

是为了执行君主的命令；给我百万俸禄的恩宠是想让我家境富裕，我不敢为了富裕而接受，而是为了充分地传达君主的恩赐。我听说古代的贤臣，接受丰厚的赏赐却不顾及他的国家和族人的，就是有错；治理国事，身居要职，却不能胜任，也有错。君主的近臣，我的父辈和兄弟，如果有流离失散，处于穷困地方的，这就是我的罪过了。君主的朝臣，我所管辖的官吏，如果有迁徙流亡，分布在四面八方的，这就是我的罪过了。国家的兵器甲胄不完备，战车没有修整，这就是我的罪过了。驾着破车和劣马来朝见，我想这大概不能算作我的罪过吧？况且我因为君主您的恩赐，父亲的族人都能乘车出行，母亲的族人都能衣食富足，妻子的族人没有受冻挨饿的，国内无业贫困的士人等待我的俸禄救济以生火做饭维持生活的有数百家。像这种情况，是彰显了君主的恩赐呢，还是隐藏了君主的恩赐呢？"

景公说："说得太好了！请罚田无宇饮酒吧。"

注 释

❶浮：罚酒。 ❷缁布：黑色布料。 ❸栈轸之车：木头做的车，说明车子很简朴。 ❹通：传达。 ❺内隶：近臣。 ❻外隶：外臣，朝臣。 ❼所职：所管辖。 ❽播亡：流亡。 ❾闲士：指没有职业的士人。

田无宇请求四方之学士晏子谓君子难得第十三

题解

田桓子见晏子独自站在墙阴，便询问原因并提议他求学士交流。晏子回应称君子难得，如同名山松柏，而小人求贤之路荆棘丛生，所以自己选择独自思考。同时，晏子指出人应静处远虑、学问不厌，批判了"纵酒"行为，展现了其对君子之道的深刻见解。

【原文】

田桓子见晏子独立于墙阴①，曰："子何为独立而不忧？何不求四乡②之学士可者而与坐？"

晏子曰："共③立似君子，出言而非也。婴恶得学士之可者而与之坐？且君子之难得也，若美山④然。名山既多矣，松柏既茂矣，望之相相然⑤，尽目力不知厌。而世有所美焉，固欲登彼相相之上，仡仡然⑥不知厌。小人者与此异，若部娄⑦之未登，善，登之无蹊⑧，维有楚棘⑨而已。远望无

【译文】

田桓子看到晏子独自站在墙的背阴处，说："您怎么独自站在这里却不忧虑呢？为什么您不寻求各地有学问的士人与他们一起坐坐呢？"

晏子说："看着您拱手站立像个君子，一说话就不是了。我从哪里去找个有学问的士人一起坐坐呢？况且君子是难得的，就像壮美的大山一样。天下的名山很多啊，松柏十分繁茂啊，远远望去十分高大，尽力盯着看也看不够。因而世人对它们赞美有加，都坚定地想登上这高大的山，努力攀登而不知满足。小人就与此不同了，就像没有攀登时的小山丘一样，看着很不错，但攀登的时候没有路，只有荆棘罢了。远远望去看不到，俯下身来

见也，俯⑩就则伤。婴恶能无独立焉？且人何忧，静处远虑，见岁若月，学问不厌，不知老之将至，安用从酒！"

田桓子曰："何谓从酒？"

晏子曰："无客而饮，谓之从酒。今若子者，昼夜守尊⑪，谓之从酒也。"

就会被刺伤。我怎么能不独自站立呢？况且人有什么可忧虑的，静心安处考虑长远，对待一年就像对待一个月一样，勤学好问不轻易满足，不知道老年即将到来，哪里用得着纵酒呢！"

田桓子说："什么叫作纵酒？"

晏子说："没有客人也喝酒，就叫纵酒。就像现在您一样，日夜守在酒瓶边上，就叫纵酒啊。"

注 释

❶墙阴：墙的背阳处。阴，背阳的地方。　❷四乡：即四方，各地。　❸共：通"拱"，拱手。　❹美山：壮美的大山。　❺相相然：高大之貌。相，据王念孙《读书杂志》，当作"楣"。《说文》："楣，高兒。"　❻仡（yì）仡然：努力之貌。　❼部娄：小山丘。　❽蹊：小路，道路。　❾楚棘：指荆棘。　❿俯：向下，低头。　⓫尊：通"樽"，盛酒的器皿。

田无宇胜栾氏高氏欲分其家晏子使致之公第十四

题 解

齐国的栾氏、高氏与田氏、鲍氏展开了权势之争，晏子在这场争斗中坚守原则、顾全大局、保持中立。当田桓子欲分败者的家产，晏子严词劝阻，强调君主应饬法，群臣不应专制，廉洁与谦让才是政治与品德的根本，争利易生祸端，唯有守义才能长存，展现出其深刻的政治智慧与道德理念。

【原　文】

栾氏、高氏欲逐田氏、鲍氏①。田氏、鲍氏先知而遂攻之。高强曰："先得君，田、鲍安往？"遂攻虎门②。二家召晏子，晏子无所从也。从者曰："何为不助田、鲍？"晏子曰："何善焉？其助之也！""何为不助栾、高？"曰："庸愈于彼乎？"门开，公召而入。

栾、高不胜而出。田桓子欲分其家，以告晏子，晏子曰："不可！君不能饬法，而群臣专制，乱之本也。今又欲分其家，利其货，是非制也。子必致③之公。且婴闻之，廉者，政之本也；让者，德之主也。栾、高不让，以至此祸，可毋慎乎！廉之谓公正，让之谓保德。凡有血气者，皆有争心，怨利生孽，维义可以为长存。且分争者不胜其祸，辞让者不失其福，子必勿取！"

【译　文】

栾氏与高氏想要驱逐田氏和鲍氏。田氏和鲍氏提前知道了这件事，于是进攻栾氏、高氏两家。高强说："只要先得到君主的支持，田氏和鲍氏还能往哪里去？"于是进攻虎门。两方阵营都想招徕晏子，晏子两方都不依附。晏子的随从说："您为什么不帮助田氏和鲍氏呢？"晏子说："他们有什么好的呢？我还去帮助他们！"又问："为什么不帮助栾氏和高氏呢？"晏子说："难道他们能胜过那两家吗？"门开了，景公把晏子召了进去。

栾、高两家没能取胜，就出逃了。田桓子想要瓜分他们两家的家产，把这个计划告诉了晏子，晏子说："这样不行！君主不能整顿国法，就会导致群臣专权，这是动乱的根本。如今您又想瓜分他们的家产，占有他们的财物，这是不符合制度的。您一定要把他们的家产上交君主。况且我听说，廉洁，是为政的根本；谦让，是德行的主体。栾氏、高氏不谦让，才导致了如今的祸患，一定要谨慎啊！廉洁的意思是公平公正，谦让的意思是保全德行。凡是有血气的人，都有争强好胜的心，不义之财会产生祸患，只有保持道义才能长盛不衰。而且瓜分争斗的人无法战胜祸患，谦虚礼让的人不会失去应享有的福分，你一定不要分取那些财产。"

桓子曰："善！"尽致之公，而请老于剧④。

桓子说："说得好！"于是把财产全部上交给景公，而且请求去剧邑养老。

注 释

❶ 栾氏、高氏、田氏、鲍氏：齐国的四个贵族。栾氏，指栾施；高氏，指高强；田氏，指田桓子；鲍氏，指鲍国，即鲍文子。　❷ 虎门：宫门的名字。　❸ 致：送给，给予。　❹ 剧：城邑名。

子尾疑晏子不受庆氏之邑晏子谓足欲则亡第十五

题 解

齐国相庆封因专权败落而逃亡。在人们瓜分他的财产食邑时，晏子拒绝接受邶殿六十邑，子尾对此不解。晏子以庆氏因欲壑难填而败亡为例，表明自己拒邑是怕财富过多走向灭亡，巧用布帛有幅作比，深刻揭示了对欲望的理性认知及"利过则为败"的道理，展现出其远见卓识与自律品格。

【原 文】

庆氏亡，分其邑，与晏子邶殿①，其鄙②六十，晏子勿受。

子尾③曰："富者，人之所欲也，何独弗欲？"

晏子对曰："庆氏之邑

【译 文】

庆封逃亡后，国君要把他的城邑瓜分给众人，分给晏子的是邶殿之地，邶殿下辖的小邑有六十个，晏子没有接受。

子尾说："富贵，是人们想要的，为什么就您一个人不想要呢？"

晏子回答说："庆封的城邑满足了他的欲望，所以他现在流亡在外。我的城

足欲，故亡。吾邑不足欲也，益之以邶殿，乃足欲；足欲，亡无日矣。在外，不得宰吾一邑。不受邶殿，非恶富也，恐失富也。且夫富，如布帛之有幅④焉，为之制度，使无迁⑤也。夫生厚而用利，于是乎正德以幅之，使无黜慢⑥，谓之幅利⑦。利过则为败，吾不敢贪多，所谓幅也。"

邑没有充分满足我的欲望，如果加上邶殿，就满足我的欲望了；我的欲望满足后，就离流亡的日子不远了。流亡在外，就连现在的一个食邑我都无法掌管。不接受邶殿，不是厌恶富贵，而是害怕失去富贵。况且富贵，就像布帛有尺度一样，给布帛规定尺度，让它不能随意地改变尺度。人们生来都追求丰厚的财富而享用利益，因此要用正直的德行来规范他们，让人们不要黜废怠慢，这就叫作有边界的利益。利益太过会衰败，我不敢贪求太多，这就是我所说的尽度。"

注释

❶ 邶（bèi）殿：邑名。春秋齐地，在今山东昌邑西。《左传·襄公二十八年》杜预注："邶殿，齐别都。"　❷ 鄙：周代地方组织单位之一，五百家为一鄙，这里意思是邶殿下辖的小邑。　❸ 子尾：齐国大臣。　❹ 幅：布的尺度，多指宽度。下文的"幅"则是使……有宽度，引申为规范、节制的意思。　❺ 迁：这里指变易。　❻ 黜慢：废弃怠慢。　❼ 幅利：有边界的利益。

景公禄晏子平阴与槀邑晏子愿行三言以辞第十六

题解

齐景公赐晏子平阴、槀邑，晏子却辞谢不受，并直谏景公骄奢淫逸、兴师好战致使百姓力弊、财竭、死近。景公问及君子是否不求富贵，晏子表明为人臣应先君后身，谏言景公应轻赋税、弛刑罚，认为这才是"婴之禄""君之利"。这些措施实行后，齐国逐渐安定并获大国小国双重认可，彰显了晏子心怀百姓、以国为重的高尚品格。

【原文】

景公禄晏子以平阴与槁邑①，反市者十一社②。晏子辞曰："吾君好治宫室，民之力弊矣；又好盘游玩好③，以饬④女子，民之财竭矣；又好兴师，民之死近矣。弊其力，竭其财，近其死，下之疾其上甚矣！此婴之所为不敢受也。"

公曰："是则可矣。虽然，君子独不欲富与贵乎？"

晏子曰："婴闻，为人臣者，先君后身。安国而度⑤家，宗⑥君而处身，曷为独不欲富与贵也？"

公曰："然则曷以禄夫子？"

晏子对曰："君商⑦渔盐，关市讥⑧而不征；耕者十取一焉；弛刑罚，若死者

【译文】

齐景公要把平阴和槁邑赏赐给晏子，其中有十一个社以做贩卖贸易为主。晏子推辞说："君主您喜欢修建宫室，民力已经疲弊了；您又喜欢游玩，耽于把玩奇珍异宝，并用这些奇珍异宝来打扮宫内的妃子，民众的财物已经枯竭了；您又喜欢兴兵打仗，民众距离死亡已经不远了。耗尽他们的力气，挖空他们的财物，使他们濒临死亡，在下的民众已经十分痛恨在上的君主了！这是我不敢接受您赏赐的原因。"

景公说："这样说确实没错。即使这样，难道君子唯独不想要富裕和尊贵吗？"

晏子说："我听说，做臣子的，应该先考虑君主再考虑自己。安邦定国之后再考虑自家，尊奉君主之后再处置自身，为什么唯独不想要富裕和尊贵呢？"

景公说："既然这样，那么我应该赏赐给您什么呢？"

晏子回答说："您下令让渔盐可以作为商品在市场流通，对于关卡市集只是查问却不征收赋税；对从事耕种的百姓只收取十分之一的赋税；放松刑罚，如

刑，若刑者罚，若罚者免。若此三言者，婴之禄，君之利也。"

公曰："此三言者，寡人无事焉，请以从夫子。"

公既行若三言，使人问大国，大国之君曰："齐安矣。"使人问小国，小国之君曰："齐不我加⑨矣。"

果犯了死罪的只给他加以刑法，如果应当施用刑法只处罚他，如果应该处罚的赦免他。以上三端，就是我的赏赐，也是您的利益所在。"

景公说："以上三端，我没有什么意见，就遵从您的意见吧。"

景公已经施行了以上三条措施，派人到大国去询问，大国的君主说："齐国安定了。"派人到小国去询问，小国的君主说："齐国不会侵犯我们了。"

注 释

❶禄：一般指俸禄，这里是赏赐的意思。平阴：春秋齐地，在今山东平阴东北。槁邑：邑名。　❷反：通"贩"，贩卖。《荀子·儒效》："积反货而为商贾。"社：古代地区单位之一，二十五家或方圆六里为一社。　❸盘游：游乐。玩好：把玩奇珍异宝。　❹饬：通"饰"，装饰，打扮。　❺度：居。王念孙《读书杂志》："'度'读为'宅'（'宅''度'古字通）……《尔雅》：'宅，居也。'《大雅·绵》传曰：'度，居也。'"王说是。　❻宗：尊奉。　❼商：买卖。　❽讯：查问。　❾加：加兵，凌驾，侵犯。

梁丘据言晏子食肉不足景公割地将封晏子辞第十七

题 解

晏子任齐相三年，政治清明，百姓安乐。梁丘据见其饮食简朴，将此告知了景公。景公欲割地封赐，晏子却推辞不受，直言接受封地会改变自己

"贫而不恨"的准则，权衡之下宁愿舍弃，彰显了晏子安贫乐道、坚守原则的高尚品德。

【原文】

晏子相齐三年，政平民说。

梁丘据见晏子中食，而肉不足，以告景公。旦日，割地将封晏子，晏子辞不受，曰："富而不骄者，未尝闻之；贫而不恨者，婴是也。所以贫而不恨①者，以若②为师也。今封，易婴之师。师已轻，封已重矣，请辞。"

【译文】

晏子在齐国担任国相已达三年，政治清明、民众安乐。

梁丘据看见晏子中午吃饭时肉类不多，于是把这个情况告诉了景公。第二天，景公要划分土地来封赐晏子，晏子推辞没有接受，说："富贵却不骄傲的人，我没有听说过；贫穷而不怨恨的人，我就是这样的。之所以贫穷却不怨恨，是因为我以贫穷为楷模。如今封赐我土地，就是改变了我的楷模。楷模被轻贱了，封赐却被看重了，所以我请求辞去您的赏赐。"

注　释

❶ 恨：怨恨。　❷ 若：原为"善"字，于文意不通。黄以周校勘云："元刻'善'作'若'。今取'若'。"若，代词，指贫穷。

景公以晏子食不足致千金而晏子固不受第十八

题 解

晏子在景公使者来访时与其分食，致双方都未吃饱。景公得知后赐晏子千金与市租，晏子却再三推辞。晏子认为厚取君赐、代君君民非忠臣所为，取之不施于民是不仁，身死财迁于他人是不智。当景公言以管仲受封之例时，晏子则以"圣愚千虑，各有得失"巧妙回应，生动展现了其廉洁奉公、心怀家国、不慕钱财的高尚情怀。

【原 文】

晏子方食，景公使使者至，分食食之，使者不饱，晏子亦不饱。使者反，言之公。公曰："嘻！晏子之家，若是其贫也。寡人不知，是寡人之过也。"使吏致千金与市租①，请以奉宾客。晏子辞。三致之，终再拜而辞曰："婴之家不贫。以君之赐，泽覆三族，延及②交游，以振百姓，君之赐也厚矣！婴之家不贫也。婴闻之，夫厚取之君，而施之民，是臣代君

【译 文】

晏子正在吃饭，齐景公派遣的使者到了，晏子就把他的食物分给使者一起吃，使者没吃饱，晏子也没吃饱。使者回去之后，就向景公说了这件事。景公说："哎呀！晏子家里怎么如此贫困啊。我不知道，这是我的过失啊。"让官吏送去千两黄金和出售货物所征收的赋税，让他用来招待宾客。晏子推辞。景公命人送了三次，最终晏子拜了两拜然后推辞说："我家里不贫困。凭借您的恩赐，恩泽惠及了三族，并且扩展到了自己的朋友，我还用这些恩赐救济了百姓，您的赏赐已经很丰厚了！我家并不贫困。我听说，从君主那里取得优厚赏赐，然后施于民众，是臣子取代君主来统治民

君民也，忠臣不为也；厚取之君，而不施于民，是为筐箧③之藏也，仁人不为也；进取于君，退得罪于士，身死而财迁于它人，是为宰④藏也，智者不为也。夫十总⑤之布，一豆之食，足于中，免矣。"

景公谓晏子曰："昔吾先君桓公，以书社⑥五百封管仲，不辞而受，子辞之何也？"

晏子曰："婴闻之，圣人千虑，必有一失；愚人千虑，必有一得。意者管仲之失，而婴之得者邪？故再拜而不敢受命。"

众，忠臣是不做这种事情的；从君主那里取得优厚赏赐，却不施于民众，这是用筐子箱子收藏财富的行为，仁德的人是不做这种事情的；做官的时候从君主那里获得财物，隐退之后又得罪士人，自己死了之后财物转移到他人手中，这是给别人做管家的行为，有智慧的人是不做这种事情的。十总粗布，一豆粮食，我心中已十分满足了，这些赏赐就免了吧。"

景公对晏子说："当年我的先君齐桓公，把登记在册的五百社人口的土地封给管仲，管仲没有推辞就接受了，您为何要推辞呢？"

晏子说："我听说，圣人有千种考虑，也一定会有失算的时候；愚笨的人有千种考虑，也一定会有正确的时候。窃以为这就是管仲考虑失误，而我考虑得当的事情吧？所以我两拜辞谢而不敢接受您的命令。"

注 释

❶市租：出售货物所交的税。《史记·齐悼惠王世家》："齐临菑十万户，市租千金，人众殷富，巨于长安，此非天子亲弟爱子不得王此。"司马贞索隐曰："市租谓所卖之物出税，日得千金，言齐人众而且富也。"　❷延及：扩展至，延伸至。　❸箧：小箱子。　❹宰：主管，主持。　❺十总：粗糙稀疏的布。孙星衍云："'总'即'稯'假音字。《说文》：'布之八十缕为稯。'"细布的标准是十五稯，十稯较十五稯稀疏，因此属于粗糙稀疏的布。　❻书社：书其社之人名于籍也，即登记社内人口于簿册上。

景公以晏子衣食弊薄使田无宇致封邑晏子辞第十九

题解

晏子任齐相时，衣着朴素，饮食简单。齐景公得知后想加赐台与无盐于晏子。晏子指出若臣子只靠取悦君主获得封邑，将使齐国难以长久，还强调臣子应凭德行增减俸禄，自己无德受封会败坏君主政事。此篇尽显晏子清正廉洁、以国为重的高尚品质，以及对为官之道的深刻理解。

【原文】

晏子相齐，衣十升①之布，食脱粟之食②，五卵、苔菜而已③。左右以告公，公为之封邑，使田无宇致台与无盐④。晏子对曰："昔吾先君太公，受之营丘，为地五百里，为世国长⑤。自太公至于公之身，有数十公⑥矣。苟能说其君以取邑，不至公之身，趣齐搏⑦以求升土，不得容足而寓焉。婴闻之，臣有德益禄，无德退禄，恶有不肖父为不肖子，为封邑以败其君之政者乎？"遂不受。

【译文】

晏子担任齐国之相时，穿的是粗布衣服，吃的是仅仅去除谷壳的糙米，五个蛋、一些海苔菜罢了。齐景公的左右近臣把这件事告诉了景公，景公要封赏晏子城邑，派田无宇把台和无盐两个地方赏赐给他。晏子回答说："当年我们的先君太公，受封于营丘，方圆五百多里，也算是众多受封诸侯国中最尊最长的了。从太公到您自己，已经有几十代君主了。如果仅仅通过取悦君主就能得到封邑，还没等传到您这里，大家都跑到齐国攫取土地，您就没有立足之地寄身了。我听说，臣子有德就增加俸禄，无德就减少俸禄，哪有不贤的父亲为了不贤的儿子，为了得到封邑而败坏君主的政治呢？"最终还是没有接受封邑。

注 释

❶ 升：八十缕为一升。升，相当于上文的总（稷）。十升即为十总（稷），意思为粗糙稀疏的布料。 ❷ 食：原脱，据《指海》本补，食用、吃之义。脱粟：仅仅去除谷壳的糙米。 ❸ 卵：原作"卯"，据《指海》本改，下文亦然。苔菜：海苔菜，比较常见的一种普通青菜。 ❹ 台、无盐：地名。 ❺ 世国：世袭封国，这里指分封的诸侯国。长：尊长。 ❻ 数十公：几十位君主。据《史记·齐太公世家》，景公之前，有二十五位君主，分别为太公尚、丁公伋、乙公得、癸公慈母、哀公不辰、胡公静、献公山、武公寿、厉公无忌、文公赤、成公脱、庄公购、釐公禄甫、襄公诸儿、齐君无知、桓公小白、齐君无诡、孝公昭、昭公潘、齐君舍、懿公商人、惠公元、顷公无野、灵公环、庄公光。由此，称数十公是合理的。 ❼ 搏：搏取，争取。

田桓子疑晏子何以辞邑晏子答以君子之事也第二十

题 解

齐景公赐邑给晏子，晏子却推辞不受。当田桓子质问晏子是否是故意让君主不快时，晏子回应"节受于上者，宠长于君；俭居处者，名广于外"，认为有节制地接受赏赐才能长久受君主宠信，生活俭朴方能使美名远扬，体现了晏子作为臣子深谙处世之道及自律节俭的品德与智慧。

【原文】

景公赐晏子邑，晏子辞。田桓子谓晏子曰："君欢然①与子邑，必不受以恨②君，何也？"

【译文】

齐景公赏赐给晏子城邑，晏子推辞。田桓子对晏子说："君主十分高兴地赐给您城邑，您却坚决不接受而违逆君主的心意，这是为什么呢？"

晏子对曰："婴闻之，节受于上者，宠长于君；俭居处者，名广于外。夫长宠广名，君子之事也，婴独庸能已乎？"

晏子回答说："我听说，对君上的赏赐有节制地接受，就能够长久地受到君主的恩宠；平常在家过得节俭，美好的名声会在外面广泛传播。长久地得到君主的恩宠、美名在外，这就是君子应当做的事啊，怎么唯独到了我这里就停止了呢？"

注 释

❶欢然：高兴的样子。　❷恨：违逆，不听从。

景公欲更晏子宅晏子辞以近市得所求
讽公省刑第二十一

题 解

　　齐景公滥用酷刑，不重民生。当景公关心晏子，想更换其住宅时，晏子谦逊而务实地辞谢不受。当景公问及物价时，晏子以"踊贵而屦贱"这一现象来暗示景公刑罚严苛，滥施刖刑而致踊贵鞋贱，使其反思自醒，体现了晏子以小见大、委婉含蓄的劝谏艺术，也体现了"仁言利博"的思想，警示统治者要关注民生，节制权力，不可滥施刑罚。

【原文】

　　景公欲更晏子之宅，曰："子之宅近市，湫隘嚣尘①，不可以居。请更诸爽垲者②。"

【译文】

　　齐景公想要更换晏子的住宅，说："您的住宅靠近集市，低湿狭小、喧闹多尘，不适合居住。请让我为您更换一

晏子辞曰："君之先臣容焉③，臣不足以嗣之，于臣侈矣。且小人近市，朝夕得所求，小人之利也。敢烦里旅④！"

公笑曰："子近市，识贵贱乎？"

对曰："既窃利之，敢不识乎？"

公曰："何贵何贱？"

是时也，公繁于刑，有鬻踊者。故对曰："踊贵而屦贱。"

公愀然改容。公为是省于刑。

君子曰："仁人之言，其利博哉！晏子一言，而齐侯省刑。《诗》曰：'君子如祉，乱庶遄已。'⑤其是之谓乎！"

处高爽干燥的住宅。"

晏子推辞说："以前您的臣下、我的祖辈世代都住在这里，我本来不配继承这所宅子，它对我来说已经很奢侈了。况且我靠近集市，早晚都能买到我想要的东西，这对我来说很便利啊。实在不敢劳烦父老乡亲再为我新建一处住宅！"

景公笑着说："您靠近集市，那么您知道市场上什么贵什么便宜吗？"

晏子回答说："既然日常都这么便利，怎么会不清楚呢？"

景公问："什么贵，什么便宜？"

这一时期，景公繁复地施刑，市场上有卖假腿的。所以晏子回答说："假腿贵，鞋子便宜。"

景公神色变得十分严肃。景公也因此减省了刑罚。

君子说："仁人的话，真是有很大的益处啊！因为晏子一句话，齐侯就减省了刑罚。《诗经》说：'如果君子任用贤德的人来造福于民，即使有祸乱也会很快消除。'大概说的就是这个意思吧！"

注　释

❶ 湫隘：低湿狭小。嚣尘：喧闹多尘。　❷ 诸：之于。爽垲（kǎi）：高爽干燥。《左传·昭公三年》有同句，杜预注："湫，下。隘，小。嚣，声。尘，土……爽，明。垲，燥。"　❸ 先臣：祖先，祖辈。容焉：居住在这里。焉，这里。　❹ 里旅：指父老乡亲，乡里群众。　❺ 君子如祉，乱庶遄已：出自《诗

经·小雅·巧言》。意思是如果君子任用贤德的人来造福于民，即使有祸乱也会很快消除。毛亨传云："祉，福也。"郑玄笺云："福者，福贤者，谓爵禄之也。如此则乱亦庶几可疾止也。"祉，福，这里据"郑笺"译为任用贤德的人来造福于民。庶，差不多。遄，很快。已，停止。

景公毁晏子邻以益其宅晏子因陈桓子以辞第二十二

题 解

齐景公在晏子出使晋国时，重修了晏子的住宅。晏子返回后辞令委婉而立场坚定地以"非宅是卜，维邻是卜"婉言谢绝而"复其旧宅"，展现了其崇俭抑奢、以和为贵、廉洁自守的高尚品格，凸显了睦邻修德的主题与仁政思想。

【原文】

晏子使晋，景公更其宅。反，则成矣。既拜，乃毁之，而为里室①，皆如其旧则，使宅人反之。且"谚曰：'非宅是卜，维邻是卜。'二三子②先卜邻矣，违卜③不祥，君子不犯非礼，小人不犯不祥，古之制也。吾敢违诸乎？"卒复其旧宅。

【译文】

晏子出使晋国，齐景公重修了晏子的住宅。晏子回来时，新住宅已经建成了。晏子向景公拜谢，然后就拆毁了新住宅，来建造乡里邻居的住宅，并且都按照未拆毁之前旧宅的标准修建，让之前住在这里的人返回旧宅居住。况且"谚语说：'不是选择住宅，而是选择邻居。'乡亲们已经选择邻居了，违背了这种选择是不吉祥的，君子不做违背礼制的事，小人不做不吉利的事，这是自古以来的制度。我又怎么敢违背这样的制度呢？"最终恢复了之前所居住的旧宅。

公弗许，因陈桓子以请，乃许之。

齐景公没有答应，晏子托陈桓子向景公请求，最终才同意。

注 释

❶ 里室：乡里邻居的住宅。　❷ 二三子：邻居。《左传·昭公三年》杜预注曰："二三子谓邻人。"　❸ 违卜：违背这种选择。

景公欲为晏子筑室于宫内晏子称是以远之而辞第二十三

题 解

齐景公很信任和依赖晏子，想让其住在宫内以方便交流，晏子却婉言请辞。晏子对自己的能力和品德修养有清醒的认识，其以"近远之辩"，强调臣子要以"隐而显"之道修身待命，不能忽视君臣界限，理想的君臣关系应该是思想和原则上的契合，彰显了晏子清醒的自我认知与谨慎的原则坚守及其对君臣关系的深刻理解。

【原文】

景公谓晏子曰："寡人欲朝夕见，为夫子筑室于闺内①，可乎？"

晏子对曰："臣闻之，隐而显②，近而结③，维至

【译文】

齐景公对晏子说："我想早晚都能与您相见，为您在宫内修建居室，可以吗？"

晏子回答说："我听说，远离君主时，行事低调、品行稳健而声名显扬，接近君主时，也能够自我收敛，只有贤人才能达到这种境界。像我这样的人，注重修饰自己的仪

贤耳。如臣者，饰其容止以
待承令，犹恐罪戾④也。今
君近之，是远之也，请辞。"

容举止以等待您的命令，还担心会有罪过。
如今您让我住得离您很近，其实是疏远我，
请允许我辞谢您的好意。"

注 释

❶ 闺内：宫门内，宫中。　❷ 隐而显：远离君主时，行事低调、品行稳健却
声名显扬。　❸ 近而结：接近君主时，能够自我收敛。　❹ 罪戾：罪过。

景公以晏子妻老且恶欲内爱女
晏子再拜以辞第二十四

题 解

齐景公恩宠晏子，见其妻子又老又丑，想把自己"少且姣"的女儿嫁
给他，晏子却再拜辞谢。晏子以"壮托乎老，姣托乎恶"为喻，申明了夫
妻相守之道，体现了晏子对婚姻的忠诚和重诺守义的家庭伦理观。

【原文】

　景公有爱女，请嫁于晏
子。公乃往燕晏子之家，饮
酒，酣，公见其妻曰："此子
之内子邪？"

　晏子对曰："然，是也。"

　公曰："嘻！亦老且恶①

【译文】

　齐景公有一个十分疼爱的女儿，
请求嫁给晏子。景公就到晏子家去赴
宴，喝酒喝得正高兴的时候，景公看
见他的妻子说："这是您的妻子吗？"

　晏子回答说："是的，她就是。"

　景公说："哎哟！真是又老又丑
啊。我有一个女儿，既年轻又漂亮，

矣。寡人有女，少且姣②，请以满夫子之宫③。"

晏子违席而对曰："乃此则老且恶，婴与之居故矣，故及其少而姣也。且人固以壮托乎老，姣托乎恶。彼尝托，而婴受之矣。君虽有赐，可以使婴倍其托乎？"再拜而辞。

请让她充实您的内室，嫁给您吧。"

晏子离开席位回答说："我的妻子确实年老貌丑，可是我过去就和她一起生活了，曾经她也年轻貌美。况且人本来就是以少壮托付于年老的，以美丽托付于丑陋的。我的妻子将终身托付于我，我接受了她的托付。您虽然现在要赏赐我，又怎么可以让我背弃妻子的托付呢？"晏子拜了两拜而推辞了。

注 释

❶ 恶：丑陋。　❷ 姣：美丽，姣艳。《说文》云："姣，好也。"段玉裁注曰："姣谓容体壮大之好也。"　❸ 满夫子之宫：充实夫子的内室，意思是将其女嫁给晏子，谦虚的说法。

景公以晏子乘弊车驽马使梁丘据遗之
三返不受第二十五

题 解

晏子乘破车、驾劣马上朝。齐景公派人送去辂车，晏子却三返不受，导致景公很不高兴。晏子则以"节养先民"为由，强调自己作为"临百官之吏"的管理者须以身作则，有责任为百姓树立榜样，凸显出晏子克己奉公的高尚品格和尚俭抑奢的治国理念，并生动诠释了以廉化俗的政教主题。

【原 文】

晏子朝，乘弊车，驾驽马。景公见之，曰："嘻！夫子之禄寡邪？何乘不佼①之甚也？"

晏子对曰："赖君之赐，得以寿三族②，及国游士，皆得生焉。臣得暖衣饱食，弊车驽马，以奉其身。于臣足矣。"

晏子出，公使梁丘据遗之辂车③乘马，三返不受。公不说，趣召晏子。晏子至，公曰："夫子不受，寡人亦不乘。"

晏子对曰："君使臣临④百官之吏，臣节其衣服饮食之养，以先国之民⑤，然犹恐其侈靡而不顾其行也。今辂车乘马，君乘之上，而臣亦乘之下，民之无义，侈其衣服饮食而不顾其行者，臣无以禁之。"遂让不受。

【译 文】

晏子上朝，乘着破车，驾着劣马。齐景公看见了，说："哎呀！您的俸禄是太少了吗？为什么乘坐这么差的车马呢？"

晏子回答说："依赖君主的恩赐，让我可以保全父族、母族及妻族，同时还能顾及国内的游士，让他们都能生存。我能穿上温暖的衣服，吃饱饭，乘破车驾劣马，来奉养自己。对于我来说已经足够了。"

晏子出去后，景公让梁丘据向晏子赠送四匹马架着的辂车，晏子三次退回不肯接受。景公不高兴，赶忙召来晏子。晏子到达后，景公说："您如果不接受，那我也不乘坐好车了。"

晏子回答说："您让我监察百官，我节制他们衣服饮食等方面的供给，让他们成为齐国民众的榜样，但就算这样我还担心他们过度奢靡而不顾及自己的品行。如今您赐给我四匹马架着的辂车，这本来是在上的君主所乘坐的，现在您却让在下的臣子也乘坐，如果民众中出现不义的行为，饮食穿着都十分奢靡而不顾及自己品行的，我就没有办法禁止了。"还是辞让而没有接受。

注 释

❶ 不佼：原作"不任"，据《群书治要》改。不佼即不好的意思。王念孙《读书杂志》曰："'不任'本作'不佼'。'佼'与'姣'同，好也。"　❷ 寿三族：使三族增寿，这里是保全三族的意思。　❸ 辂（lù）车：古代由马拉动的大型车辆，多为帝王或诸侯所乘，装饰奢华。　❹ 临：监察。《国语·晋语》："临长晋国者。"韦昭注："临，监也。"　❺ 先国之民：为国民的先导，即成为齐国人的榜样。先，先导，前驱，此处引申为榜样。

景公睹晏子之食菲薄而嗟其贫
晏子称有参士之食第二十六

题 解

　　晏子贵为国相，饮食却极为粗简。齐景公听说并亲见后，感叹晏子生活贫苦并自责。晏子却"量化自省"，再拜而谢，表示自己"无倍人之行，而有参士之食"，声称君主的赏赐已十分丰厚，生动展现了晏子崇俭戒奢的为政品格和"以德量禄"的士人精神。

【原 文】

　　晏子相景公，食脱粟之食、炙三弋①、五卵、苔菜耳矣。公闻之，往燕焉，睹晏子之食也。公曰："嘻！夫子之家如此其贫乎！而寡人不知，寡人之罪也。"

【译 文】

　　晏子为齐景公之相时，吃的是只去了谷皮的糙米、三只炙烤的鸟、五个蛋和苔菜罢了。齐景公听说后，专程到晏子家去吃了一顿饭，目睹了晏子的饭菜。景公说："哎呀！您的家里竟然这样贫困！我却不知道，这是我的罪过啊。"

晏子对曰："以世之不足也，免粟②之食饱，士之一乞③也；炙三弋，士之二乞也；五卵，士之三乞也。婴无倍人之行④，而有参⑤士之食，君之赐厚矣，婴之家不贫。"再拜而谢。

晏子回答说："因为世间的食物不够啊，去了谷皮的糙米能吃饱，这是士人的第一个要求；三只炙烤的鸟，这是士人的第二个要求；五个蛋，这是士人的第三个要求。我没有别人几倍的德行，却有士人所要求的三种饭菜，您的赏赐已经很丰厚了，我家里并不贫困。"拜了两拜表示感谢。

注 释

❶ 三弋：三只射杀的飞禽。弋（yì），射，这里代指用箭射杀的鸟。　❷ 免粟：仅脱谷皮的糙米，相当于上文的"脱粟"。　❸ 乞：求。　❹ 倍人之行：别人几倍的德行。倍，加倍。　❺ 参：通"三"。

梁丘据自患不及晏子晏子勉据以常为常行第二十七

题 解

齐景公的宠臣梁丘据感叹到死也不及晏子。晏子却指出"为者常成，行者常至"，强调做人做事要有持之以恒的实践精神和进取观，彰显了晏子勤勉自励的品格和积极向上的人生态度。

【原文】

梁丘据谓晏子曰："吾至死不及夫子矣！"

【译文】

梁丘据对晏子说："我到死都赶不上您啊！"

晏子曰："婴闻之，为者常成，行者常至。婴非有异于人也，常为而不置①，常行而不休者，故②难及也？"

晏子说："我听说，一直去做总能成功，一直行进总能到达。我没有什么与众不同的地方，不过是一直去做而不停止，一直行进而不罢休而已，怎么能说难以赶上呢？"

注 释

❶置：搁置，这里指停止。　❷故：陶鸿庆云："'故'当读为'胡'，言何难及也，以见其无异于人也。《墨子·尚贤中篇》：'故不察尚贤为政之本也。'下文作'胡不察尚贤为政之本也'，是'故''胡'通用之证。"今从陶说，"故"通"胡"，意思是怎么、哪里，表疑问。

晏子老辞邑景公不许致车一乘而后止第二十八

题 解

晏子告老时要退还封邑，齐景公以先君旧例不许。晏子则以今昔对比，表示应"称身而食，德厚而受禄，德薄则辞禄"，德厚受禄是为了彰显君主的英明，德薄辞禄是为了使下面的人廉洁，否则会"掩上之明，污下之行"，传达了晏子谦抑自省的政治品格和德禄相称的为政理论。

【原 文】

晏子相景公，老，辞①邑。公曰："自吾先君定公②至今，用世③多矣，齐大夫

【译 文】

晏子为齐景公之相时，告老的时候，请求退还城邑。景公说："从我的先君丁公到现在，经历了很多代人，齐国大夫

未有老辞邑者矣。今夫子独辞之，是毁国之故④、弃寡人也，不可。”

晏子对曰："婴闻古之事君者，称身而食，德厚而受禄，德薄则辞禄。德厚受禄，所以明上也；德薄辞禄，可以洁下也。婴老薄无能，而厚受禄，是掩上之明，污下之行，不可。"

公不许，曰："昔吾先君桓公，有管仲恤劳⑤齐国，身老，赏之以三归⑥，泽及子孙。今夫子亦相寡人，欲为夫子三归，泽至子孙，岂不可哉？"

对曰："昔者管子事桓公，桓公义高诸侯，德备百姓。今婴事君也，国仅齐于诸侯，怨积乎百姓，婴之罪多矣，而君欲赏之，岂以其不肖父、其不肖子厚受赏，以伤国民义哉？且夫德薄而禄厚，智惛而家富，是彰污而逆教也，不可。"

公不许，晏子出。异日

还没有告老还乡时请求退还封邑的。如今唯独您要退还封邑，这是毁坏国家传统、抛弃君主的行为，不可以这样做。"

晏子回答说："我听说古代事奉君主的，衡量自身的才能而接受食禄，德行厚重的就接受俸禄，德行浅薄的就辞去俸禄。德行厚重而接受俸禄，这是彰显君主的圣明；德行浅薄而辞去俸禄，这可以使臣下廉洁。我如今已年老薄弱无能为力，却接受优厚的俸禄，掩盖了君上的圣明，玷污了臣下的德行，这样不行啊。"

景公还是不同意，说："当年我的先君桓公，有管仲忧心操劳齐国，身老年迈时，桓公赏赐给他三处住所，恩泽惠及后代子孙。如今您也是我的国相，我也想赐给您三处住所，恩泽惠及您的后代子孙，这难道不可以吗？"

晏子回答说："当年管子事奉桓公，桓公的仁义高于天下诸侯，恩德惠及百姓。如今我事奉您，国家的力量只是和其他诸侯持平，百姓积怨于心，我的罪过太多了，而您要赏赐我，岂不是不贤的父亲、不贤的儿子接受丰厚的赏赐，以此来伤害国家和民众的大义么？况且德行浅薄却享受优厚的俸禄，才智昏庸却家境富有，这是彰显自己的污行而违逆圣贤教诲的，不可以这样。"

景公还是不允许，晏子出去了。过了几天上朝，晏子找了一个机会归还了

朝，得闲^⑦而入邑，致车一
乘而后止。

封邑，还退回了一辆马车，这件事才
结束。

注 释

❶辞：推辞，这里指退还。　❷定公：苏时学《爻山笔话》注此句云："齐
之定公，不见传记，盖丁公也。丁公始居齐，故以为言。'定'与'丁'声近，
盖古字通用。又二谥并见《谥法》，岂'丁'本谥'定'，后省而为'丁'欤？"
按，此据苏说，当作"丁公"。　❸用世：历世，经过了很多代。　❹故：成
法，惯例，传统。　❺恤劳：忧心操劳。　❻三归：三归一词，历来训释不一。
一说为娶了三位女子。《论语·八佾》："管氏有三归。"包咸注："三归，娶三
姓女，妇人谓嫁曰归。"一说为台名，《说苑》云："三归之台。"一说为三处住
所，《韩非子》云："使子有三归之家。"又《汉书·礼乐志》："三归雍彻，八
佾舞廷。"颜师古注曰："三归，取三姓女也。妇人谓嫁曰归，故曰三归。盖谓
管仲耳。"王先谦《汉书补注》又曰："颜解'三归'本《论语》包注。案《韩
非·外储说》：'管仲相齐，曰："臣贵矣，然而臣贫。"桓公曰："使子有三归
之家。"曰："臣富矣，然而臣卑。"孔子闻之，曰："泰侈逼上。"'是三归为
富侈之事，《论语》所谓不俭也。《韩非》又云：'管仲父出，朱盖青衣，置鼓
而归，家有三归。'《晏子春秋》：'桓公有管仲，身老，赏之以三归，泽及子
孙。'是仲自朝归家，有三处桓公之赐，永为世业。又在老时，知非取三姓女
矣。《周策》：'桓公宫中女市、女闾七百，仲故为三归之家，以掩桓公非。'《说
苑·善说篇》：'仲筑三归之台，以自伤于民。'是仲意在为公分谤，未得正君之
道。三归之家，台榭侍女，情事所有。训三归为台名及取女，则谬也。"王说是。
由此，据上下文意及相关典籍，取"三处住所"之说。　❼闲：空闲，这里指
机会。

晏子病将死妻问所欲言云毋变尔俗第二十九

题 解

　　晏子病重，即将去世。他担心自己死后家风、习俗会改变，临终之言寥寥数语嘱妻"毋变尔俗"，以临终场景聚焦礼俗存续之思，不仅表现了其对家人的关爱，更彰显了晏子坚守道德原则、重视品德修养和传统习俗，以家俗维系世风的深层思考。

【原 文】

　　晏子病，将死。其妻曰："夫子无欲言乎？"

　　子曰[1]："吾恐死而俗变。谨[2]视尔家，毋变尔俗也。"

【译 文】

　　晏子病了，即将去世。他的妻子说："您没有什么想说的话吗？"

　　晏子说："我担心我死后习俗会改变。你一定要谨慎地看好你的家，不要让家里的习俗改变。"

注 释

❶ 子曰：即"晏子曰"。　❷ 谨：谨慎，慎重，小心。

晏子病将死凿楹纳书命子壮而示之第三十

题解

晏子病重，将要去世，便在临终前留下遗书。在遗书中，他以布帛、牛马、士人、国家等类比论证，揭示了物质储备与人才任用、国力强固的关联性，展示出其“穷则失用”的辩证思维，表达了晏子合理利用资源和人才以治理国家的思想，也寄托了其对后代的殷殷教诲与殷切期望。

【原文】

　　晏子病，将死，凿楹①纳书焉，谓其妻曰：“楹语也，子壮而示之。”

　　及壮，发书之言曰②：“布帛不可穷，穷不可饰；牛马不可穷，穷不可服③；士不可穷，穷不可任；国不可穷，穷不可窃也。”

【译文】

　　晏子病了，即将去世，派人凿开门柱把遗书放在里面，对他的妻子说：“柱子里面的遗书，等儿子长大后给他看。”

　　等到晏子的儿子长大后，打开遗书，遗书上说：“布帛不可用尽，用尽了就没有能遮体的东西了；牛马不可用到极限，用到极限就没有可供驱使的牲畜了；士人不可使之困窘，他们困窘了就没有能任用的人了；国家不可穷困，穷困了就不能苟且偷安了。”

注释

❶楹（yíng）：门柱。　❷发书之言曰：王念孙《读书杂志》云：“案，此本作‘及壮发书（句），书之言曰’，今本少一‘书’字，则文义不明。《白帖》十引此重一‘书’字，《说苑·反质篇》同。”整句意思便是打开遗书，遗书上说。❸服：役使，驱使。

外篇重而异者第七

景公饮酒命晏子去礼晏子谏第一

题 解

　　齐景公沉迷于酒乐数日，想废礼纵欲，邀请晏子共享。晏子来后劝谏景公"礼不可去"，他认为"礼为立国之本"，礼是维系上下秩序、家庭伦理的根基，"去礼则乱"，"守礼则治"，最终使景公"易衣革冠"、悔悟复礼，展现了晏子以礼治国的政治理念。

【原 文】

　　景公饮酒数日而乐，释衣冠，自鼓缶①，谓左右曰："仁人亦乐是夫?"梁丘据对曰："仁人之耳目，亦犹人也，夫奚为独不乐此也?"公曰："趣驾②迎晏子。"

　　晏子朝以至，受觞，再拜。公曰："寡人甚乐此乐，欲与夫子共之，请去礼。"晏子对曰："君之言过矣!群臣皆欲去礼以事君，婴恐君子之

【译 文】

　　齐景公一连好几天喝酒取乐，脱掉礼服摘下帽子，亲自敲击着缶，对左右侍从说："仁人也喜欢这样取乐吗?"梁丘据回答道："仁人的耳朵眼睛，也和常人一样，为何唯独不喜欢这样呢?"景公说："赶快驾车把晏子接来。"

　　晏子穿着朝服来了，接过酒杯，拜了两拜。景公说："我很喜欢这样取乐，想和您共享，请免去礼节。"晏子回答说："您的话错了!臣子们都想免掉礼节来事奉您，我担心您不想这样啊。如今齐国的五尺孩童，力气都能

不欲也。今齐国五尺之童子，力皆过婴，又能胜君，然而不敢乱者，畏礼也。上若无礼，无以使其下；下若无礼，无以事其上。夫麋鹿维无礼，故父子同麀③。人之所贵于禽兽者，以有礼也。婴闻之，人君无礼，无以临④其邦；大夫无礼，官吏不恭；父子无礼，其家必凶；兄弟无礼，不能久同。《诗》曰：'人而无礼，胡不遄死？'故礼不可去也。"

公曰："寡人不敏，无良左右淫蛊⑤寡人，以至于此，请杀之。"晏子曰："左右何罪？君若无礼，则好礼者去，无礼者至；君若好礼，则有礼者至，无礼者去。"公曰："善。请易衣革冠，更受命。"晏子避走，立乎门外。公令人粪洒改席，召衣冠以迎晏子⑥。晏子入门，三让，升阶，用三献⑦焉；嗛⑧酒尝膳，再拜，告餍而出。公下拜，送之门，反，命撤酒去乐，曰："吾以彰晏子之教也。"

超过我，也能胜过君主，可是没人敢胡作非为，是因为敬畏礼仪。在上的人如果不注重礼，就无法支使在下的人；在下的人如果不注重礼，就无法事奉在上的人。麋鹿就是因为无礼，所以父子共同占有一只母鹿。人之所以比禽兽高贵，就是因为有礼。我听说，君主没有礼，就无法统治邦国；大夫没有礼，官吏就不会对他恭敬；父子之间没有礼，他们的家庭一定会有灾祸；兄弟之间没有礼，就不能长久相处。《诗经》中说："'假如人没有礼，为何还不赶紧去死？'所以礼不可去除。"

景公说："我不聪敏，那些不善的左右侍从惑乱我，以至于到了这个地步，请把我左右的人杀掉。"晏子说："左右侍从有什么罪？君主若是不讲究礼，那么好礼的人会离开，不讲究礼的人就会来；君主如果喜好礼，那么好礼的人会到来，不讲究礼的人就会离开。"景公说："好。请让我更换衣冠，再接受您的教诲。"晏子回避走开，站在门外。景公令人洒扫更换坐席，召见晏子，穿戴好礼服礼帽出门迎接。晏子进门，三次谦让，登上台阶，献酒三次；晏子品酒尝食，作了两揖，说吃饱了而后离去。景公走下台阶，把他送到门口，返回，命人撤去酒席和音乐，说："我要以此来彰显晏子的教诲。"

注 释

❶ 缶：古代一种大肚子小口儿的盛酒瓦器。　❷ 趣驾：驾驭车马速行。　❸ 麀（yōu）：母鹿。　❹ 临：统治。　❺ 淫盅：惑乱。　❻ 召衣冠以迎晏子：王念孙云："'召衣冠'三字文不成义。且'易衣革冠'已见上文，不当重出'衣冠以迎'四字，乃后人所加，当从《群书治要》作'召晏子'。"译文从此。　❼ 三献：古代举行祭典时献酒三次，即初献爵、亚献爵、终献爵，合称"三献"。　❽ 噤（xián）：同"衔"，衔在口中，这里意指品酒。

景公置酒泰山四望而泣晏子谏第二

题 解

　　齐景公在泰山之阳宴饮，酒酣之际，悲惧身死国失而哀泣。晏子以"生死盛衰乃自然规律"指出景公之"怯"与左右之"谀"。后景公又因彗星灾异而泣，晏子则阐明"德政不修致灾"，主张修明政治，终使景公"薄赋敛、缓刑罚"，"修德弭灾"。本章展现了晏子直陈君过、以理服人的谏臣风采。

【原文】

　　景公置酒于泰山之阳，酒酣，公四望其地，喟然叹，泣数行而下，曰："寡人将去此堂堂国者而死乎！"左右佐哀而泣者三人，曰："吾细人也，犹将难死①，而况公乎！弃是

【译文】

　　齐景公在泰山的南面设酒宴饮，酒喝得正尽兴时，景公四下瞭望齐国的土地，喟然叹息，流下几行眼泪，说："我将要离开这盛大的国家而死去啊！"左右侍从陪着景公哀伤流泪的有三人，说："我们都是地位低下的人，尚且害怕死亡，更何况君主呢！您丢

国也而死，其孰可为乎！"晏子独搏其髀②，仰天而大笑曰："乐哉，今日之饮也！"公怫然③怒曰："寡人有哀，子独大笑，何也？"晏子对曰："今日见怯君一，谀臣三人，是以大笑。"公曰："何谓谀怯也？"晏子曰："夫古之有死也，令后世贤者得之以息，不肖者得之以伏。若使古之王者毋知有死④，自昔先君太公至今尚在，而君亦安得此国而哀之？夫盛之有衰，生之有死，天之分⑤也。物有必至，事有常然，古之道也。曷为可悲？至老尚哀死者，怯也；左右助哀者，谀也。怯谀聚居，是故笑之。"

公惭而更辞曰："我非为去国而死哀也。寡人闻之，彗星出，其所向之国君当之，今彗星出而向吾国，我是以悲也。"晏子曰："君之行义回邪⑥，无德于国。穿池沼，则欲其深以广也；为台榭，则欲其高且大也；赋敛如拕夺⑦，诛僇如仇仇。自是观之，茀又

弃了国家死去，还有谁能治理它呢！"晏子独自拍着大腿，仰天大笑说："今天的宴饮，真快乐啊！"景公勃然大怒说："我有所哀伤，你却独自大笑，这是为什么？"晏子回答道："今天见到了一位怯懦的君主，三位阿谀奉承的臣子，所以大笑。"景公问："什么叫阿谀奉承和怯懦？"晏子说："死亡自古以来就有，它可以让后世的贤者得以安息，不贤的人得以伏匿。如果古代的君王没有死去，从前的先君太公至今还健在，那您怎么能拥有这个国家并为之哀伤呢？有盛就有衰，有生就有死，这是上天的定数。万物有必然的归宿，万事有正常的规律，这是自古的常道。有什么可悲伤的呢？到老还在为死亡哀伤，这就是怯懦；左右侍从陪着哀伤，这就是阿谀奉承。怯懦的和阿谀奉承的聚在一起了，所以我大笑。"

景公感到惭愧而改变言辞说："我不是为离开国家死去而哀伤。我听说，彗星出现，它所指向的国家的君主就要承担它所带来的灾祸，如今彗星出现并指向我们国家，我是因此而悲伤。"晏子说："君主的行为道义邪僻不正，不施仁德于国家。开凿池塘，就想挖得又深又广；修建楼台亭榭，就想修得又高又大；征收赋税就像掠夺一样，诛戮百姓就像杀死仇敌一样。由此看来，孛星又将出现了。

将出。天之变，彗星之出，庸可悲乎！"

于是公惧，乃归，窴⑧池沼，废台榭，薄赋敛，缓刑罚，三十七日而彗星亡。

天象的变动，彗星的出现，哪里值得悲伤呢！"

于是景公很害怕，回了都城，填埋了池塘，停止楼台亭榭的修建，减轻赋税，放宽了刑罚，三十七天后彗星消失了。

注 释

❶难死：因死而难过，意指害怕死亡。　❷髀：大腿。　❸怫（fú）然：生气的样子。　❹若使古之王者毋知有死：俞樾云："'毋知有死'本作'如毋有死'。'如'与'而'通，'如毋有死'者，'而毋有死'也。《谏上篇》云'若使古而无死'，此云'若使古之王者如毋有死'，文异而义同。因'如'误作'知'，写者遂移至'毋'字之下，义不可通矣。"译文从此。　❺分：职分，此处意指定数。　❻行义：品行道义。回邪：不正，邪僻。　❼扮（huī）夺：掠夺。　❽窴（tián）：同"填"，填埋。

景公瞢见彗星使人占之晏子谏第三

题 解

齐景公夜里梦见彗星，迷信其"主亡国"，想召解梦者占卜。晏子却"重德轻神"，认为景公"居处无节""不听正谏""赋敛无厌"等失政行为致使"万民愁怨"，才是比彗星更可怕的灾祸根源，彰显了晏子清醒刚正的品格。

【原文】

景公曹见彗星。明日，召晏子而问焉："寡人闻之，有彗星者必有亡国。夜者，寡人曹见彗星。吾欲召占曹者使占之。"

晏子对曰："君居处无节，衣服无度，不听正谏①，兴事无已，赋敛无厌，使民如将不胜，万民怨怨。茀星又将见曹，奚独彗星乎！"

【译文】

齐景公梦见了彗星。第二天，他召来晏子询问道："我听说，有彗星出现就一定会有亡国。昨晚，我梦见了彗星。我想要让解梦者占卜一下。"

晏子回答说："您的日常生活没有节制，穿着没有限度，不听直言规劝，大兴土木没有止境，征收赋税不得满足，役使民众使他们无法承受，千千万万的民众都在怨恨。孛星又将出现在梦里，何止是彗星啊！"

注　释

❶ 正谏：直言规劝。

景公问古而无死其乐若何晏子谏第四

题　解

齐景公饮酒时幻想长生。晏子则以史为喻，以对自然规律与历史更替的清醒认知予以委婉劝谏，指出古人不死则景公无法当政，寓意劝谏君主不要空想享乐，应该珍惜权力、治国为要，体现了晏子"引事明理"的谏言智慧。

【原文】

景公饮酒，乐，公曰："古而无死，其乐若何！"

晏子对曰："古而无死，则古之乐也，君何得焉？昔爽鸠氏①始居此地，季荝②因之，有逢伯陵③因之，蒲姑氏④因之，而后太公因之。古若无死，爽鸠氏之乐，非君所愿也。"

【译文】

齐景公饮酒，很快乐，说道："要是自古就没有死亡，那该多快乐啊！"

晏子回答说："自古就没有死亡，那就是古人的快乐了，您怎能享受得到呢？从前爽鸠氏最早居住在这里，季荝从他那里继承，逢伯陵又从季荝那里继承，蒲姑氏从逢伯陵那里继承，而后太公又从蒲姑氏那里继承。自古要是没有死亡，那是爽鸠氏的快乐，不是您所希望的了。"

注　释

❶爽鸠氏：古氏族名。《左传·昭公二十年》杜预注曰："爽鸠氏，少皞氏之司寇也。"少皞，传说中古代东夷部落首领，东夷部落以鸟为图腾，相传他曾以鸟名为官名。"爽鸠氏"为掌刑狱之官。　❷季荝（cè）：传说中虞、夏时的诸侯，接替爽鸠氏居住在以营丘为中心的地域。　❸逢伯陵："伯陵"或作"柏陵"。商代人，姜姓诸侯。　❹蒲姑氏：又作"薄姑氏"，商周之际的诸侯。

景公谓梁丘据与己和晏子谏第五

题　解

齐景公打猎归来，称宠臣梁丘据"和"己。晏子则以"和如羹""和五声"为喻，直言指出"和"与"同"的本质区别，阐明"和同之辨"，

"和"是不同元素的协调互补，而"同"是无原则的附和，强调君臣"献可替否"、互补修正才能政平心和，体现了晏子重协调、求平衡的治世观。

【原　文】

景公至自畋^①，晏子侍于遄台^①，梁丘据造焉。公曰："维据与我和夫！"

晏子对曰："据亦同也，焉得为和？"

公曰："和与同异乎？"

对曰："异。和如羹焉，水火醯醢盐梅，以烹鱼肉，燀^②之以薪，宰夫^③和之，齐之以味，济其不及，以泄其过，君子食之，以平其心。君臣亦然。君所谓可，而有否焉，臣献其否，以成其可；君所谓否，而有可焉，臣献其可，以去其否。是以政平而不干，民无争心。故《诗》曰：'亦有和羹，既戒且平；奏鬷无言，时靡有争。'^④先王之济五味，和五声也，以平其心，成其政也。声亦如味：一气、二体、三类、四物、五

【译　文】

齐景公从打猎的地方回来，晏子在遄台陪侍他，梁丘据来拜见。景公说："只有梁丘据与我相和！"

晏子回答说："梁丘据只是与您相同，哪里说得上相和？"

景公说："和与同有区别吗？"

晏子回答道："有区别。和就如同做羹汤，用水、火、醋、酱、盐、梅子来烹调鱼肉，用薪柴烧煮，宰夫调配，使味道适中，味道不够就增加，味道过了就减少，君子吃了羹汤，心气平和。君臣之间也是这样。君主认为可行的，或许其中有不可行的地方，臣子指出其中不可行的，以成就其可行；君主认为不可行的，或许其中也有可行的地方，臣子指出其中可行的，去除不可行的。因此政治平和而不冲犯，民众没有争夺之心。所以《诗经》中说：'还有调和五味而成的羹汤，都已经准备好；进献神灵时肃穆安静，仪式中没有争吵喧嚷。'先王调剂五味，调和五声，用以平静内心，成就政事。声音也和味道一样：有一气、二体、三

声、六律、七音、八风、九歌⑤，以相成也；清浊、小大、短长、疾徐、哀乐、刚柔、迟速、高下、出入、周流，以相济也。君子听之，以平其心，心平德和。故《诗》曰：'德音不瑕。'⑥今据不然，君所谓可，据亦曰可；君所谓否，据亦曰否。若以水济水，谁能食之？若琴瑟之专一，谁能听之？同之不可也如是。"

公曰："善。"

类、四物、五声、六律、七音、八风、九歌，相辅相成；清浊、小大、短长、急缓、哀乐、刚柔、慢快、高低、出入、密疏，相互调剂。君子听了，以平静内心，内心平静，德行就和谐。因此《诗经》说：'美好的声誉没有瑕疵。'现在梁丘据却不是这样，您认为可以的，梁丘据也说可以；您认为不可以的，梁丘据也说不可以。如果用水调剂水，谁能吃它呢？如果琴瑟总弹一个音调，谁会去听它呢？同之不可取的道理就是如此。"

景公说："好。"

注 释

❶ 遄台：台名，亦名"歇马台"，在今山东临淄境内。　❷ 燀（chǎn）：炊，用火烧。　❸ 宰夫：古代掌管膳食的小吏。　❹ "亦有和羹"四句：出自《诗经·商颂·烈祖》，此四句可译为"还有调和五味而成的羹汤，都已经准备好；进献神灵时肃穆安静，仪式中没有争吵喧嚷"。戒，准备。奏鬷，《诗经》作"鬷假"，同"奏假"，祭祷。　❺ 一气、二体、三类、四物、五声、六律、七音、八风、九歌：一气指顺气而动；二体指文舞和武舞，古代乐、舞不分，有舞即有乐；三类指风、雅、颂三种乐调；四物指四方之物；五声即宫、商、角、徵、羽，中国音乐的五音；六律指六阳律和六阴律，古乐律有十二，阴阳各六律，阳为律，阴为吕；七音指宫、商、角、徵、羽、变宫、变徵，也称七声；八风指八方之风；九歌相传为夏禹时的乐歌，一说指歌颂"九功之德"的歌。　❻ 德音不瑕：出自《诗经·豳风·狼跋》，可译为"美好的声誉没有瑕疵"。不瑕，没有瑕疵，没有过错。

景公使祝史禳彗星晏子谏第六

题 解

齐国出现彗星，齐景公想让祝史以祭祀禳除彗星。晏子则"重德轻神"、以民为本，强调天道公正无私，灾祸源于"秽德"，主张"德行治国"，通过修德而非祈禳来实现治世，终使景公"修德弭灾"。

【原 文】

齐有彗星，景公使祝禳之。晏子谏曰："无益也，只取诬焉。天道不谄，不贰①其命，若之何禳之也？且天之有彗，以除秽也。君无秽德，又何禳焉？若德之秽，禳之何损？《诗》云：'维此文王，小心翼翼，昭事上帝，聿怀多福。厥德不回，以受方国。'②君无违德，方国将至，何患于彗？《诗》曰：'我无所监，夏后及商，用乱之故，民卒流亡。'③若德之回乱④，民将沔⑤亡，祝

【译 文】

齐国出现了彗星，齐景公派祝官去祈祷以消除灾祸。晏子劝谏道："这样做是没用的，只是自欺欺人罢了。天道不犹疑，不会改变它的旨意，怎么能通过祈祷来消除灾祸呢？况且天上出现彗星，是为了扫除污秽。君主没有污秽的德行，又何必通过祈祷来消除灾祸呢？如果德行污秽，祈祷又能消除什么呢？《诗经》中说：'只有周文王，做事小心翼翼，光明正大地敬奉上帝，得到许多福气。他品德高尚端正不邪，因此受到四方诸侯的拥戴。'君主如果没有违背道德，四方的诸侯都将来归附，何必担忧彗星呢？《诗》言：'我没有什么可借鉴的，只能借鉴夏后氏和商朝，由于政事混乱，民众最终流离逃亡。'如果您的德行邪乱，民众也将流离逃亡，祝官史官的祈祷，

史之为，无能补也。"公说，
乃止。

也无法补救。"景公听了很高兴，就停止
了祈祷消灾的事。

注　释

❶ 不贰：专一。贰，变节，背叛，此处意指改变。　❷ "维此文王"六句：
出自《诗经·大雅·大明》，可译为"只有周文王，做事小心翼翼，光明正大地
敬奉上帝，得到许多福气。他品德高尚端正不邪，因此受到四方诸侯的拥戴"。
❸ "我无所监"四句：不见于今本《诗经》，或为逸诗。可译为"我没有什么可
借鉴的，只能借鉴夏后氏和商朝，由于政事混乱，民众最终流离逃亡"。　❹ 回
乱：邪乱。　❺ 沭：同"流"。

景公有疾梁丘据裔款请诛祝史晏子谏第七

题　解

齐景公久病不愈，宠臣进言要杀祝史。晏子则引用范会"有德则祝史
无愧"的典故来驳斥"祝史之罪"，指出君主才是政治得失的关键，正是
景公"暴征无度"导致"民诅胜祝"，强调君主宽政修德才能消灾。景公
听从劝谏，"恤民修德"而病愈。

【原　文】

景公疥遂痁①，期而不
瘳②。诸侯之宾，问疾者多
在。梁丘据、裔款言于公曰：
"吾事鬼神，丰于先君有加

【译　文】

齐景公长了疥疮，又患了疟疾，一
年了都没有痊愈。前来探病的各诸侯国
的来宾，大多留在齐国。梁丘据、裔款
对景公说："我们事奉鬼神，祭品比先

矣。今君疾病，为诸侯忧，是祝史之罪也。诸侯不知，其谓我不敬，君盍诛于祝固、史嚚以辞宾？"

公说，告晏子。晏子对曰："日宋之盟，屈建问范会之德于赵武③，赵武曰：'夫子家事治，言于晋国，竭情无私，其祝史祭祀，陈言不愧。其家事无猜，其祝史不祈。'建以语康王④。康王曰：'神人无怨，宜夫子之光辅五君⑤，以为诸侯主也。'"

公曰："据与款谓寡人能事鬼神，故欲诛于祝史，子称是语何故？"

对曰："若有德之君，外内不废，上下无怨，动无违事，其祝史荐信⑥，无愧心矣。是以鬼神用飨，国受其福，祝史与焉。其所以蕃祉老寿者⑦，为信君使也，其言忠信于鬼神。其适遇淫君，外内颇邪，上下怨疾，动作辟违⑧，从欲厌私，高台深池，撞钟舞女，斩刈⑨民力，输

君的还要丰厚。如今您患病，让各国诸侯担忧，这是祝官和史官的过错。诸侯不了解情况，还以为是我们对鬼神不恭敬，您为何不诛杀祝官固和史官嚚来辞谢宾客呢？"

景公听了很高兴，将此事告诉了晏子。晏子回答道："先前在宋国会盟时，屈建向赵武询问范会的品德，赵武说：'先生的家族事务治理得很好，在晋国说起话来，尽心竭诚没有私心，他的祝官史官祭祀时，说话诚信无愧。他的家族事务无可猜疑，所以他的祝官史官不用为他祈福。'屈建把这话告诉了楚康王。康王说：'鬼神和百姓都没有怨恨，先生多方面地辅佐五位君主，他们成为诸侯盟主是理所当然的了。'"

景公说："梁丘据和裔款都认为我事奉鬼神没有差错，所以我才想诛杀祝官和史官，您称引这些话是什么意思？"

晏子回答道："如果是有德行的君主，朝廷内外的事情不荒废，上下没有怨恨，举动不违背道义，他的祝官史官向鬼神进陈实情，就没有愧疚之心了。因此鬼神接受祭祀，国家受到鬼神的福佑，祝官史官也同样得到福佑。他们之所以能多福高寿，是因为他们是诚信的君主的使者，他们对鬼神的言辞忠诚信实。如果他们恰好遇上荒淫的君主，内外之事偏颇邪佞，上下怨恨，举动邪僻背理，放纵欲望满足私心，高筑楼台、

掠⑩其聚，以成其违，不恤后人，暴虐淫纵，肆行非度，无所还忌，不思谤讟⑪，不惮鬼神，神怒民痛，无悛于心。其祝史荐信，是言罪也；其盖失数美，是矫诬也；进退无辞，则虚以成媚，是以鬼神不飨，其国以祸之，祝史与焉。所以夭昏孤疾者，为暴君使也，其言僭嫚⑫于鬼神。"

公曰："然则若之何？"

对曰："不可为也。山林之木，衡鹿⑬守之；泽之萑蒲⑭，舟鲛⑮守之；薮之薪蒸⑯，虞候⑰守之；海之盐蜃，祈望⑱守之。县鄙之人，入从其政；偪介⑲之关，暴征其私；承嗣大夫，强易其贿；布常无艺，征敛无度；宫室日更，淫乐不违。内宠之妾，肆夺于市；外宠之臣，僭令于鄙；私欲养求⑳，不给则应。民人苦病，夫妇皆诅。祝有益也，诅亦有损。聊摄以东，姑尤以西，其为人也多矣。虽其善祝，岂能胜亿兆人之诅！君

深挖池塘，敲钟作乐、美女作舞，竭尽民力，掠夺百姓的积蓄，来铸就自己的过错，不体恤后人，暴虐淫乱，胡作非为而没有节制，无所顾忌，不在乎怨恨毁谤，不忌惮鬼神，天神发怒民众痛恨，内心不知悔改。他的祝官史官进陈实情，是言君主的过错；如果掩盖过失而数说美德，那就是矫诈欺骗；进退两难无言以说，就只好虚言以求媚讨好，因此鬼神不享用祭品，国家遭受祸殃，祝官史官也受牵连。他们之所以夭折孤独患病，是因为他们是暴君的使者，他们的话欺诈轻侮了鬼神。"

景公说："那么该怎么办呢？"

晏子回答说："不能杀祝官和史官。山林中的树木，有衡鹿守着；沼泽里的芦苇蒲草，有舟鲛守着；草地上的薪草木柴，有虞候守着；大海中的咸盐蚌蛤，有祈望守着。边远地区的百姓，到国都来服役；靠近都城的关卡，横征暴敛私财；世袭的大夫，强行收买百姓的财物；颁布法令没有准则，征收赋税没有限度；宫殿天天改建，荒淫作乐不肯放弃。宫中宠姬，在集市肆意掠夺；宫外宠臣，在边地假传君令；私欲不断滋长，百姓供给不及就加以逼迫。百姓困苦不堪，夫妻都在诅咒。如果祈祷有益处，那么诅咒也会有所损害。聊地摄地以东、姑水尤水以西，百姓众多。即使祝官史官善于祝祷，怎能胜过亿万人的诅咒呢！您如果要诛杀祝官史官，也

若欲诛于祝史，修德而后可。"

　　公说，使有司宽政，毁关去禁，薄敛已责㉑。公疾愈。

　　要等修行德政之后才可以。"

　　景公听了很高兴，命令有关官吏放宽政令，拆毁关卡解除禁令，减轻赋税，免除债务。景公的病也好了。

注 释

❶痁（shān）：疟疾。　❷瘳：病愈。　❸屈建：春秋时楚国人，字子木。楚康王时任令尹。范会：即士会，春秋时晋国正卿，因食邑于随，后更受封于范邑，故又称随会、范会。赵武：也称赵文子、赵孟，春秋时晋国大夫。❹康王：名招，一作昭，楚共王子，公元前560年即位。　❺光辅：多方面辅佐。五君：指晋国的文公、襄公、灵公、成公、景公五代君主。　❻荐信：进陈实情。　❼蕃祉：多福。老寿：高寿。　❽辟违：邪僻背理。　❾斩刈（yì）：斩杀，砍伐，此处意为剥夺、耗尽。　❿输掠：掠取。　⓫谤讟（dú）：怨恨毁谤。⓬僭嫚：欺诈轻侮。　⓭衡鹿：亦作"衡麓"，官名，守护山林之官。　⓮萑（huán）蒲：两种芦类植物。　⓯舟鲛：官名，古代掌管薮泽的官吏。　⓰薪蒸：薪柴。　⓱虞候：官名，守望山泽之官。　⓲祈望：官名，掌管盐、渔的官吏。　⓳偪介：迫近，靠近。　⓴养求：欲望滋长并求得满足。　㉑责：同"债"，债务。

景公见道殣自惭无德晏子谏第八

题 解

　　齐景公出行见到饿殍而自惭无德，晏子则趁机谏言景公"偏私聚财"，指出应"推德及民"，将"营内好私"的"私德"转作"遍加惠于百姓"的"公德"，并以桀纣之亡与汤武之兴相对比，强调真正的德行要"推而与百姓同之"。

【原 文】

　　景公赏赐及后宫，文绣被台榭，菽粟食凫雁。出而见殣，谓晏子曰："此何为而死？"

　　晏子对曰："此馁①而死。"

　　公曰："嘻！寡人之无德也甚矣。"

　　对曰："君之德著而彰，何为无德也？"

　　景公曰："何谓也？"

　　对曰："君之德及后宫与台榭，君之玩物，衣以文绣；君之凫雁，食以菽粟；君之营内自乐，延及后宫之族，何为其无德！顾②臣愿有请于君：由君之意，自乐之心，推而与百姓同之，则何殣之有！君不推此，而苟营内好私，使财货偏有所聚，菽粟币帛腐于囷府③，惠不遍加于百姓，公心不周乎万国，则桀纣之所以亡也。夫士民之所以叛，由偏之也。君如察臣婴之言，推君之盛德，公布之于天下，则汤武可为也，一殣何足恤哉！"

【译 文】

　　齐景公的赏赐遍及后宫，亭台水榭上披挂着锦绣丝帛，豆子谷子饲养鸭子和鹅。他外出时看到一个饿死的人，问晏子道："这个人是因为什么而死？"

　　晏子回答道："他因饥饿而死。"

　　景公说："哎！我太不仁德了。"

　　晏子回答道："您的仁德显著而昭彰，怎么能说无德呢？"

　　景公问："为什么这么说呢？"

　　晏子回答道："您的仁德遍及后宫和高台楼阁，您所赏玩的东西，都披上了锦绣丝帛；您的鹅鸭，都用豆子谷子饲养；您把谋求自身欢乐，延及后宫的亲属族人，怎么能说不仁德！但臣希望向君主有所请求：从您的本意，把自求欢乐之心，推及与百姓共享，哪还会有饿死的人！您不把这种心意推而广之，却汲汲于满足自己的私欲，使财物偏积一处，粮食钱财在府库里腐烂，恩惠不能遍及百姓，公正之心不能遍及邦国，这就是夏桀、商纣灭亡的原因啊。士民之所以叛离，就是由君主偏私造成的。您如果能体察我的言辞，把您的盛德推而广之，公开地施于天下，就可以成为商汤、周武王那样的贤君了，一个饿死的人有什么值得怜恤的呢！"

注　释

❶餧：同"餒"。　❷顾：文言连词，但。　❸囷（qūn）府：国家府库藏钱粮物资的处所。

景公欲诛断所爱槐者晏子谏第九

题　解

齐景公想杀砍伐雍门之槐的人。晏子援引古代君主"辟道"等礼制，"因物喻理"，劝谏景公治国要节欲克己，不要凭私愤施刑，最终景公纳谏赦免砍槐之人，展现了晏子"以礼止暴""宽政省刑"的治世理念。

【原　文】

景公登箐室①而望，见人有断雍门之槐②者，公令吏拘之，顾谓晏子趣诛之。晏子默然不对。公曰："雍门之槐，寡人所甚爱也，此见断之，故使夫子诛之，默然而不应，何也？"

晏子对曰："婴闻之，古者人君出，则辟道③十里，非畏也；冕前有旒④，恶多所见也；纩纮琉耳⑤，恶多所闻也；大带重半钧，舄履⑥倍重，不欲轻

【译　文】

齐景公登上青堂远望，看见有人砍断了雍门的楸树，景公命令官吏去拘捕这个人，回头叫晏子赶快杀了他。晏子沉默不回答。景公说："雍门的楸树，我非常喜欢，刚才看见有人弄断了它，所以我让先生杀了他，您沉默不答，是什么缘故？"

晏子回答道："我听说，古代君主外出，要开道十里，不是因为害怕；冠冕前有旒，是避免看见得太多；冠冕左右带子上的玉石堵住耳朵，是避免听到太多声音；束衣的大带重达半斤，鞋子比平常的鞋子重一

也。刑死之罪，日中之朝^⑦，君过之，则赦之。婴未尝闻为人君而自坐其民者也。"

公曰："赦之。无使夫子复言。"

倍，是不想让他轻举妄动。被判决了死刑的罪犯在市朝准备行刑，君主经过市朝，就会赦免他。我从来没有听说过身为君主自己去罪罚他的子民。"

景公说："赦免那个人吧。不要让先生再说了。"

注　释

❶ 箐室：孙星衍云："《艺文类聚》作'青堂'是。"青堂，或为宫中一处楼台。　❷ 楸（qiū）：古同"楸"，即楸树。　❸ 辟道：开辟道路。古代皇帝等出行，先在道路上屏除行人，以防干犯，谓之"辟道"。　❹ 旒（liú）：冠冕前后悬垂的玉串。　❺ 纩紞：古时帝王冠冕左右悬垂耳塞的带子。琉耳：同"充耳"，古代挂在冠冕两边的饰物。　❻ 舄履：复底厚履。舄，重木底鞋。　❼ 日中之朝：即市朝。古代"日中为市"，处决犯人，多在集市上。

景公坐路寝曰谁将有此晏子谏第十

题　解

齐景公慨叹"美哉其室"，忧虑宫室归属他人、政权旁落。晏子以公家"骄汰""厚敛""道路死人"与田氏"慈惠""厚施""民歌舞之"等多重对比凸显政权存亡得失的因果逻辑，预言"国泽将归田氏"，警示景公"得民心者得天下"，要仁政固本、居安思危。

【原文】

景公坐于路寝，曰："美

【译文】

齐景公坐在正寝里，说："多美的宫

哉其室，将谁有此乎？"

晏子对曰："其田氏乎，田无宇为埻①矣。"

公曰："然则奈何？"

晏子对曰："为善者，君上之所劝也，岂可禁哉！夫田氏国门击柝②之家，父以托其子，兄以托其弟，于今三世矣。山木如市，不加于山；鱼盐蚌蜃，不加于海。民财为之归。今岁凶饥，蒿种芼敛不半，道路有死人。齐旧四量而豆③，豆四而区，区四而釜，釜十而钟。田氏四量，各加一焉。以家量贷，以公量收，则所以籴④，百姓之死命者泽矣。今公家骄汰，而田氏慈惠，国泽是将焉归？田氏虽无德，而施于民，公厚敛而田氏厚施焉。《诗》曰：'虽无德与汝，式歌且舞。'⑤田氏之施，民歌舞之也，国之归焉，不亦宜乎？"

室啊，以后谁将拥有它呢？"

晏子回答道："大概是田氏吧，田无宇的地位已经稳固了。"

景公说："那么应该怎么办呢？"

晏子回答道："做善事，是君主所鼓励的，怎么可以禁止呢！田氏好比是在国都的城门敲梆打更的人家，父亲传给儿子，哥哥传给弟弟，到现在已经三代了。他们把山上的木材运到集市上去卖，价格不比在山上贵；鱼盐蚌蛤运到市场，价格不比在海边贵。民众的财物因此都归聚他家。今年年成不好闹饥荒，即便是蒿芼的收成都不到往年的一半，道路上有饿死的人。齐国旧有的计量方法是四升为一豆，四豆为一区，四区为一釜，十釜为一钟。而田氏的四个计量单位都各加一量。他用私家的计量单位把粮食借贷出去，用齐国统一的计量单位收回，这样买进粮食的方法，使将要饿死的百姓得到了他的恩泽。如今公室大夫骄横奢侈，而田氏慈善且施于百姓恩惠，齐国不归他将归谁呢？田氏虽然没有大德，但施惠于民，君主赋敛繁重而田氏厚施于民。《诗经》中说：'虽然没有美德与你相配，也要唱歌跳舞庆祝欢腾。'田氏的施惠，民众为之载歌载舞，国家归于田氏，不也很合适吗？"

注　释

❶埒：水堤。此处喻指田氏笼络人心，地位已经稳固。　❷击柝（tuò）：敲梆子巡夜。柝，古时巡夜所用的木梆。　❸而豆：于鬯云："'而豆'上当脱'四升'二字。"译文从此。　❹籴（dí）：买进粮食。　❺虽无德与汝，式歌且舞：出自《诗经·小雅·车舝》，可译为"虽然没有美德与你相配，也要唱歌跳舞庆祝欢腾"。

景公台成盆成适愿合葬其母晏子谏而许第十一

题　解

　　齐景公听闻盆成适夜哭哀痛，派晏子问询得知是因自己筑台导致他无法将其亡母与父亲合葬。晏子趁机批评景公"夺人之地、禁人安葬、不恤百姓为不仁不义"，主张君主要体恤民生疾苦，"恤民忧、行仁义"，使景公最终接受盆成适尽孝葬母于宫旁的请求。本章揭示了孝义、仁政、礼制的深层关联，展现了晏子"仁政容孝"的伦理观。

【原文】

　　景公宿于路寝之宫，夜分，闻西方有男子哭者，公悲之。明日朝，问于晏子曰："寡人夜者闻西方有男子哭者，声甚哀，气甚悲，是奚为者也？寡人哀之。"

　　晏子对曰："西郭徒居布

【译文】

　　齐景公住宿在正寝宫殿，半夜，听到西边有男人的哭声，景公为他感到悲伤。第二天上朝，景公问晏子道："我半夜听到西边有男人的哭声，声音很哀痛，气氛很悲伤，这个人是做什么的？我很哀怜他。"

　　晏子回答说："那是无业闲居在西边外城的平民盆成适，盆成适是他

衣之士盆成适也①，父之孝子、兄之顺弟也，又尝为孔子门人。今其母不幸而死，祔枢②未葬，家贫，身老，子孤③，恐力不能合祔，是以悲也。"公曰："子为寡人吊之，因问其偏祔④何所在。"

晏子奉命往吊，而问偏祔⑤之所在。盆成适再拜稽首而不起，曰："偏祔寄于路寝，得为地下之臣，拥札掺笔⑥，给事宫殿中右陛之下。愿以某日送，未得君之意也。穷困无以图之，布唇枯舌⑦，焦心热中。今君不辱而临之，愿君图之。"

晏子曰："然。此人之甚重者也，而恐君不许也。"盆成适蹴然⑧曰："凡在君耳！且臣闻之，越王⑨好勇，其民轻死；楚灵王好细腰，其朝多饿死人；子胥忠其君，故天下皆愿得以为子⑩。今为人子臣，而离散其亲戚，孝乎哉？足以为臣乎？若此而得祔，是生臣而安死母也；若此而不得，则

父亲的孝顺儿子、兄长的恭顺弟弟，又曾是孔子的门人。现在他的母亲不幸去世，灵枢未能与他的父亲合葬，家庭贫困，自身年老，儿子孤弱，担心自己没有能力使父母合葬，因此悲伤。"景公说："您代我去他家吊唁，顺便问问他父亲的灵枢葬在什么地方。"

晏子奉命前去吊唁，询问他父亲的灵枢安葬在什么地方。盆成适拜谢两次叩头至地不起，说："父亲的灵枢埋葬在正寝宫殿下面，得以在地下当臣子，捧简执笔，供职于宫殿右边的台阶下。我希望有一天能将亡母的灵枢与之合葬，不知道君主意下如何。我贫穷困乏无计可施，急得唇干舌燥，心急火燎。现在您不惜辱没身份前来哀悼，希望您能帮我谋划一下这件事。"

晏子说："好。这是人们很看重的事情，就怕君主不答应。"盆成适快速站起来说："这事全靠您了！况且我听说，越王勾践好勇，他的子民就不怕死；楚灵王喜欢腰细的人，他的朝中常有人饿死；伍子胥忠于他的君主，因此天下君主都希望他做自己的臣子；孝敬爱戴自己的父母，因此天下父母都希望他做自己的儿子。如今我做儿子的却让父母离散，这孝顺吗？足以当臣子吗？如果父母的灵枢得以合葬，就是使我活下去而使死去的母亲得到安息了；如果不能合葬，那么请让我

臣请挽尸车而寄之于国门外宇溜⑪之下，身不敢饮食，拥辕执辂，木干鸟栖，袒肉暴骸，以望君愍之。贱臣虽愚，窃意明君哀而不忍也。"

晏子入，复乎公，公忿然作色而怒曰："子何必患若言而教寡人乎？"晏子对曰："婴闻之，忠不避危，爱无恶言，且婴固以难之矣。今君营处为游观，既夺人有，又禁其葬，非仁也；肆心傲听，不恤民忧，非义也。若何勿听？"因道盆成适之辞。

公喟然太息曰："悲乎哉！子勿复言。"乃使男子袒免、女子发笄⑫者以百数，为开凶门⑬，以迎盆成适。适脱衰绖⑭，冠条缨⑮，墨缘，以见乎公。

公曰："吾闻之，五子不满隅⑯，一子可满朝⑰，非乃子耶！"盆成适于是临事不敢哭，奉事以礼。毕，出门，然后举声焉。

拉着灵车把它暂寄在都城门外的屋檐下，自己不吃不喝，抱着车辕、拉着车前的横木，像木头一样任其干枯，让飞鸟栖居其上、袒露肉体、暴露骸骨，以祈求君主的怜悯。我虽愚钝，但私下认为贤明的君主会哀怜我而不忍让我这样。"

晏子入朝，向景公汇报，景公愤怒地变了脸色说："您何必为他的话担忧而来指教我呢？"晏子回答说："我听说，忠臣不回避危难，敬爱君主的人没有恶言，况且我本来也认为这件事情难办啊。如今您营建此处作为游乐观赏的场所，已经侵夺了人家原有的坟地，又禁止其合葬，这是不仁；随心所欲、不听劝谏，不体恤民众的忧愁，这是不义。您为何不愿听从呢？"于是把盆成适的话复述了一遍。

景公感慨叹息说："可悲啊！您不要再说了。"于是派数百位男子袒衣免冠、女子挽上丧髻，为其开凶门，以迎接盆成适。盆成适脱了丧服、解了麻带，头戴丝带，穿着黑色衣边的衣服，来见景公。

景公说："我听说，五个不肖的儿子不能誉满一个角落，一个贤德的儿子可以誉满朝堂，说的不就是你吗！"盆成适于是合葬其父母时不敢哭泣，依礼行事。合葬完毕后，出门，才放声大哭。

注 释

❶ 徒居：无业闲居。盆成适：人名，孔子弟子。　❷ 祔（fù）枢：应合葬之枢。　❸ 嬬（rú）：同"孺"，孤弱。　❹ 偏祔：意指盆成适父亲的灵枢。偏，偏亲，指其父亲。　❺ 祔：原缺，据《指海》本补。　❻ 拥：持，执持。札：写字用的竹简或木简。掺（shǎn）：持，握。　❼ 布唇枯舌：唇干舌枯。布，于鬯云："'布'盖读为'膊'……《说文·肉部》云：'膊，干肉也。'是'膊'以干肉为本义，引伸之，盖凡干皆可曰'膊'。'膊唇'者，谓干唇也。"　❽ 蹶然：疾起之貌。　❾ 越王：此指勾践。他在位期间，曾被吴王夫差击败，于是卧薪尝胆，励精图治，最终灭了吴国。但勾践在位的时间是公元前497年至公元前465年，此时晏子已卒（公元前500年）。苏时学云："越王谓勾践也，勾践会稽之败当鲁哀公元年，后四年而齐景公卒，不应在晏子之世，而引以为词，此与下言'子胥之忠'并著书者所附益也。"　❿ 子胥忠其君，故天下皆愿得以为子：王念孙云："此文原有四句，今脱去中二句，则文不成义。《秦策》云：'子胥忠其君，天下皆欲以为臣；孝己爱其亲，天下皆欲以为子。'文义正与此同。"译文从此。　⓫ 宇溜：屋檐。溜，通"霤"，屋檐滴水处。　⓬ 笄（jī）：古代的一种簪子，用来插住挽起的头发，或插住帽子。　⓭ 凶门：古时办丧事在门外用白绢或白布结扎成门形，称"凶门"。　⓮ 衰绖：丧服。古人丧服胸前当心处缀有长六寸、广四寸的麻布，名衰，因名此衣为衰。　⓯ 条缨：丝制的带子。　⓰ 隅：角落。意指不肖的儿子多，但都没有用。　⓱ 朝：朝堂。意指贤德的儿子少，一个就足以光耀门楣。

景公筑长庲台晏子舞而谏第十二

题 解

　　齐景公大兴土木修筑长庲台，晏子侍坐时假借酒酣而"舞谏"，以歌舞涕泪控诉"苛役伤国"，谏言农时不可违、民力不可滥用，使景公反思而罢役，展现了晏子"以情动人"的劝谏智慧与重农恤民的治国情怀。

【原文】

景公筑长庲之台,晏子侍坐。觞三行,晏子起舞曰:"岁已暮矣,而禾不获,忽忽①矣若之何!岁已寒矣,而役不罢,惙惙矣如之何!"舞三,而涕下沾襟。景公惭焉,为之罢长庲之役。

【译文】

齐景公修建长庲台,晏子在他旁边陪侍。献酒三次后,晏子起身跳舞并唱道:"已经到岁末了,田里的庄稼还没有收获,忧愁得不知道怎么办啊!天已经寒冷了,而劳役还无休无止,忧愁得不知道怎么办啊!"晏子多次起舞,泪水流下沾湿了衣襟。景公感到羞愧,为此停止了修长庲台的劳役。

注 释

❶ 忽忽:意同下文"惙惙",失意、忧愁的样子。

景公使烛邹主鸟而亡之公怒将加诛晏子谏第十三

题 解

烛邹为齐景公养鸟却失职导致鸟飞走了,景公生气想杀烛邹。晏子假意数烛邹之罪,包括使君因鸟杀人、令诸侯轻齐等,实则列景公之过以劝谏,强调人命贵于鸟,不可因小事而滥加刑罚,最终景公觉悟而赦烛邹。本章展现晏子"以曲为直"的谏言智慧和"重士轻物"的思想观念。

【原文】

景公好弋,使烛邹①主鸟

【译文】

齐景公喜欢射鸟,派烛邹看管

而亡之。公怒，召^②吏杀之。晏子曰："烛邹有罪三，请数之以其罪而杀之。"公曰："可。"于是召而数之公前，曰："烛邹！汝为吾君主鸟而亡之，是罪一也；使吾君以鸟之故杀人，是罪二也；使诸侯闻之，以吾君重鸟以轻士，是罪三也。"数烛邹罪已毕，请杀之。公曰："勿杀！寡人闻命矣。"

鸟，他却让鸟飞走了。景公很生气，叫来官吏想要杀死烛邹。晏子说："烛邹有三条罪状，请让我陈述他的罪状后再杀他。"景公说："可以。"于是召来烛邹在景公面前数落他道："烛邹！你为我们的君主看管鸟鸟却飞走了，这是第一条罪状；你使我们的君主因为鸟的缘故杀人，这是第二条罪状；让诸侯们听说了这事，会认为我们的君主重视鸟而轻视士人，这是第三条罪状。"晏子陈述完烛邹的罪状，请景公杀了他。景公说："不要杀！我接受教诲了。"

注释

❶ 烛邹：人名。　❷ 召：原作"诏"。孙星衍云："《艺文类聚》作'公召欲杀之'。"今据改。

景公问治国之患晏子对以佞人谗夫在君侧第十四

题解

齐景公询问晏子"治国之患"。晏子指出"治国之患"是"佞人谗夫在君侧"，如"社鼠"依附神社，谗佞之人则"隐于君之威"，他们逢迎君主、离间良臣、作威作福、牟取私利，晏子以此例警示君主要广纳谏言、明辨忠奸、举贤任能，展现了晏子"亲贤远佞"的治国理念。

【原 文】

　　景公问晏子曰："治国之患亦有常乎？"对曰："佞人①谗夫之在君侧者，好恶良臣，而行与小人，此国之长患也。"公曰："谗佞之人，则诚不善矣。虽然，则奚曾为国常患乎？"晏子曰："君以为耳目而好谋②事，则是君之耳目缪也。夫上乱君之耳目，下使群臣皆失其职，岂不诚足患哉？"

　　公曰："如是乎，寡人将去之。"晏子曰："公不能去也。"公忿然作色不说，曰："夫子何小寡人甚也！"对曰："臣何敢槁③也！夫能自周于君者，才能皆非常也。夫藏大不诚于中者，必谨小诚于外，以成其大不诚。入则求君之嗜欲能顺之，公怨良臣，则具其往失而益之，出则行威以取富。夫何密近，不为大利变，而务与君至义者也？此难得其知也。"

【译 文】

　　齐景公问晏子说："治理国家也有经常存在的祸患吗？"晏子回答说："在君主身边的奸佞谗诐之人，喜欢中伤贤德之臣，与小人结党营私，这是国家长期存在的祸患。"景公说："善进谗言和奸邪的人，的确不好。尽管如此，他们怎么会成为国家常有的祸患呢？"晏子说："君主把他们当成耳目并喜欢和他们共谋国事，这样君主的视听就产生谬误了。这些人在上搅乱君主的视听，在下使群臣不能正常行使职权，难道不是实实在在的大患吗？"

　　景公说："是这样的啊，我将除掉他们。"晏子说："您除不掉他们。"景公愤然变了脸色很不高兴，说："您为何如此小看我呢！"晏子回答道："臣怎敢自大啊！那些能够与君主亲近的人，才能都不一般。他们把大的不忠隐藏在内心，必定谨慎地把小的忠诚表现在外面，以此来成就他们大的不忠诚。他们在朝廷内就探求君主的嗜好欲望并顺从君主的心意，君主若是怨恨贤能之臣，他们就会陈列这些贤臣过往的过失并放大这些过失，在朝廷外则作威作福来求取富贵。这些人与君主如此亲密，怎么会不为大的利益变心，而一心与君主行义呢？这种人是难以知晓的。"

公曰："然则先圣奈何?"对曰："先圣之治也,审见宾客,听治不留,群臣皆得毕其诚,谗谀安得容其私!"公曰："然则夫子助寡人止之,寡人亦事勿用。"对曰："谗夫佞人之在君侧者,若社之有鼠也。谚言有之曰:'社鼠不可熏去。'谗佞之人,隐君之威以自守也,是难去焉。"

景公说:"那么先前的圣人是如何做的?"晏子回答说:"先前的圣人治理国家,审慎地会见宾客,断狱治事绝不滞留,群臣都能够竭尽忠诚,谗谀之人哪里能包藏私心!"景公说:"那么您帮助我制止这些人,我也不用这些人处理政务了。"晏子回答道:"在君主身边的奸佞谗谄之人,就像神社里的老鼠。谚语曾说:'神社里的老鼠不可用烟火熏走。'善进谗言和奸邪的人,隐伏在君主的威权之下来保护自己,这就是难以清除的原因。"

注 释

❶佞人:巧言令色、工于谄媚的人。　❷谋:原作"缪",《指海》本和《群书治要》均作"谋"。今据改。　❸槁:于鬯云:"'槁'疑当读为'骄'……'骄'者,自大之意也。"译文从此。

景公问后世孰将践有齐者晏子对以田氏第十五

题 解

齐景公询问晏子后世齐国的政权归属。晏子直言田氏将"践有齐国",并指明田氏"利取分寡,公室兼之,国权专之",以致"君臣易施",谏言君主要以"礼"治国,维系公室权威,彰显了晏子"维礼治国"的政治理想及其对齐国政局的深刻洞见。

【原文】

景公与晏子立曲潢之上，望见齐国，问晏子曰："后世孰将践①有齐国者乎？"晏子对曰："非贱臣之所敢议也。"公曰："胡必然也？得者无失，则虞、夏常存矣。"晏子对曰："臣闻，见不足以知之者，智也；先言而后当者，惠②也。夫智与惠，君子之事，臣奚足以知之乎！虽然，臣请陈其为政：君强臣弱，政之本也；君唱臣和，教之隆也；刑罚在君，民之纪也。今夫田无宇，二世有功于国，而利取分寡，公室兼之，国权专之，君臣易施，能无衰乎！婴闻之，臣富主亡。由是观之，其无宇之后无几，齐国，田氏之国也。婴老不能待公之事，公若即世③，政不在公室。"

公曰："然则奈何？"晏子对曰："维礼可以已之。其在礼也，家施不及国，民不懈，货不移，工贾不变，士不滥，官不謟，大夫不收公利。"

【译文】

齐景公与晏子站在曲池旁，望着齐国都城，景公问晏子道："后世谁将登上王位拥有齐国啊？"晏子回答道："这不是微臣所敢议论的。"景公说："何必这样啊？得到国家就不会失去，那么虞舜、夏禹就会永存了。"晏子回答说："我听说，能看到不足并且知晓，就是智；能预言而后应验，就是慧。智与慧，是君子的事，我怎么能够知道呢！尽管如此，我请求陈述为政的道理：君主强大臣子弱小，这是政治的根本；君主倡导臣子响应，这是教化兴盛的表现；刑罚掌握在君主手中，是治理民众的纲纪。如今田无宇，两代人均有功于齐国，而将取得的利益分给孤寡贫困之人，兼有公室之利，专擅国家之权，君主的权力就移让给臣子了，国家能不衰弱吗！我听说，臣子富有君主就会衰亡。由此看来，田无宇之后没有多久，齐国，将是田氏的国家了。我老了不能再听从您的命令为您办事了，您如果去世，政权就不会属于君主的家族了。"

景公说："那应该怎么办呢？"晏子回答道："只有礼才能制止这一切。根据礼制，大夫施惠不能延及全国，民众不懈怠，财货不转移，百工商人不改变常业，士人不虚浮，官吏不隐瞒，大夫不侵占公家的利益。"

公曰："善！今知礼之可以为国也。"对曰："礼之可以为国也久矣，与天地并立。君令臣忠，父慈子孝，兄爱弟敬，夫和妻柔，姑慈妇听，礼之经也。君令而不违，臣忠而不二，父慈而教，子孝而箴④，兄爱而友，弟敬而顺，夫和而义，妻柔而贞，姑慈而从，妇听而婉，礼之质也。"公曰："善哉！寡人乃今知礼之尚⑤也。"晏子曰："夫礼，先王之所以临天下也，以为⑥其民，是故尚之。"

景公说："好！现在我知道礼是可以治国的。"晏子回答道："礼可以治国由来已久了，它同天地并立。君主的命令大臣会忠诚遵守，父亲慈爱儿女孝顺，兄长友爱弟弟恭敬，丈夫和气妻子温柔，婆婆慈祥媳妇顺从，这是礼的大纲。君主的命令不背理，臣子忠诚无二心，父亲慈爱且善于教导，子女孝顺且敢于规劝，兄长仁爱而友善，弟弟恭敬而和顺，丈夫和气而仁义，妻子温柔而贞洁，婆婆慈祥而随和，媳妇依顺而温婉，这是礼的本质。"景公说："说得好啊！我今天才知道礼的重要。"晏子说："礼，先王靠它来统治天下，用它来管理民众，所以崇尚它。"

注释

❶践：特指皇帝登临皇位。　❷惠：通"慧"，聪明。　❸即世：去世。
❹箴：劝告，规诫。　❺尚：尊崇，意为重要。　❻为：治理，管理。

晏子使吴吴王问君子之行晏子对以不与
乱国俱灭第十六

题解

吴王问来使的晏子"君子之行"，晏子提出君子应该追随仁君、归附治世，拒绝暴君乱国的俸禄与官位，强调见危兆即退避、"不与乱国俱灭"，彰显了晏子"守道不阿"的政治观念与"见兆则退"的政治智慧。

【原文】

晏子聘于吴，吴王问："君子之行何如？"

晏子对曰："君顺怀^①之，政治^②归之。不怀暴君之禄，不居乱国之位。君子见兆^③则退，不与乱国俱灭，不与暴君偕亡。"

【译文】

晏子出访吴国，吴王问他："君子的行为是怎样的？"

晏子回答说："君主顺应理就心向他，政事清明就归顺他。不留恋暴君的俸禄，不任职于乱国。君子看到混乱的征兆就隐退，不与乱国一起灭亡，不与暴君一同逃亡。"

注释

❶怀：归向。　❷政治：政事清明。　❸兆：事物发生前的征候或迹象，此处意为混乱的征兆。

吴王问齐君僈暴吾子何容焉晏子对以
岂能以道食人第十七

题解

吴王质疑来使的晏子容忍"齐君贱慢、野暴"。晏子强调臣子应以务实尽职为要，不能空谈"以道食人"，令吴王自感惭愧，彰显了晏子知权达变的为政品格及其以务实化解诘难的外交智慧。

【原文】

晏子使吴，吴王曰："寡人得寄僻陋蛮夷之乡，希见教君子之行，请私而无为罪。"晏子蹴然辟位①。吴王曰："吾闻，齐君盖贼以僈②，野以暴，吾子容焉，何甚也？"

晏子遵循③而对曰："臣闻之，微事不通，粗事不能者，必劳；大事不得，小事不为者，必贫；大者不能致人，小者不能至人之门者，必困。此臣之所以仕也。如臣者，岂能以道食人者哉！"

晏子出，王笑曰："嗟乎！今日吾讥晏子，訾犹倮而高撅者也④。"

【译文】

晏子出使吴国，吴王说："我居住在僻远荒蛮的地方，很少接受君子品行方面的指教，私下请教您，请您不要见怪。"晏子恭敬地离开座位。吴王问："我听说，齐国的君主邪僻傲慢，粗野凶暴，您却能容忍，这太过分了吧？"

晏子犹豫不决地回答道："我听说，精细的事不精通，粗笨的事不会做的人，一定劳苦；大事做不来，小事不愿做的人，一定贫困；从大而言不能招揽人才，从小而言不肯依附到别人门下的人，一定困窘。这就是我出仕为官的原因。像我这样的人，岂能以道义来供养人啊！"

晏子出门后，吴王笑着说："哎呀！今天我讥讽晏子，就好比裸体的人责备撩起衣服的人。"

注 释

❶辟位：离开座位。古人席地而坐，离座起立，表示敬意。　❷贼：邪僻。僈：通"慢"，傲慢。　❸遵循：即"逡巡"，盖音近而讹，迟疑不敢向前的样子。循，原缺，据《指海》本补。　❹訾犹倮而高撅者也：孙星衍云："一本作'犹倮而訾高撅者'（《绎史》所引）。"译文从此。訾（zǐ），非议，诋毁。倮（luǒ），同"裸"，裸体。撅，通"撅"，撩起衣服。

司马子期问有不干君不恤民取名者乎
晏子对以不仁也第十八

题 解

司马子期求教晏子士之德行。晏子以"不仁"否定了"不干君，不恤民，徒居无为而取名者"，主张士人要"仁""行"一致、辅佐君主、惠及百姓，反对消极避世追求虚名。

【原 文】

司马子期①问晏子曰："士亦有不干君，不恤民，徒居无为而取名者乎？"

晏子对曰："婴闻之，能足以赡上益民而不为者，谓之不仁。不仁而取名者，婴未得闻之也。"

【译 文】

司马子期问晏子："士人中也有不管君主的事，不体恤民众，居闲无为而获得好名声的吗？"

晏子回答说："我听说，才能足以辅佐君主有益民众而不去做的人，是谓不仁。不仁而获得好名声的人，我还没有听说过。"

注 释

❶司马子期：楚平王的儿子公子结，字子期，司马是其官名。

高子问子事灵公庄公景公皆敬子晏子对以一心第十九

题　解

　　高子询问晏子为何事奉齐灵公、庄公、景公三君而都受敬重，是因为君主心意一致还是晏子之心多变。晏子通过回顾三君事迹而提出"一心可以事百君"，强调臣子不能只顾迎合君主好恶，而要以恒定的道义原则来事君，能行道则尽力，"言不用则退"，彰显其"守一而不阿"的臣道品格。

【原　文】

　　高子问晏子曰："子事灵公、庄公、景公，皆敬子。三君之心一邪？夫子之心三也？"

　　晏子对曰："善哉问！事君，婴闻，一心可以事百君，三心不可以事一君。故三君之心非一也，而婴之心非三心也。且婴之于灵公也，尽复而不能立之政，所谓仅全其四支以从其君者也。及庄公，陈武夫，尚勇力，欲辟胜于邪，而婴不能禁，故退而野处①。婴闻之，言不用者，不受其禄；不治其事者，

【译　文】

　　高子问晏子说："您事奉灵公、庄公、景公，他们都敬重您。这三位君主的心是一样的吗？还是您的心三个样子呢？"

　　晏子回答道："问得好啊！关于事奉君主，我听说，一心可以事奉上百位君主，三心不可以事奉好一位。所以三位君主并非有一样的心，而我的心也并非有三个样子。况且我对于灵公，尽力进言也不能被采用于政令，只能是保全自己的四肢来顺从君主罢了。到了庄公时，他安置武夫，崇尚勇力，欲望的偏执程度胜过一般的邪僻，而我不能制止，所以隐退于乡野。我听说，进言而不被采用，就不接受君主的俸禄；不能为君主治理政事，就不与其一起受难，

不与其难②，吾于庄公行之矣。今之君，轻国而重乐，薄于民而厚于养，籍敛过量，使令过任，而婴不能禁，庸知其能全身以事君乎！"

我对庄公就是这么做的。如今的君主，轻视国家治理而注重享乐，给民众的很微薄，而自我奉养丰厚，征收赋税超过了限度，役使百姓超过了他们的负担，而我不能制止，我哪里能知晓自己能否保全自身而去事奉君主呢！"

注 释

❶ 故退而野处：指齐庄公时，晏子曾辞官而东耕海滨一事，可参见《内篇杂上·庄公不说晏子晏子坐地讼公而归第一》。　❷ 不与其难：指齐庄公时发生崔杼之难，晏子不为之殉死、逃亡一事，可参见《内篇杂上·庄公不用晏子晏子致邑而退后有崔氏之祸第二》。

晏子再治东阿上计景公迎贺晏子辞第二十

题 解

晏子两次治理东阿政绩迥然，首治东阿时秉公行事、惠及百姓却遭斥责，再治东阿时"改道易行"循官场陋习、阿谀权贵而获赞扬。晏子直言敢谏，深刻揭批了官场腐败与君主壅蔽，终使景公悔悟。

【原文】

晏子治东阿，三年，景公召而数①之曰："吾以子为可，而使子治东阿，今子治而乱，

【译文】

晏子治理东阿，三年后，景公将他召回并数落他说："我认为您有才能，派您去治理东阿，如今您治理得

子退而自察也，寡人将加大诛于子。"晏子对曰："臣请改道易行而治东阿。三年不治，臣请死之。"景公许。

于是明年上计，景公迎而贺之曰："甚善矣，子之治东阿也！"晏子对曰："前臣之治东阿也，属托②不行，货赂不至，陂池之鱼，以利贫民。当此之时，民无饥，君反以罪臣。今臣后之东阿也，属托行，货赂至，并重赋敛，仓库少内，便事③左右，陂池之鱼，入于权宗。当此之时，饥者过半矣，君乃反迎而贺。臣愚，不能复治东阿，愿乞骸骨④，避贤者之路。"再拜，便辟。

景公乃下席而谢之曰⑤："子强⑥复治东阿。东阿者，子之东阿也，寡人无复与焉。"

混乱不堪，您退下自我反省，我要重重责罚您。"晏子回答说："请让我改变方法变革行为来治理东阿。如果三年后治理不好，我愿求一死。"景公答应了。

第二年晏子上报政绩，景公迎接他并祝贺道："你把东阿治理得太好了！"晏子回答道："过去我治理东阿的时候，嘱咐请托行不通，财物贿赂不接受，池塘里的鱼，用以帮助贫苦民众。那个时候，民众没有挨饿的，君主反而怪罪我。如今我治理东阿，接受私人嘱咐请托，收受财物贿赂，同时加重赋税，但很少纳入官府仓库，为左右之人行方便之事，池塘里的鱼，归入权贵之家。这个时候，饥饿的人超过半数，君主反而迎接祝贺我。我很愚笨，不能再治理东阿了，请求告老还乡，为贤能的人让开道路。"说完拜了两拜，便要退出。

景公于是离开坐席谢罪说："请您勉为其难再去治理东阿。东阿是您的东阿，我不再干涉了。"

注 释

❶ 数：责备，列举过错。　❷ 属托：嘱咐，请托。　❸ 便事：行以方便之事。　❹ 乞骸骨：请求使骸骨得归葬乡土，意谓请求告老还乡。　❺ 下席：离开坐席。谢：谢罪。　❻ 强：勉强，勉为其难。

太卜绐景公能动地晏子知其妄使卜自晓公第二十一

> **题解**
>
> 太卜向齐景公谎称"能动地"。晏子识破谎言后以钩星运行暗示地动是自然规律,不仅使太卜坦白免获欺君之罪,还消除了景公对"人能动地"的认知,彰显了晏子破除虚妄的理性精神、"忠上惠下"的仁者智慧及其"智圆行方"的处世哲学。

【原文】

景公问太卜①曰:"汝之道何能?"对曰:"臣能动地。"公召晏子而告之,曰:"寡人问太卜曰:'汝之道何能?'对曰:'能动地。'地可动乎?"晏子默然不对,出,见太卜曰:"昔吾见钩星在四心之间②,地其动乎?"太卜曰:"然。"晏子曰:"吾言之,恐子死之也;默然不对,恐君之惶也。子言,君臣俱得焉。忠于君者,岂必伤人哉?"晏子出,太卜走入见公,曰:"臣非能动地,地固将动也。"

【译文】

齐景公问太卜说:"你的道术能做什么?"太卜回答说:"我能使大地震动。"景公召见晏子并将这件事告诉他,说:"我问太卜:'你的道术能做什么?'他回答说:'能使大地震动。'大地可以被震动吗?"晏子沉默不答,退出后,见到太卜说:"夜里我看到钩星运行到房宿与心宿之间,大地恐怕要震动了吧?"太卜说:"是的。"晏子说:"如果我把这件事说出来,恐怕你会被处死;如果我沉默不答,又怕君主惶恐。你主动说出来,君臣都能得到保全。忠于君主,难道一定要伤害别人吗?"晏子离开后,太卜跑着入宫拜见景公,说:"我并不能使大地震动,是大地本来就要震动。"

陈子阳③闻之，曰："晏子默而不对者，不欲太卜之死也；往见太卜者，恐君之惶也。晏子，仁人也，可谓忠上而惠下也。"

陈子阳听说了这件事，说："晏子沉默不答，是不想让太卜被处死；去见太卜，是怕君主惶恐。晏子，有仁德的人啊，真称得上是忠于君主又施惠于臣民啊。"

注　释

❶太卜：官名，古代卜官之长，为殷六太之一。周时属春官，为卜官之长。秦汉有太卜令。北魏有太卜博士。北齐有太卜局丞。北周有太卜大夫。隋唐设太卜令。宋以太卜隶司天台，不置专官。　❷钩星：星名。四：即"驷"，房宿，苍龙七宿的第四宿，有四星。心：心宿，苍龙七宿的第五宿，有三星。　❸陈子阳：一作"田子阳"，人名，齐臣。

有献书谮晏子退耕而国不治复召晏子第二十二

题　解

晏子为相时，因选贤任能不阿君好而遭受专权轻慢的诬陷，隐退海滨七年，齐国衰乱后复被召回，使齐国恢复了国力。景公因乱悔悟，召回晏子复任以致诸侯宾服，凸显出"国以贤兴""任贤则治、失贤则乱"的治国之道。

【原文】

晏子相景公，其论人①

【译文】

晏子为齐景公之相时，在选拔人才

也，见贤而进之，不同君所欲；见不善则废之，不辟君所爱；行己②而无私，直言而无讳。有纳书者曰："废置不周③于君前谓之专，出言不讳于君前谓之易④。专易之行存，则君臣之道废矣，吾不知晏子之为忠臣也。"公以为然。

晏子入朝，公色不说，故晏子归，备载⑤，使人辞曰："婴故老悖⑥无能，毋敢服壮者事。"辞而不为臣，退而穷处，东耕海滨，堂下生藜藿⑦，门外生荆棘。七年，燕、鲁分争，百姓惛乱，而家无积。公自治国，权轻诸侯，身弱高、国。公恐，复召晏子。

晏子至，公一归七年之禄，而家无藏⑧。晏子立，诸侯忌其威，高、国服其政，燕、鲁贡职，小国时朝。晏子没而后衰。

方面，看见贤能的人就提拔他，不苟同于君主的想法；看见不善的人就废黜不用，不回避君主宠爱的人；立身行事没有偏私，直言而没有避讳。有上书进言的人说："废黜和选拔与君主不和的就叫作专断，对君主直言不讳就叫作轻视。专断轻视的行为存在，君臣之道就废除了，我不认为晏子是个忠臣。"景公认为他说得有道理。

晏子上朝，景公面露不悦，因此晏子回家后，装载好行李，派人向景公辞行曰："我确实年老糊涂没有能力，不敢再担任壮年人所担当的职务了。"于是辞职不做景公之臣，退官隐居，在东边的海滨耕种度日，居处的堂下生满野草，门外遍生荆棘。七年时间，燕国和鲁国相互争斗，百姓混乱不安，家中没有积蓄。景公亲自治国，权势被其他诸侯所轻视，自身地位弱于高氏、国氏。景公恐慌，又召晏子回来。

晏子回来后，景公把七年的俸禄一起给他，而晏子家中仍一无所藏。晏子立于朝堂之上，诸侯忌惮他的威望，高氏、国氏服从他的政令，燕国、鲁国前来进贡，其他小国也时常来朝见。晏子死后齐国才逐渐衰败。

注释

❶ 论人：选拔人才。　❷ 行己：立身行事。　❸ 周：于鬯云："'周'盖读

为'调'，'调'谐'周'声，例当通借。《说文·言部》云：'调，和也。'"故"周"即调和、协调之意。　❹易：轻慢，轻视。　❺备载：尽装载，满装载。此处意为用车装载自己的行李。　❻老悖：年老糊涂。　❼藜（lí）藿：一般百姓所吃的野菜。　❽而家无藏：谓晏子家中一无所藏，都分给了穷困的人。

晏子使高纠治家三年而未尝弼过逐之第二十三

题解

高纠为晏子治家三年而被辞退，傧者质疑晏子并询问其高纠有何罪。晏子则称"仄陋之人需左右弼过"，指出身边的人应当"举四维"以正己过，否则就是失职，彰显了晏子重视谏过修身的治家理念与辅君匡过的责任意识。

【原文】

晏子使高纠治家，三年而辞焉。傧者谏曰："高纠之事夫子三年，曾无以爵位而逐之，敢请其罪。"

晏子曰："若夫方立之人①，维圣人而已。如婴者，仄陋②之人也。若夫左婴右婴之人，不举，四维③将不正。今此子事吾三年，未尝弼吾过也，吾是以辞之。"

【译文】

晏子让高纠管理家中事务，三年后辞退了他。负责接待的傧者劝道："高纠事奉先生三年，未曾给他一个官职还把他辞退了，请问他有什么罪过？"

晏子说："能够以道义立身的人，只有圣人而已。像我这样的，是浅陋卑微的人。如果我左右的侍从，不能宣扬礼义廉耻，礼义廉耻将得不到端正。如今高纠事奉了我三年，却不曾帮助我改正过失，因此我辞退了他。"

注 释

❶ 方立之人：以道立身的人。方，道。　❷ 仄陋：浅陋，卑微。　❸ 四维：古代将礼义廉耻作为治国的四种纲纪，称之为"四维"。

景公称桓公之封管仲益晏子邑辞不受第二十四

题 解

齐景公想效仿先君齐桓公封赏管仲来封赏晏子以彰显恩宠，而晏子则据"圣王论功而赏贤"坚辞不受。晏子认为赏赐要以功绩为尺度，反对君主私赐或世袭恩宠，并警示过度赏赐会危及国家财用，彰显了晏子"功赏相称"的德治思想及其"重公义轻私恩"的贤臣品格。

【原 文】

景公谓晏子曰："昔吾先君桓公，予管仲狐与穀①，其县十七，著之于帛，申之以策，通之诸侯，以为其子孙赏邑。寡人不足以辱②而先君，今为夫子赏邑，通之子孙。"

晏子辞曰："昔圣王论功而赏贤，贤者得之，不肖者失之，御德③修礼，无有荒

【译 文】

齐景公对晏子说："从前我的先君桓公，赏赐狐地和穀地给管仲，两地有十七个县，他将诏命写在丝帛上，并在简策上记录下来，通报诸侯，作为给他子孙的封赏领地。我不能辱没您的先君，现在赏给您一些城邑，留传及您的子孙。"

晏子推辞道："过去圣明的君王通过评定功劳来赏赐贤德的人，贤德的人得到赏赐，不贤的人失去赏赐，增进德行、修养礼仪，没有懈怠。如今我事奉君主仅能做到没有过错，子孙怎么适宜受到

息。今事君而免于罪者，其子孙奚宜与焉？若为齐国大夫者必有赏邑，则齐君何以共其社稷与诸侯币帛？婴请辞。"遂不受。

封赏呢？如果做了齐国大夫就一定得到封赏的城邑，那么齐国君主拿什么来供给国家祭祀和诸侯交往所需要的钱财布帛呢？我请求辞谢封赏。"最终没有接受。

注 释

❶狐、穀：均为齐国地名。　❷辱：辱没。　❸御德：增进德行。

景公使梁丘据致千金之裘晏子固辞不受第二十五

题 解

齐景公要赏赐晏子"狐之白裘"和"玄豹之茈"。晏子以"君服之上，婴服之于下，不可以为教"为由多次坚辞不受，并阐明君臣服饰要符合礼制，避免奢靡而上行下效，展现了晏子"戒奢尚俭""以礼为教"的高尚品格与治国理念。

【原文】

景公赐晏子狐之白裘❶，玄豹之茈❷，其赀❸千金，使梁丘据致之。晏子辞而不受，三反。公曰："寡人有此二，将欲服之，今夫子不受，寡

【译文】

齐景公赐给晏子一件白狐皮制成的皮衣，上面有黑色豹子皮的镶边，价值千金，派梁丘据去送给晏子。晏子推辞而不接受，来回了多次。景公说："我有两件这样的皮衣，打算穿上它，如今您不肯接受，我也不敢穿了。与其把它封

人不敢服。与其闭藏之，岂如弊之身乎？"晏子曰："君就赐，使婴修百官之政。君服之上，而使婴服之于下，不可以为教。"固辞而不受。

藏起来，还不如把它穿坏呢？"晏子说："君主已经恩赐我了，让我主持百官的政务。君主在上面穿这样的皮衣，而让我在下面也穿这样的皮衣，就不能以身为教了。"坚决推辞而不接受。

注 释

❶狐之白裘：白色狐皮制成的皮衣。　❷玄：原作"元"，为避康熙皇帝名玄烨之讳而改。茈：于鬯云："'茈'盖本作'芘'。'芘'者，'纰'之借字也。《尔雅·释言》：'纰，饰也。'《广雅·释诂》云：'纰，缘也。'"据此，"茈"即衣冠的镶边。　❸赍：价值，价位。

晏子衣鹿裘以朝景公嗟其贫晏子称有饰第二十六

题 解

　　齐景公因晏子身为齐相却衣着简陋上朝而叹其贫寒。晏子以"顾人而后衣食""顾人而后行"自辩，反对只顾个人享受，强调要以照顾他人为先，凸显了晏子"以俭为饰""克己顾人"的美德与节操。

【原 文】

晏子相景公，布衣鹿裘以朝①。公曰："夫子之家，若此其贫也，是奚衣之恶也！寡人

【译 文】

晏子为齐景公之相，穿着布衣粗皮袄上朝。景公说："先生的家境，如此贫穷，怎么穿得如此破旧呢！我

不知，是寡人之罪也。"

　　晏子对曰："婴闻之，盖顾人而后衣食者，不以贪味为非；盖顾人而后行者，不以邪僻为累。婴不肖，婴之族又不如婴也，待婴以祀其先人者五百家，婴又得布衣麑裘①而朝，于婴不有饰②乎？"再拜而辞。

不知道您的情况，这是我的罪过啊。"

　　晏子回答说："我听说，先看看他人而后再穿衣吃饭的人，就不会贪图衣食使自己有过错；先看看他人而后再行动的人，就不会有邪僻的行为拖累自己。我不贤，我的族人又不如我，等待我的接济来祭祀祖先的有五百家，我又能得布衣粗皮袄穿着上朝，对我来说不是已经穿得很好了吗？"说完拜了两拜就告辞离开了。

注　释

　　❶ 布衣：麻布衣服，代指粗衣。麑裘：鹿皮做的大衣，常用为丧服和隐士之服。　❷ 有饰：有所装饰。饰，装点得好看，句意为对比族人而言，衣饰已经不错了。

仲尼称晏子行补三君而不有果君子也第二十七

题　解

　　孔子初以晏子历仕齐灵公、庄公、景公三朝，针对三君"污""壮""奢"之弊因时为政而赞其为君子，又因其"善不通下"而诋其为"细人"。晏子则以宗族祭祀、周济寒士表白初心，终获孔子赞称"君子"。

【原　文】

　　仲尼曰："灵公污，晏子

【译　文】

　　孔子说："齐灵公行为污秽，晏子

事之以整齐①；庄公壮，晏子事之以宣武②；景公奢，晏子事之以恭俭，君子也！相三君而善不通下，晏子，细人也！"

晏子闻之，见仲尼曰："婴闻君子有讥③于婴，是以来见。如婴者，岂能以道食人者哉！婴之宗族待婴而祀其先人者数百家，与齐国之闲士待婴而举火④者数百家。臣为此仕者也。如臣者，岂能以道食人者哉！"

晏子出，仲尼送之以宾客之礼，再拜其辱。反，命门弟子曰："救民之姓⑤而不夸，行补三君而不有⑥，晏子，果君子也！"

用合乎礼制的行为事奉他；齐庄公崇尚武力，晏子用合乎礼制的尚武之仪事奉他；齐景公奢侈，晏子以恭谨俭约事奉他，晏子是个君子啊！辅佐三位君主但善政不能下达于百姓，晏子，见识浅薄的人啊！"

晏子听说了，去见孔子说："我听说您对我有所议论，因此前来拜见。像我这样的人，岂能以道义来供养人呢！我的家族中等待我的接济来祭祀祖先的有数百家，齐国的隐居之士中等待我的救助而生火做饭的有数百家。我是为了这些才从政的。像我这样的人，岂能以道义来供养人呢！"

晏子告辞，孔子以贵宾之礼相送，拜了两拜感谢晏子屈尊光临。孔子回去后，教诲门下弟子说："救助民众的性命而不自夸，行为对三位君主有所补益而不居功自傲，晏子，果然是个君子啊！"

注　释

❶整齐：使整齐，此处意为用合乎礼制的行为规范齐灵公。　❷宣武：宣扬威武，此处意为用合乎礼制的尚武之仪规劝齐庄公。　❸讥：议论，评论。
❹举火：生火做饭。　❺姓：通"性"，性命。　❻有：据有，此处意为居功自傲。

外篇不合经术者第八

仲尼见景公景公欲封之晏子以为不可第一

题 解

　　齐景公要封赏来齐觐见的孔子，晏子却极力反对。晏子强调以民为本、务实治国，他从孔子的品性、治国主张到学说影响，如倨傲难以化民，好乐轻视民生等方面，深入批驳孔子"破民贫国""淫愚其民"。最终景公采纳了晏子的谏言，不再封赐问道。

【原 文】

　　仲尼之齐，见景公。景公说之，欲封之以尔稽^①，以告晏子。晏子对曰："不可。彼浩裾自顺^②，不可以教下；好乐缓^③于民，不可使亲治；立命而建事，不可使守职^④；厚葬破民贫国，久丧道哀^⑤费日，不可使子民；行之难者在内，而传者无^⑥其外，故异于服，勉于容，不可以道众而驯^⑦百

【译 文】

　　孔子到齐国去，拜见齐景公。景公很高兴，想把尔稽这块土地封给他，就把这个想法告诉了晏子。晏子回答说："不行。他傲慢不恭、只顺从自己的想法，这是不能教育臣民的；他喜爱礼乐而放任民众，不能让他亲自治民；他安于天命、怠慢政事，不可以让他担任职务；他主张厚葬、浪费民众的钱财使得国家日益贫困，丧葬持续时间久、过度哀伤，浪费时间，不能让他管理民众；最难做的事是改变人的思想，但是传播他的思想的人只注重追求外在的修饰，所以总有身着奇装异服，尽力修饰自己容貌的人，这样的人不能引导大

姓。自大贤之灭，周室之卑也，威仪加多，而民行滋薄；声乐繁充，而世德滋衰。今孔丘盛声乐以侈世，饰弦歌鼓舞以聚徒，繁登降之礼以示仪⑧，趋翔之节⑨以观众；博学不可以仪世，劳思不可以补民；兼寿⑩不能殚其教，当年⑪不能究其礼，积财不能赡其乐，繁饰邪术以营世君，盛为声乐以淫愚其民。其道也，不可以示世；其教也，不可以导民。今欲封之，以移齐国之俗，非所以导众存民也。"

公曰："善。"于是厚其礼而留⑫其封，敬见不问其道，仲尼乃行。

众、教化百姓。自圣贤殒灭后，周王室逐渐衰微，威严的礼仪日益烦琐，民众的行为却逐渐轻薄；歌舞礼乐日益冗繁，世风德行却日渐衰微。如今孔丘以盛大的音乐使世间奢侈之风渐行，依托弦乐歌声、击鼓舞蹈而聚集徒众，用烦琐的登阶下阶进退揖让之礼来显示仪节，致力于践行礼仪规定的步伐来给众人示范；他十分博学但是不能成为大家的表率，劳心劳神却对民众没有益处；人们寿命增加一倍都学不完他的学说，学到壮年也无法明白他的礼，积聚的钱财也不够那些礼乐的消耗，他只会繁饰邪术来迷惑当朝国君，无节制地制作音乐来愚惑民众。他的道理，不可以显露于世；他的学说，不能够引导民众。如今您想赐予他封地，改变齐国的风俗，不是引导民众、留下民众的方法。"

齐景公说："说得好。"于是赠给孔子十分丰厚的礼物而不给他封赏，十分尊敬地接见他却不向他请教治国策略，于是孔子就离开了。

注 释

❶ 尔稽：齐国地名。孙星衍云："《墨子》作'尼谿'。'尼''尔'，'稽''谿'，声皆相近。" ❷ 浩裾：即傲倨，傲慢不恭。自顺：顺从自己的想法而不听从别人的建议。 ❸ 缓：放松，放任。 ❹ 不可使守职：不能让他尽职，即不给他担任职务的意思。使，原缺，据《指海》本补。守职，尽职，坚守工作岗位。 ❺ 道衰：过度哀伤，难以停止。王念孙《读书杂志》云："'道'当为'遁'字之误也，'遁'与'循'同。《墨子·非儒》篇曰：'宗丧循哀，不可使

慈民。'文义正与此同……'循'之言'遂'也。'遂哀',谓哀而不止也。" ❻ 无:通"妩",姿态美好。 ❼ 驯:通"训",教化,治理。 ❽ 登降之礼:登阶下阶进退揖让之礼。以示仪:原缺,孙星衍云:"《墨子》下有'以示仪'三字。"今据补。 ❾ 趋翔之节:行走的步伐,这里指走路的礼仪。趋翔,疾行及腾跃。 ❿ 兼寿:寿命增加一倍。 ⓫ 当年:壮年。 ⓬ 留:保留。这里的意思是不赐予。

景公上路寝闻哭声问梁丘据晏子对第二

题 解

齐景公听说孔子弟子鞠语明礼乐、厚葬母亲并服丧三年,非常赞赏。晏子却谏言批判"饰礼烦事""美乐淫民""崇死害生"等"三邪"耗费民力,强调君主要明辨是非、以民为本、注重实效,彰显了晏子务实的治国理念。

【原文】

景公上路寝,闻哭声,曰:"吾若闻哭声,何为者也?"梁丘据对曰:"鲁孔丘之徒鞠语①者也。明于礼乐,审于服丧,其母死,葬埋甚厚,服丧三年,哭泣甚疾。"公曰:"岂不可哉?"而色说之。

晏子曰:"古者圣人,

【译文】

景公走上正殿时,听到了哭声,说:"我好像听到了哭声,这是谁在哭呢?"梁丘据回答说:"这是鲁国孔丘的徒弟鞠语。他明习礼乐,精熟服丧制度,他的母亲死了,举行的丧葬之礼很隆重,并且他将为母亲服丧三年,哭得十分伤心。"景公说:"这难道不值得称赞吗?"说着面露喜悦之色。

晏子说:"古代的圣人,不是不知道可以丰富登阶下阶进退揖让之礼,制定非不知能繁登降之礼，制规矩之节，行表缀之数以教民②，以为烦人留日，故制礼不羡于便事；非不知能扬干戚钟鼓竽瑟③以劝众也，以为费财留工，故制乐不羡于和民；非不知能累世殚国④以奉死，哭泣处哀以持久也，而不为者，知其无补死者而深害生者，故不以导民。今品人⑤饰礼烦事，羡乐淫民，崇死以害生。三者，圣王之所禁也。贤人不用，德毁俗流，故三邪得行于世。是非贤不肖杂，上妄说邪，故好恶不足以导众。此三者，路⑥世之政，单⑦事之教也。公曷为不察，声受而色说之？"

各种规矩法度，推行堪为表率的礼仪来教导民众，但是他们认为这些烦琐又浪费时间，因此他们制定礼仪以方便行事为度；并不是不懂得可以用干戚、钟鼓、琴瑟等来激励民众，而是认为这些会浪费钱财、耽搁时日，因此他们制定音乐舞蹈以调和民心为度；不是不懂得要耗费心力、国力来厚待逝者，服丧期间要长时间悲痛哭泣，之所以不这样做，是因为他们知道这样对死者没有什么好处而且会深深伤害活着的人，所以他们不用这些来教导民众。如今的众人都追求虚饰礼仪而不顾烦琐，纵情音乐惑乱民心，崇敬死者却伤害生者。这三个方面，都是圣王禁止的。不任用贤能的人，美好的德行毁灭，奢侈的风俗兴起，所以三种邪行流传于世。是非不明、贤者与不贤的人混用，君上愚妄地喜欢邪僻风气，因此君主的好恶不足以引导民众。这三种情况，是败坏世风的政治，危害事业的教条。您为什么不明察，听到哭声就面露喜悦之色呢？"

注　释

❶鞠（jū）语：姓鞠名语，孔子弟子。　❷表缀：古代树立在田间的标木。上挂毛皮，用以表示分界。这里引申为表率。《大戴礼记·曾子制言》："（伯夷、叔齐）言为文章，行为表缀于天下。"孔广森注曰："表缀，言为人准望也。凡树臬以著位曰表，舞列之表曰缀。"数：礼数，规则。　❸干戚钟鼓竽瑟：古代

在随音乐起舞时拿着的工具，这里泛指音乐舞蹈。　❹累世殚国：竭尽历代国家所积累的财力。　❺品人：众人。《说文》："品，众庶也。"　❻路：通"露"，败坏。　❼单：原作"道"，据《指海》本改，通"瘅"，危害。

仲尼见景公景公曰先生奚不见寡人宰乎第三

题 解

　　齐景公想让游于齐的孔子见晏子，孔子却因"晏子事三君而得顺"，暗指其"有三心"而拒见。晏子听说后，向景公辩驳自己非有"三心"，而是因自己顺应三位君主均以国安为目标的治国之心，故与三君和谐相处，强调臣子要协助君主务实治国、因时制宜，不能拘泥于刻板的道德形式。

【原 文】

　　仲尼游齐，见景公。景公曰："先生奚不见寡人宰①乎?"仲尼对曰："臣闻晏子事三君而得顺焉，是有三心，所以不见也。"

　　仲尼出，景公以其言告晏子，晏子对曰："不然。婴为三心②，三君为一心故。三君皆欲其国之安，是以婴得顺也。婴闻之，是而非之，非而是之，犹非也。孔丘必据处此

【译 文】

　　孔子周游到了齐国，朝见齐景公。景公说："先生为什么不见我的宰相呢?"孔子回答说："我听说晏子事奉了三位君主却都能顺服他们，可见他有三心，所以我不想见他。"

　　孔子出去后，景公把孔子说的话告诉了晏子，晏子回答说："不是这样的。不是我有三心，而是三位君主一条心的原因啊。三位君主都想让国家安定，因此我都能够顺服。我听说，本来是对的却说不对，本来是不对的却说对，这两种情形都是不对的。孔丘一定处于这两种情形中的

一心矣③。"   一种。"

注释

❶宰：古代官名，辅佐国君处理诸般事宜的百官之长。《穀梁传·僖公九年》云："天子之宰，通于四海。"   ❷婴为三心：黄以周云："王云'婴'上当有'非'字。上篇云'婴之心非三心也'。"译文从此。   ❸孔丘必据处此一心矣：依上下文意，"心"字疑衍。又《孟子·公孙丑下》："前日之不受是，则今日之受非也。今日之受是，则前日之不受非也。夫子必居一于此矣。"整句意思是孔子一定处于以上两种情形的一种。

仲尼之齐见景公而不见晏子子贡致问第四

题 解

孔子到齐国时，质疑晏子"事三君而顺"是为人德行有亏，所以拒绝相见。晏子得知后，辩称自己是以忠诚之心事君，并以孔子周游列国的困境指其妄加非议。孔子听后自省致歉，终与晏子相见。本章彰显了晏子睿智务实的政治智慧，也展现了孔子坚守儒家道德准则之心。

【原文】

仲尼之齐，见景公而不见晏子。子贡曰："见君不见其从政者，可乎？"仲尼曰："吾闻晏子事三君而顺焉，吾疑其为人。"

【译文】

孔子到齐国去，朝见了景公却没有会见晏子。子贡说："朝见君主而不会见他的辅政大臣，这样可以吗？"孔子说："我听说晏子事奉了三位君主却都能够顺服他们，我怀疑他的为人。"

晏子闻之，曰："婴则齐之世民也，不维其行，不识其过，不能自立也。婴闻之，有幸见爱，无幸见恶。诽誉①为类，声响相应，见行而从之者也。婴闻之，以一心事三君者，所以顺焉；以三心事一君者，不顺焉。今未见婴之行，而非其顺也。婴闻之，君子独立不惭于影，独寝不惭于魂。孔子拔树削迹②，不自以为辱；穷陈蔡③，不自以为约。非人不得其故。是犹泽人之非斤斧，山人之非网罟也，出之其口，不知其困④也。始吾望儒而贵之，今吾望儒而疑之。"

仲尼闻之曰："语有之：'言发于尔⑤，不可止于远也；行存于身，不可掩于众也。'吾窃议晏子而不中⑥夫人之过，吾罪几矣。丘闻，君子过人以为友，不及人以为师。今丘失言于夫子，讥之⑦，是吾师也。"因宰我⑧

晏子听到这件事后，说："我世世代代都是齐国的子民，如果不能保持自己的品行，不能检讨自己的过错，就不能够自立于世。我听说，幸运的人会被喜欢，不幸运的人会被厌恶。毁谤和赞誉以类相从，声音和回声相互呼应，看见相应的行为会有相应的毁谤和赞誉。我听说，用一心事奉三位君主的，就会顺服他们；用三心事奉一位君主的，不会顺服他。如今没有看见我的行为，就指责我顺服君主。我听说，君子独自站立时对自己的影子问心无愧，独自就寝时对自己的魂魄也问心无愧。孔子在树下讲学，被人拔掉大树，仓促逃跑，自己也不觉得屈辱；在陈国、蔡国间绝粮之时，自己也不觉得窘迫。指责他人时却不顾事情原委。这就好比居住在大泽旁边的人指责砍柴的斧头，居住在山上的人指责捕鱼的网一样，从他们自己口中说出来的话，他们却不知道自己的局限和无知。原先我看到儒者就十分尊敬，现在我看见儒者却要怀疑他们了。"

孔子听到这件事后说："俗话说：'在近处说的话，无法禁止它传到远处；在自己身上发生的行为，无法在众人眼里掩盖。'我私下里议论晏子却没有准确切中他的过错，我真是有罪啊。我听说，君子把不如自己的人当作朋友，把超过自己的人当作老师。如今我在晏夫子的问题上说错了话，夫子批评了我，他是我的老师啊。"于是让宰我去向晏子道歉，然后孔

而谢焉，然仲尼见之。 | 子会见了晏子。

注 释

❶诽誉：原作"诽谤"，黄以周云："元刻作'诽誉'。""诽誉"于文意更通，故据改。 ❷孔子拔树削迹：孔子在树下讲学，被人拔掉大树，仓促逃跑。《史记·孔子世家》："孔子去曹适宋，与弟子习礼大树下。宋司马桓魋欲杀孔子，拔其树。孔子去。弟子曰：'可以速矣。'孔子曰：'天生德于予，桓魋其如予何！'" ❸穷陈蔡：在陈国、蔡国之间十分窘迫。《史记·孔子世家》："孔子迁于蔡三岁，吴伐陈。楚救陈，军于城父。闻孔子在陈蔡之间，楚使人聘孔子。孔子将往拜礼，陈蔡大夫谋曰：'孔子贤者，所刺讥皆中诸侯之疾。今者久留陈蔡之间，诸大夫所设行皆非仲尼之意。今楚，大国也，来聘孔子。孔子用于楚，则陈蔡用事大夫危矣。'于是乃相与发徒役围孔子于野。不得行，绝粮。" ❹困：局限，无知。 ❺尔：通"迩"，近。 ❻中：准确切中。 ❼讥之：这里指晏子批评孔子，《指海》本作"夫子讥之"。 ❽宰我：孔子学生，亦名"宰予"，字子我，春秋末鲁国人。

景公出田顾问晏子若人之众有孔子乎第五

题 解

齐景公打猎时询问晏子，在众人中是否有像孔子那样的人。晏子含蓄指出孔子不及舜，他认为孔子是"行一节"者，即只是在某方面有德行，而舜能在民众、君子等不同群体中齐平，甚至与圣人同列。本章通过孔子与舜的对比，彰显了晏子对理想人格与卓越才能的推崇。

【原 文】

景公出田，寒，故以为浑①，犹顾而问晏子曰："若人之众，则有孔子焉乎？"

晏子对曰："有孔子焉则无，有若舜焉则婴不识。"

公曰："孔子之不逮舜为间②矣，曷为'有孔子焉则无，有若舜焉则婴不识'？"

晏子对曰："是乃孔子之所以不逮舜。孔子，行一节者③也，处民之中，其过之识，况乎处君子④之中乎！舜者，处民之中，则自齐乎士；处君子之中，则齐乎君子；上与圣人，则固圣人之林也。此乃孔子之所以不逮舜也。"

【译 文】

齐景公外出打猎，天气十分寒冷，故意装出很温暖的样子，回头问晏子："在这么多人中，有像孔子那样的人吗？"

晏子回答说："像孔子那样的人是没有的，像舜那样的人有没有我就不知道了。"

景公说："孔子差舜一大截呢，怎么说'像孔子那样的人是没有的，像舜那样的人有没有我就不知道了'这样的话呢？"

晏子回答说："这就是孔子之所以不如舜的地方。孔子，只是在某方面有舜的德行，在民众之中，尚能看到他的过人之处，何况在君子之中呢！舜，在民众之中，就和普通士人一样；在君子之中，就和君子一样；与圣人们在一起时就与圣人一样了，因为他本来就已经列于圣人之林了。这就是孔子之所以不如舜的地方。"

注 释

❶浑：孙星衍云："此'温'字假音。"据此，"浑"通"温"，温暖。　❷间 (jiàn)：隔阂，差距。　❸行一节者：意为孔子只是在某方面有舜的德行。　❹子：原缺，据《指海》本补。

仲尼相鲁景公患之晏子对以勿忧第六

题 解

　　齐景公担忧"孔子相鲁"之患。晏子设"阴重孔子，设以相齐"之计，先是让孔子因齐相之许而被"诱离"鲁国，后让景公在孔子离鲁至齐时拒绝接纳，使孔子"绝于鲁，无主于齐"，受困在陈蔡之间，展现出道德理想在乱世中无法完全实现的困境。

【原文】

　　仲尼相鲁①，景公患之，谓晏子曰："邻国有圣人，敌国之忧也。今孔子相鲁，若何？"

　　晏子对曰："君其勿忧。彼鲁君，弱主也；孔子，圣相也。君不如阴重孔子，设②以相齐。孔子强谏而不听，必骄鲁而有齐，君勿纳也。夫绝于鲁，无主于齐，孔子困矣。"

　　居期年，孔子去鲁之齐，景公不纳，故困于陈蔡之间。

【译文】

　　孔子为鲁国之相，齐景公有些担忧，对晏子说："邻国有了圣人，与他们敌对的国家就有忧患了。如今孔子在鲁国为相，我们该怎么办？"

　　晏子回答说："您不要担忧。那个鲁国的君主，是一位软弱的君主；孔子，是圣明的相国。您不如私下里表示对孔子的看重，假意安排他来齐国为相。孔子强烈地向鲁国国君进谏而鲁国国君不听从，他必然轻视鲁国而投奔齐国，您到时候不要接纳他。孔子既与鲁国断绝了关系，又在齐国没有君主，他就陷入窘迫之中了。"

　　过了一年，孔子离开鲁国到达齐国，景公没有接纳他，因此就被困在陈国和蔡国之间了。

注 释

❶ 仲尼相鲁：《史记·孔子世家》："定公十四年，孔子年五十六，由大司寇行摄相事，有喜色。"据此，孔子在定公十四年（公元前 496 年）任鲁国之相。而《史记·齐太公世家》云："四十八年……景公惭，乃归鲁侵地以谢，而罢去。是岁，晏婴卒。"可知，晏子卒于齐景公四十八年（公元前 500 年），即鲁定公十年。因此，孔子担任鲁国之相时，晏子已经去世四年，此文殊不足信，疑为后人虚构。　❷ 设：安排，筹划。

景公问有臣有兄弟而强足恃乎晏子对不足恃第七

题 解

　　齐景公请教晏子可否依靠强势的臣子或兄弟而避免国家危亡，在晏子均言"不足恃"时他怒而追问。晏子以商汤、夏桀失国之鉴，证明将国家安危寄托于强势臣子或兄弟不可靠，寓意君主要注重修身、完善内政、凝聚民心。

【原 文】

　　景公问晏子曰："有臣而强，足恃①乎？"

　　晏子对曰："不足恃。"

　　"有兄弟而强，足恃乎？"

　　晏子对曰："不足恃。"

　　公忿然作色曰："吾今有恃乎？"

【译 文】

　　齐景公问晏子说："有实力强大的臣子，我足够依靠他吗？"

　　晏子回答说："不足依靠。"

　　"有实力强大的兄弟，我足够依靠他吗？"

　　晏子回答说："不足依靠。"

　　景公愤然变了脸色说："我现在有什么可以依靠呢？"

晏子对曰："有臣而强，无甚如汤；有兄弟而强，无甚如桀。汤有弑其君，桀有亡其兄，岂以人为足恃哉，可以无亡也？"

晏子回答说："要论有实力强大的臣子，没有人能超过成汤；要论有实力强大的兄弟，没有人能超过夏桀。成汤有弑杀君主的行为，夏桀有流放兄长的行为，怎么能认为有了足够依靠的人，就不会亡国了呢？"

注 释

❶ 恃：依赖，依靠。

景公游牛山少乐请晏子一愿第八

题 解

齐景公在牛山游玩时，邀晏子许愿取乐。晏子所提出的三愿，蕴含着深刻的政治洞察与人文关怀，彰显出晏子对理想君臣、家庭与社会关系的深刻思考。

【原 文】

景公游于牛山，少乐，公曰："请晏子一愿。"晏子对曰："不①，婴何愿？"公曰："晏子一愿。"对曰："臣愿有君而见畏，有妻而见归，

【译 文】

齐景公在牛山游玩，缺少乐趣，景公说："请晏子说个心愿吧。"晏子回答说："还是算了吧，我能有什么心愿？"景公说："晏子还是说个心愿吧。"晏子回答说："我希望有个值得敬畏的君主，有个可以嫁给我的妻子，有个可以继承

有子而可遗②。"

公曰:"善乎,晏子之愿!载③一愿。"晏子对曰:"臣愿有君而明,有妻而材④,家不贫,有良邻。有君而明,日顺婴之行;有妻而材,则使婴不忘;家不贫,则不愠朋友所识⑤;有良邻,则日见君子。婴之愿也。"

公曰:"善乎,晏子之愿也!"晏子对曰:"臣愿有君而可辅,有妻而可去,有子而可怒。"公曰:"善乎,晏子之愿也!"

我德行的儿子。"

景公说:"晏子的心愿太好了!您再说一个心愿吧。"晏子回答说:"我希望有个圣明的君主,有个能干的妻子,家里不贫困,有个好邻居。有个圣明的君主,这样我每天都能顺从君主的意愿行事;有个能干的妻子,能使我不会忘记她;家里不贫困,就不会让自己认识的朋友怨恨;有个好邻居,就可以每天都能看见君子。这就是我的心愿。"

景公说:"晏子的心愿太好了!"晏子回答说:"我希望有个可以辅佐的君主,有个可以把她赶走的妻子,有个可以对他发怒的儿子。"景公说:"晏子的心愿太好了!"

注 释

❶ 不(fǒu):通"否",不要,算了。　❷ 遗:留给,赠送。此处当为继承、传承。　❸ 载:通"再",再一次。　❹ 材:通"才",才能,才干。　❺ 不愠朋友所识:不会让自己认识的朋友怨恨。愠,愠怒。

景公为大钟晏子与仲尼柏常骞知将毁第九

题 解

晏子、孔子、柏常骞三人见到齐景公铸造的大钟,都预言钟会毁坏而后果然应验。面对景公的质询，晏子从礼制维度进行道德批判，将钟毁归因于"非礼"，而孔子从科学维度的声学原理进行物理分析，柏常骞则从术数维度进行阐释，生动展现了礼制、科学、术数等多元思想的碰撞。

【原文】

景公为大钟，将县①之。

晏子、仲尼、柏常骞三人朝，俱曰："钟将毁。"冲②之，果毁。

公召三子者而问之。

晏子对曰："钟大，不祀先君而以燕，非礼，是以曰钟将毁。"

仲尼曰："钟大而县下③，冲之，其气下回而上薄④，是以曰钟将毁。"

柏常骞曰："今庚申，雷日也，音莫胜于雷，是以曰钟将毁也。"

【译文】

齐景公造了一口大钟，将要悬挂起来。

晏子、孔子、柏常骞三人前来朝见景公，都说："这口大钟将会毁坏。"猛烈地撞击它，果然毁坏了。

景公召来三人询问原因。

晏子回答说："钟如此之大，不用来祭祀先君而用来宴饮娱乐，这不符合礼制，所以说钟将会毁坏。"

孔子说："钟很大却悬挂得很低，猛烈地撞击它，钟内的气流在下方回旋然后向上迫近，所以说钟将会毁坏。"

柏常骞说："今天是庚申日，是打雷的日子，撞击的钟声不能超过雷声，所以说钟将会毁坏。"

注 释

❶县：通"悬"，悬挂。　❷冲：猛烈地撞击。　❸下：下方，低处。　❹薄：迫近，压迫。

田无宇非晏子有老妻晏子对以去老谓之乱第十

题解

　　田无宇讥讽"位为中卿""食田丰厚"的晏子还与头发斑白、衣着简朴的老妻相伴，晏子却严辞反驳，指出因为地位和财富的改变而抛弃老妻是悖乱、贪恋年少美色是淫邪，展现了晏子作为一位政治家重义守伦、正直睿智的高洁品格。

【原文】

　　田无宇见晏子独立于闺①内，有妇人出于室者，发班白②，衣缁布之衣而无里裘。

　　田无宇讥之曰："出于室何为者也③？"

　　晏子曰："婴之家④也。"

　　无宇曰："位为中卿⑤，田七十万，何以老为妻？"

　　对曰："婴闻之，去老者，谓之乱；纳少者，谓之淫。且夫见色而忘义，处富贵而失伦，谓之逆道。婴可以有淫乱之行，不顾于伦，逆古之道乎？"

【译文】

　　田无宇看见晏子独自一人站在内室，有一个妇人从内室走出来，头发花白，身穿黑色布衣且里面没有皮衣。

　　田无宇讥笑道："从内室走出来的那个人是谁？"

　　晏子说："那是我的妻子。"

　　田无宇说："您位列中卿，有七十万钟的食禄，为什么还要这么老的妻子呢？"

　　晏子回答说："我听说，抛弃年老的妻子，叫作乱；纳娶年轻的，叫作淫。况且看见美色就忘了道义，处于富贵就失去伦常，叫作违背道义。我难道可以有淫乱的行为，不顾及伦常，违背自古以来的道义吗？"

注 释

❶闺：女子居住的内室。　❷班白：头发黑白相杂，谓年老。班，通"斑"。　❸何为者也：原作"为何者也"。王念孙曰："当作'何为者也'，言此出于室者，何等人也。今本作'为何者也'，则文不成义。《韩诗外传》正作'何为者也'。"　❹家：妻子。　❺中卿：即亚卿，古官名。周制，卿分上、中、下三级，次者为中卿。

工女欲入身于晏子晏子辞不受第十一

题 解

有位自称来自东城外的平民工女自荐想成为晏子的姬妾，晏子却以古政"士农工商异居，男女有别"的"礼治"传统而反思自己的行为是否不当，坚称自己作为辅政者不能因好色而丧失廉耻，展现出晏子坚守礼法、修身自律的严正态度。

【原 文】

有工女托于晏子之家焉者①，曰："婢妾，东郭之野人也②，愿得入身，比数③于下陈焉。"

晏子曰："乃今日而后自知吾不肖也！古之为政者，士农工商异居，男女有别而不通，故士无邪行，女无淫

【译 文】

有个从事女工的女子想投靠到晏子的家里，说："我是东边外城的平民，希望能投身到您家，与您的众位妻妾同列。"

晏子说："我今天才知道自己是个品行不好的人！古代执掌朝政的人，让士人、农民、工匠、商人居住在不同的地方，男女之间有分别而互不往来，因此士人没有邪僻之行，女子没有淫乱之事。如今我身负治国重任，管理民众，

事。今仆托国主民，而女欲奔仆，仆必色见而行无廉也。"遂不见。

而有女子想要私就于我，我一定表现出好色而无廉耻的行为了。"于是没有见这个女子。

注　释

❶ 工女：古代指从事蚕桑、纺织、缝纫等工作的女子。托：依靠，投靠。

❷ 东郭：东边的外城。古代的城邑有内外两重，内城叫"城"，外城叫"郭"。野人：草野之人，意为平民百姓。　❸ 比数：相与并列。

景公欲诛羽人晏子以为法不宜杀第十二

题　解

　　齐景公因容貌俊美被羽人凝视并直言爱慕，便发怒要杀羽人。晏子谏言景公拒绝别人的欲望有违天道，厌恶别人的喜爱将招来灾祸，强调即使"色君"也"于法不宜杀"。景公最终接受了劝谏。本章以小见大，在"人情"与"礼法"的博弈中凸显出晏子杰出政治家的辩术与胸怀。

【原　文】

　　景公盖姣，有羽人视景公僭者①。公谓左右曰："问之，何视寡人之僭也？"羽人对曰："言亦死，而不言亦死，窃姣公也。"公曰："合②

【译　文】

　　齐景公容貌姣好，有个羽人不顾礼秩而盯着景公看。景公对身边的侍从说："问问他，为什么这么不顾礼秩而盯着我看？"羽人回答道："我说了是死，而不说也是死，我是在偷偷地欣赏君主的容貌。"景公说："为何要以色心色寡人也？杀之！"

　　晏子不时③而入见曰："盖闻君有所怒羽人。"公曰："然。色寡人，故将杀之。"晏子对曰："婴闻拒欲不道，恶爱不祥，虽使色君，于法不宜杀也。"公曰："恶④！然乎？若使沐浴，寡人将使抱背。"

对待我？杀了他！"

　　晏子不待上朝时间就入朝拜见景公说："我听说君主对羽人发怒了。"景公说："是的。他以色心对待我，所以我要杀了他。"晏子回答说："我听说拒绝别人的欲望是不合道义的，厌恶别人的喜爱是不吉祥的，虽然羽人以色心对待您，但按照法令不应该杀他。"景公说："啊！是这样吗？如果让他伺候我沐浴，我要让他扶着我的后背。"

注释

　　❶羽人：职官名，周代设置，掌按时征鸟羽之事。僭：超越本分，此处指不敬。　❷合：通"盍"，为何，表示反问或疑问。　❸不时：不适时，不合时。意为晏子不待上朝时间就入朝拜见景公。　❹恶：文言叹词，表示惊讶。

景公谓晏子东海之中有水而赤晏子详对第十三

题解

　　齐景公故意编造"红色水域中枣树只开花不结果"的"东海异象"来"佯问"晏子，晏子则伪以昔日秦穆公乘龙舟治理天下之事来"佯对"，彰显出晏子机智善辩的政治智慧。

【原文】

景公谓晏子曰："东海之中，有水而赤，其中有枣，华^①而不实，何也?"

晏子对曰："昔者秦缪公^②乘龙舟而理天下，以黄布裹烝枣^③，至东海而捐^④其布。破黄布，故水赤；烝枣，故华而不实。"

公曰："吾详^⑤问子，何为对?"

曰："婴闻之，详问者，亦详对之也。"

【译文】

齐景公对晏子说："东海之中，有红色的水，水中有枣树，只开花不结果，这是为什么呢?"

晏子回答说："从前秦穆公乘坐龙舟治理天下，用黄布裹着蒸熟的枣，到了东海就把布抛到水中。黄布破了，所以水变成了红色；因为枣子是蒸熟的，所以只开花不结果。"

景公说："我用假话问的你，你为什么要回答呢?"

晏子说："我听说，用假话问，也用假话来回答。"

注 释

❶华：通"花"，开花。　❷秦缪公：即秦穆公，嬴姓，名任好。在位期间，伐西戎各部，攻灭十二国，开地千里，称霸西戎。　❸烝枣：蒸熟的枣。烝，通"蒸"。　❹捐：舍弃，抛弃。　❺详：同"佯"，假装。此处意为用编造的故事询问。

景公问天下有极大极细晏子对第十四

题 解

齐景公询问晏子天下极大与极细的事物，晏子以"足游浮云，背凌苍天"体量宏伟的"鹏"阐明极大之物，而以"巢于蚊睫，再乳再飞"而

"蚊不为惊"的"东海之虫"阐明极细之物，在强烈的夸张与对比中展现出这个世界上超越人类常规认知的多样性与无限性。

【原 文】

景公问晏子曰："天下有极大乎？"

晏子对曰："有。鹏[1]，足游浮云，背凌苍天，尾偃[2]天间，跃啄北海，颈尾咳于天地乎[3]，然而漻漻不知六翮之所在[4]。"

公曰："天下有极细乎？"

晏子对曰："有。东海有虫，巢于蚊睫[5]，再乳再飞，而蚊不为惊。臣婴不知其名，而东海渔者命曰焦冥。"

【译 文】

齐景公问晏子说："天下有极大的东西吗？"

晏子回答道："有。有一种鹏鸟，脚游走于浮云之上，它的背顶及苍天，尾倒垂于天间，跳跃着在北海啄食，首尾将天地分隔，只见旷远而不知道它的翅膀在什么地方。"

景公问："天下有极细小的东西吗？"

晏子回答道："有。东海有一种虫，在蚊虫的眼睫毛上筑巢，不断地孵化，不断地飞动，蚊子却没有受到惊扰。我不知道它的名字，但东海里打鱼的人称它为焦冥。"

注 释

❶鹏：原缺，王念孙云："'足游浮云'上原有'鹏'字。自'足游浮云'以下六句，皆指'鹏'而言，今本脱去'鹏'字，则不知为何物矣。"王说是，今据补。　❷偃：仰面倒下，倒垂。　❸颈尾：首尾。咳：通"阂"，阻隔，隔开。　❹漻漻：旷远的样子。六翮（hé）：鸟类双翅中的正羽，用以指鸟的两翼。　❺蚊睫：蚊虫的眼睫毛，喻指极小的地方。

庄公图莒国人扰绐以晏子在乃止第十五

题 解

齐庄公密谋攻打莒国，引发国人误会导致骚乱。庄公接受睢休相的建议以晏子之名安民，下令称"晏子在"而消除了骚乱。晏子为政以德而信义昭著，虽居臣位而能安民心，获得君子赞誉。

【原 文】

庄公阖门而图莒①，国人以为有乱也，皆操长兵而立于衢间②。公召睢休相③而问曰："寡人阖门而图莒，国人以为有乱，皆摽长兵而立于衢间，奈何？"休相对曰："诚无乱而国人④以为有，则仁人不存。请令于国，言晏子之在也。"公曰："诺。"以令于国："孰谓国有乱者？晏子在焉。"然后皆散兵而归。

君子曰："夫行不可不务也。晏子存而民心安，此非一日之所为也，所以见于前信于后者。是以晏子立人臣之位，

【译 文】

齐庄公关闭了都城的城门谋划去攻打莒国，百姓以为国家发生了动乱，都拿着长兵器站在街道里巷。庄公召来睢休相问道："我关闭了都城的城门谋划去攻打莒国，百姓以为国家发生了动乱，都拿着长兵器站在街道里巷，这该怎么办呢？"睢休相回答说："事实上没有发生动乱但百姓以为有，是因为仁德的人不在。请传令全城，说晏子就在这里。"庄公说："好。"于是传令全城："谁说国家发生了动乱？晏子就在这里。"而后百姓都收起兵器回去了。

君子说："好的品行是不能不追求的啊。晏子在而民心安定，这不是一日之功就能做到的，是有表现在前、才有信任在后。所以晏子在朝廷任职，

而安万民之心。"

就能使万民的心得到安定。"

注 释

❶阖：关闭。莒：周代诸侯国，在今山东莒县一带。　❷衢闾：街道里巷，当街的里门。衢，原缺，据《指海》本补。　❸睢（suī）休相：人名，齐国大臣。　❹人：原缺，吴则虞云："以上文例之，'国'下当脱'人'字。"吴说是，今据补。

晏子死景公驰往哭哀毕而去第十六

题 解

齐景公外出游玩时听说晏子去世，急忙赶回后，伏尸痛哭哀悼。景公自责过去不听晏子劝谏而放纵失政，而今失去晏子将危及齐国社稷。景公的悲痛与悔悟，彰显出晏子的贤德及其于国、于君、于民的重要性。

【原 文】

景公游于菑①，闻晏子死，公乘侉舆服繁驵驱之②。而因为迟，下车而趋；知不若车之遬，则又乘。比至于国者，四下而趋。行哭而往，伏尸而号，曰："子大夫日夜责寡人，不遗尺寸③，寡人犹且

【译 文】

齐景公在菑川游玩，听到晏子去世，催促备车驾快马疾驰回去。担心车马跑得慢，就下车急走；发现不如车马跑得快，就又上车。等他赶回都城时，已经四次下车急走了。他一路哭着赶到晏子家，趴在晏子的尸体上号啕大哭，说："先生日夜督责我，再细小的过失也不放过，我尚且纵欲放荡而不知收

淫泆而不收，怨罪重积于百姓。今天降祸于齐，不加于寡人，而加于夫子，齐国之社稷危矣，百姓将谁告夫！"

敛，怨恨罪责深深地积蓄在百姓中。如今上天给齐国降下灾祸，不施加在我的身上，却施加在先生身上，齐国的社稷危险了啊，百姓将向谁求告啊！"

注 释

❶蓄（zī）：蓄川，齐国地名。一说是蓄水。　❷公乘佟舆服繁驵驱之：孙诒让疑"公乘佟舆"作"公佟乘舆"，并认为此"佟"即《韩子》之"趋"，言催促令急驾乘舆也。佟，通"趋"，"趋"同"趋"（cù），催促。舆，车中装载东西的部分，后泛指车。服，乘，驾。繁驵（zǎng），古良马名。　❸不遗尺寸：这里指细小的事情也不放过。遗，遗漏，忽略。尺寸，喻指细小的事物。

晏子死景公哭之称莫复陈告吾过第十七

题 解

晏子去世，齐景公哀痛不已，以致"操玉而哭""涕沾襟"，甚至不顾礼法地痛哭哀悼，直言晏子生前常忠心犯颜进谏，如今"失夫子则亡"，彰显了景公与晏子君臣超越礼法的深厚情谊，以及晏子对君主、国家的重要意义。

【原 文】

晏子死，景公操玉加于晏子而哭之，涕沾襟。章子①

【译 文】

晏子去世，齐景公拿着玉器放在晏子的尸体上痛哭，泪水沾湿了衣襟。

谏曰："非礼也。"公曰："安用礼乎？昔者吾与夫子游于公阜②之上，一日而三不听③寡人，今其孰能然乎！吾失夫子则亡，何礼之有？"免而哭，哀尽而去。

弦章劝谏道："这不符合礼制。"景公说："哪里还用得上礼呢？从前我和先生在公阜上游玩，先生一天之内多次不听我的话，如今谁还能这样！我失去了先生也活不下去了，还需要什么礼呢？"脱下帽子大哭，极尽哀悼之后才离去。

注　释

❶ 章子：指弦章。　❷ 公阜：原作"公邑"，孙星衍云："即'公阜'也，'阜''邑'字相似。"今据改。　❸ 不听：不听取别人的意见。此处意为晏子一日之内多次劝谏景公。

晏子没左右谀弦章谏景公赐之鱼第十八

题　解

在晏子去世十七年后，景公不满于大夫们对自己射箭脱靶的一致夸赞，由此与弦章怀念晏子。弦章指称臣子谄媚，并以昔日晏子辞赏正君为榜样坚辞不受景公所赐五十车鱼。本章赞扬了弦章传承晏子德行的廉洁操守，也展现了贤臣匡正君主、端正朝风的重要性。

【原文】

晏子没十有七年，景公饮诸大夫酒。公射，出质①，

【译文】

晏子去世十七年后，齐景公宴请众大夫饮酒。景公射箭，箭矢未中箭靶，堂上

堂上唱善，若出一口。公作色太息，播②弓矢。

弦章入，公曰："章！自晏子殁后不复闻不善之事。弦章对曰："君好之则臣服之，君嗜之则臣食之。尺蠖③食黄则黄，食苍则苍，是也。公曰："善。吾不食谄人以言也。"以鱼五十乘赐弦章。

章归，鱼车塞涂，抚其御之手曰："昔者晏子辞赏④以正君，故过失不掩之。今诸臣谀以干利，吾若受鱼，是反晏子之义，而顺谄谀之欲。"固辞鱼不受。

君子曰："弦章之廉，晏子之遗行也。"

的大夫叫好，就好像出自一人之口。景公变了脸色叹息，扔掉了弓箭。

弦章进来了，景公说："弦章！自从晏子去世之后再也没有听到什么不好的事。"弦章回答说："君主喜欢什么样的衣服臣下就穿什么样的衣服，君主喜欢吃什么样的食物臣下就吃什么样的食物。尺蠖吃黄色的东西身体就变成黄色，吃青色的东西身体就变成青色，这是固有的道理。"景公说："好。我以后不再听取谄媚之言了。"景公赏赐五十车鱼给弦章。

弦章回家，看见鱼车堵塞了道路，按着车夫的手说："先前晏子推辞赏赐来匡正君主，所以君主的过失无从掩盖。如今众位大臣谄媚阿谀以求得私利，我如果接受了像鱼这样的赏赐，就违背了晏子的道义，而顺从阿谀奉承者的贪欲了。"坚决推辞景公赏赐的鱼不接受。

君子说："弦章的廉正，是晏子留传下来的美好品行。"

注 释

❶ 出质：射出的箭未中箭靶。质，箭靶。　❷ 播：舍弃。　❸ 尺蠖：鳞翅目尺蛾科昆虫幼虫的统称。　❹ 赏：原作"党"，据《指海》本改。